CATALONIA, NEXT BRAND IN EUROPE

Albert Castellón

CATALONIA, NEXT BRAND IN EUROPE

UNA ESTRATÈGIA DE MÀRQUETING PER A UN NOU PAÍS

ara
LLIBRES

Primera edició: setembre del 2013

Ara Llibres, S.C.C.L.
Corders, 22-28
08911 Badalona
Tel. 93 389 94 70
www.arallibres.cat

GrupCultura03

Disseny de la coberta: Pol Millieri
Realització editorial: ebc, serveis editorials
Fotocomposició: Montserrat Gómez
Impressió: Liberdúplex

ISBN: 978-84-15642-35-0
Dipòsit legal: B-11.171-2013

Les opinions de l'Albert Castellón expressades en aquest llibre són estrictament personals i no representen necessàriament, ni pretenen representar, les de l'empresa on du a terme la seva activitat professional.

En homenatge al *català-de-tota-la-vida* que més estimo, el meu pare. Una persona amb la que, des de la meva primera joventut, he discutit acaloradament sobre el problema català i que, gràcies a això, m'ha ajudat a configurar el pensament que es reflecteix en bona part d'aquest llibre. I vull dedicar-lo també a la seva estimada dona, la meva mare, una persona indispensable en la meva vida.

Índex

Pròleg

Per què he escrit aquest llibre? Una pregunta senzilla amb una resposta complicada. De què va aquest llibre? Una pregunta encara més directa amb una resposta polièdrica. Explicar-vos el què i el perquè del llibre és una tasca que crec que és necessària per prevenció. Per la vostra prevenció. Començaré per la segona.

Aquest llibre té una tesi: el posicionament, la teoria de posicionament de màrqueting, és una disciplina extraordinàriament necessària per encarar el futur de Catalunya. I aquest llibre defensa que sense una visió més desapassionada del problema de Catalunya és impossible trobar la recepta màgica que permeti construir un futur brillant per a aquest país. Des d'aquesta tesi puc afirmar-vos que aquest llibre parla de Catalunya i parla de màrqueting. En conseqüència, és un llibre que parla de política i parla de gestió empresarial.

Aquest llibre ha sorgit en la meva ment de manera natural. Des de molt jove sóc un aficionat de la política malgrat que mai hi he participat activament. Des de molt jove, també, sóc un fan de Catalunya. Sóc català, però, per sobre d'aquesta condició, em sento català. Sóc un enamorat de Catalunya i des de fa molt temps crec que Catalunya es mereix la independència i la sobirania. Però més enllà del fet que se la mereixi, per la seva història, per la seva singularitat i per la seva perseverança, des de fa molt menys temps crec, a més, que la necessita urgentment. En aquest punt trobem, doncs, la primera clau del llibre: Catalunya mereix ser independent i necessita ser independent. Noteu que no és el mateix. Merèixer la independència és una qüestió d'ètica, necessitar-la és una qüestió utilitarista. I el llibre aporta raons que demostren que la sobirania és equivalent a l'autonomia en la gestió que qualsevol empresa necessita per definir els seus plans estratègics. Que sense sobirania ni les empreses ni els països poden definir i executar cap mena de planificació que els permeti assolir els objectius que es proposen.

En paral·lel a aquest procés vital, com qualsevol altra persona normal, he hagut de treballar professionalment des que vaig acabar la carrera. Vaig estudiar administració i direcció d'empreses perquè en el seu moment vaig creure que aquesta formació em permetria trobar més oportunitats laborals. No vaig fer-ho per vocació. Abans que economista m'hauria agradat haver estat arquitecte, historiador o meteoròleg. Però precisament perquè en el seu moment vaig fer aquesta tria, tota la meva carrera professional l'he feta en el món de l'empresa. I més concretament en el mercat del que s'anomena *gran consum*. I encara més quirúrgicament, en el terreny del gran consum d'alimentació. És a dir, en el reialme de les grans marques comercials. En un reialme on el màrqueting és el rei. Per avatars de la meva història personal, per l'efecte papallona, avui podria ser director d'una oficina de banc o gestor d'assegurances.

Però certes cruïlles em van portar on sóc ara: director d'una petita marca de cerveses que ha tingut la necessitat de reinventar-se des d'un profund exercici de màrqueting estratègic. Un màrqueting estratègic que he exercitat en la meva pròpia empresa, però que, sobretot, he après a partir del coneixement de molts altres casos d'èxit empresarial del nostre país. I aquí tenim la segona clau del llibre: que el màrqueting estratègic quan s'executa amb excel·lència aconsegueix construir marques imbatibles que triomfen en tots els mercats del món. I que conèixer les seves experiències pot ser útil per fer analogies amb el que se solen anomenar *marques país*.

No sóc expert en màrqueting o, més ben dit, no sóc cap tècnic de màrqueting. No llegeixo prou casos, no estic prou al dia del que és més rabiosament modern en la disciplina de què us parlo ni tampoc sóc un estudiós de la matèria. Però a causa dels projectes que he hagut de liderar, he treballat el màrqueting des de totes les disciplines i des de totes les òptiques. El màrqueting més estratègic i el màrqueting més tàctic. Les marques més globals i les marques més locals. Les estratègies més planificades i les més arbitràries. Si em permeteu el símil, jo sóc el Puyol del màrqueting. No el Messi. I aquí trobeu la tercera clau del llibre: el màrqueting és una disciplina que t'ajuda a construir la proposta de valor de qualsevol marca, sigui la d'una petita empresa, la d'una multinacional o la d'un país. I que la proposta de valor, quan està ben construïda, és la que et permet posicionar-te com a marca i ser competitiu. I que per fer-ho només et cal conèixer els fonaments del màrqueting modern i entendre el que qualsevol persona pot aprendre des de la seva experiència professional.

I més enllà de la política i del màrqueting, sóc una persona a qui li agraden molt la història i les humanitats en general. Crec que entendre les fites del passat et permet comprendre el present i tenir les eines per construir el futur. M'apassionen la història i les humanitats i, de fet, tracto d'estudiar-les amb certa metodologia des de fa poc temps. Estic matriculat en aquesta matèria a la UOC i l'estic cursant actualment. Però molt abans d'això he estat un gran aficionat de la lectura de llibres d'aquestes matèries, en particular de la història moderna i contemporània d'Europa i de Catalunya. I amb això introdueixo la quarta clau del llibre: que entendre la història d'una societat, d'un moviment polític o d'un país és un exercici bàsic per aprofundir en propostes de futur. Les marques, com els països i les societats, no neixen de zero. Són el producte d'una interminable llista d'ingredients que s'han anat forjant al llarg de la seva particular història.

Malgrat tot això que us he explicat, aquest no és, estrictament, un llibre que parli de política, ni de màrqueting, ni d'història. És un llibre que intenta barrejar les tres disciplines amb l'objectiu de trobar respostes al que sempre hem anomenat *problema català*.

Estic segur que és un llibre que es quedarà curt per als que siguin especialistes en màrqueting. Estic segur que quedarà curt també per als que siguin especialistes en l'anàlisi política. I serà un frau per als que creguin que aquest llibre parla d'història. I això és així perquè, com deia, no sóc expert en cap de les tres especialitats mencionades.

És un llibre que quedarà curt també per als que esperin receptes màgiques. Per als que creguin que el que cal és un full de ruta molt precís que defineixi, pas a pas, què s'ha de fer, com s'ha de fer, quan s'ha de fer i qui ho ha de fer. De fer un nou estat per a Catalunya, vull dir.

Per als que penso (i desitjo) que aquest llibre no quedarà curt és per als que viuen l'actualitat política de Catalunya com una cosa única i irrepetible. Com una oportunitat que no podem deixar escapar. No crec que quedi curt per als que som conscients que els reptes que té Catalunya són majúsculs i que cal ser enginyós i creatiu per assolir els objectius que un gran país com Catalunya necessita.

I per als que definitivament no quedarà curt aquest llibre són els que creiem que la independència de Catalunya no és un objectiu sinó un mitjà. Pels que som conscients que, malgrat que la sobirania del nostre país és una eina fonamental, no pot ser venuda com un paradís a la Terra. Per als que creiem que el que haurien de fer els nostres líders és prometre i comprometre's a construir un futur millor per als nostres fills.

I al final d'aquest últim paràgraf hi ha la cinquena i definitiva clau del llibre: el màrqueting és una de les eines bàsiques per construir una proposta de futur il·lusionadora i imbatible d'un model de Catalunya que la majoria dels catalans vulguin comprar. El màrqueting estratègic, en el món empresarial, és molt més una filosofia que no pas una disciplina qualsevol. És una filosofia que, com totes les filosofies, té un mantra: si no entens el teu client, no pots vendre-li res.

I d'això va, finalment, aquest llibre, d'utilitzar els ensenyaments teòrics i pràctics del màrqueting modern per intentar construir una proposta de valor (d'un producte o d'una marca, és indiferent) per a Catalunya que sigui il·lusionadora, sòlida i compartida. I, en conseqüència, triomfadora perquè finalment es converteixi en l'opció més demanada del mercat.

Acabo aquest pròleg intentant donar resposta a la primera de les dues preguntes que m'he formulat al principi: per què he escrit aquest llibre? Ho he fet gairebé per una necessitat vital. Sento dins meu, des de fa molt temps, que he d'intentar participar d'alguna manera en el procés. Sento que, com deia Kennedy, no em puc passar el dia demanant coses al meu país en lloc d'intentar fer coses pel meu país. Que els que som *hooligans* de Catalunya hem d'intentar aportar iniciatives al procés d'emancipació nacional, siguin encertades o equivocades. Els meus col·legues saben que jo sempre incito les persones a fer coses, encara que s'equivoquin. I que el que més odio és la inacció i la passivitat.

Malgrat tot, vull deixar una cosa clara: sóc perfectament conscient que l'aportació que fa aquest llibre és molt modesta. Sóc conscient que l'única proposta d'aquest llibre és intentar canviar l'enfocament del problema de Catalunya. I que aquest canvi d'enfocament es basa en els meus coneixements professionals. Pot haver-hi molts altres d'enfocaments diferents. És un llibre que, com ja he dit, no aporta cap recepta màgica. En tot cas, només aporta reflexions metodològiques que crec que són prou fresques per ser aprofitades puntualment pels que, aquests sí, tenen tota la responsabilitat d'assolir els objectius que la majoria de catalans volem.

I una última advertència: aquest llibre vaig escriure'l d'una tirada l'estiu del 2012. Posteriorment vaig afegir i corregir algunes apreciacions. Després d'això el vaig abandonar en un calaix enlluernat per l'èxit de la Diada.

Ara tinc pressa, molta pressa. La raó d'aquesta precipitació és l'increïble Dragon Khan a què ens hem vist sotmesos des de la ja cèlebre Diada de l'any passat. Des d'aleshores i fins a les eleccions del 25-N vaig pensar que aquest llibre havia quedat invalidat. El vaig arraconar. No vaig fer cas de moltes de les tesis que jo mateix predico en aquest llibre i vaig caure en l'autocomplaença de creure que les coses passen soles.

Tant de bo mai hagués hagut de publicar-lo, tal com vaig arribar a pensar a finals de l'any passat. Malauradament, ara té més sentit que mai: l'anàlisi de la demanda i la proposta de posicionament que es detalla en aquests escrits, basats, com he explicat a la introducció, en un nou enfocament del *problema català* molt més marquetinià i professional, segueixen sent les claus de volta del problema. Ens hem quedat sense gasolina a meitat del trajecte i ara ens cal més embranzida que mai. Humilment, aquí us porto una mica de combustible. En caldrà molt més per arribar al final.

Introducció

Catalunya és un producte que compta amb tot el potencial per poder competir exitosament dins del seu mercat de referència. Té atributs físics diferenciats i aporta valor a la categoria. Catalunya no té problemes financers (no n'hauria de tenir) i està prou dotada de recursos humans. Té, a més, un *storytelling* i un *heritage* de més de mil anys d'història, comparable i en molts casos superior a altres productes competidors que tenen molt més èxit en l'àmbit internacional. Catalunya és activa, dinàmica i creativa.

Malgrat tot, Catalunya no és Holanda, ni Israel, ni Suïssa. Per no ser, no és ni Lituània, ni Estònia, ni Eslovàquia. Catalunya, en el fons, no és res. No juga a la lliga professional dels estats. Juga en una que és amateur on es pot fer vella i inoperant en poques dècades per falta de competitivitat. Opera en mercats secundaris que són simples succedanis i ho fa perquè vol o perquè li manca visió i estratègia.

Tot plegat és perquè Catalunya té un problema, i no és el del 3%. Catalunya té un problema, i dels grossos, d'estratègia i de màrqueting que, com tindrem ocasió de veure més endavant, són les dues cares de la mateixa moneda.

S'evidencia dia rere dia que té problemes de comunicació, de *branding* i de posicionament. Problemes de relacions internes i externes. De visió i de missió. Problemes d'estratègia competitiva i de mala definició de marca. De falta d'*empowerment*, de lideratge i de *mindset*. Problemes de definició de la seva oferta i, sobretot, d'anàlisi acurada de la demanda que ha d'atendre.

Resumint-ho una mica matusserament, Catalunya té un problema de definició de la seva proposta de posicionament i de concreció de la seva proposta de valor.

Això és el que Catalunya mai ha sabut fer. No s'ha sabut vendre o ho ha fet malament perquè li ha mancat una definició precisa i intel·ligent de quina és la seva proposta de valor. Li ha mancat, d'acord amb aquesta, definir una estratègia competitiva que, amb desimboltura i sense complexos, treballi per construir-la i millorar-la.

No ha fet tampoc una anàlisi exhaustiva de les seves debilitats i fortaleses. No ha analitzat bé els seus *targets* ni el seu mercat de referència. No ha fet una anàlisi de *stakeholders* ni un estudi sistemàtic de la seva competència. No ha proposat una estratègia competitiva com a marca i no ha segmentat prou intel·ligentment la seva clientela. Tampoc no ha sabut concretar una proposta de posicionament il·lusionadora i sòlida prou àmplia capaç de penetrar en tots els segments de la seva societat.

Una proposta coherent, consistent i arriscada alhora que sigui capaç de mobilitzar la seva gent. No ha sabut concretar una arquitectura de marques que integri i s'aprofiti exitosament dels valors d'una altra marca, Barcelona, de tant reconeixement internacional que, a diferència de la de Catalunya, té una amplíssima capacitat de seducció interna i externa.

A Catalunya, en definitiva, li manca un pla de negoci estructurat a partir d'una profunda revisió de la seva marca. Exactament el que no li mancaria a qualsevol empresa moderna d'èxit quan té davant seu el repte de ser encara millor i més competitiva.

Si les marques són *portafolis de significats*, el de la marca Catalunya està gairebé buit. I de la mateixa manera que les marques desapareixen, Catalunya corre el risc de desaparèixer com a país. O, el que seria el mateix, de convertir-se en irrellevant per als seus possibles compradors. Catalunya no s'ha de vendre als que ja l'han comprada. Catalunya ha de fer-se atractiva als que, fins ara, mai no ho han fet.

La majoria d'iniciatives que, des de la política, des del Govern o des de la societat civil, s'engeguen per fer proselitisme de la seva tradicional (i caduca) proposta de valor, ho fan per reforçar l'orgull i l'autocomplaença dels que fa molts anys que en som fidels compradors. I s'obliden, ens oblidem, que l'èxit de la nostra estratègia comporta ampliar, de manera clara i rotunda, la nostra quota de mercat. Sense aquest lideratge, la posició competitiva de Catalunya serà dèbil i no podrà aconseguir el que, honradament i necessàriament, es proposa.

Malgrat tot, Catalunya no està perduda, perquè és possible rellançar un producte quan és sòlid, té garantia i és solvent. Però tenir un gran producte és una condició necessària però no suficient. Cal alguna cosa més. Cal crear una marca potent que enamori els d'aquí i els de fora. Cal crear un relat engrescador. I a més, cal comunicar aquest nou relat. Cal, doncs, definir una estratègia de màrqueting global i un pla de negoci que ajudi a assolir els seus objectius com a producte que aspira a competir, desacomplexadament, en el mercat dels països que lideraran el món en el segle XXI.

A través d'aquest llibre vull fer una gran analogia o, si m'ho permeteu, un tossut símil, en què Catalunya passi a ser l'equivalent a una empresa-producte-marca comercial que ha de lluitar pel seu posicionament en el mercat i pel seu èxit empresarial.

Si volem fer aquest exercici, no és pas per entreteniment, sinó per donar un nou enfocament, més fresc i més innovador, del sempitern debat del problema de Catalunya. Un nou enfocament del problema que permeti una diagnosi més objectiva perquè, en matèria d'estratègia empresarial, de desenvolupament de models de negoci, de màrqueting i d'innovació de productes i marques, hi ha prou literatura, tant a casa nostra com a l'estranger, per poder aplicar-la de manera sistemàtica i, sobretot, científica.

Quan parlem de màrqueting, sovint ens oblidem que la paraula deriva del mot *market*, que en anglès vol dir «mercat». I oblidem que el mercat de Catalunya, de fet tots els mercats del món, es componen sempre d'oferta i de demanda. Quan parlem de màrqueting, doncs, el que volem és revisar quina és l'oferta i quina és la demanda que articula el nostre producte. Estem prou segurs d'haver-ho fet sempre així? Hem analitzat prou bé la nostra oferta? L'hem millorada? L'hem adaptada a les necessitats del segle XXI? Però sobretot, i aquí rau el pal de paller de qualsevol assaig de màrqueting modern, hem analitzat prou bé la demanda? Hem definit estratègicament qui són els nostres consumidors potencials? Qui són els consumidors insatisfets? Estem segurs que tan sols amb els consumidors tradicionals de la nostra empresa en tenim prou per tenir èxit?

Mai cap empresa pot somiar a assolir el cent per cent del mercat. Però totes han de somiar a liderar-lo. Perquè sense lideratge de mercat sempre se circula a remolc d'algú altre, que dictamina les regles del joc en contra teu.

Malgrat tot, aquest tampoc pretén ser un llibre científic ni asèptic. Qui redacta aquest llibre està plenament convençut que el potencial de Catalunya és prou fort i prou sòlid per aprovar, amb nota, al mercat de les nacions.

Com sol dir Jorge Wagensberg, canviar la resposta és evolució, però canviar la pregunta és revolució: i si Catalunya fos un producte?

Catalunya, un gran producte

Des del primer moment en què vaig tenir la idea d'enfocar la realitat de Catalunya com un producte, vaig adonar-me que estava fent una cosa diferent. Hi ha un llibre molt modern i innovador que he utilitzat com a referent metodològic (*Business Model Generation*, d'Alexander Osterwalder, de l'editorial John Wiley&Sons), que planteja un nou enfocament, força modern i sofisticat, sobre com es generen els nous negocis d'èxit. Un llibre que es fonamenta, bàsicament, en el plantejament d'una pregunta retòrica continuada; «I si...?». Una pregunta retòrica i molt capciosa que et convida permanentment a ser crític i a reconsiderar de dalt a baix el model de negoci que tradicionalment has entès sempre d'una determinada manera.

I si Catalunya enfoqués les seves solucions com si fos un producte? L'enfocament no és del tot banal. Al món de la ciència, les revolucions comencen per preguntes com aquesta. I si la Terra no fos un pla infinit? I si la Terra no fos el centre de l'univers? I si la Terra girés al voltant del sol? Les teories heliocèntriques i de l'univers que coneixem avui en dia deriven de les hipòtesis d'una sèrie de científics que van tenir la gosadia de qüestionar-se el que era inqüestionable. Si vols revolucionar la resposta, primer revoluciona la pregunta.

Però aquesta retòrica condicional no només és vàlida per a temes tan transcendentals com els que afecten el pla metafísic i cosmològic, i no només és vàlida per al món científic i filosòfic. És una retòrica també molt comuna en l'àmbit dels negocis: i si en lloc de fer mòbils fabriquem instruments de socialització d'última tecnologia? I si en lloc de fabricar sabatilles d'handbol ens convertim en una icona de la moda? I si en lloc de dedicar-nos al món de l'orfebreria ens dediquem a la indústria química de gran consum? Les persones que van fer-se aquestes preguntes avui tenen empreses d'èxit com Apple, Munich o KH Lloreda.

Perquè un dels problemes més grans que es plantegen a l'hora de *pensar en Catalunya* és un problema de definició. Què és Catalunya? Un poble? Una nació? Una nació sense estat? Una comunitat autònoma dins d'Espanya? Una regió d'Europa? *A priori*, la resposta a aquesta pregunta és *depèn*. Aquesta ambigüitat de la resposta és conseqüència de partir d'una pregunta estrictament política del problema. Diferents visions i opcions polítiques predefinides donaran lloc a respostes bastant estàndards. No cal ser gaire intel·ligent per adonar-te que en funció de quin sigui el teu partit polític, la resposta serà una o serà una altra.

Contràriament a aquesta estandardització de la resposta que està condicionada per una pregunta política capciosa, hi ha una altra possibilitat: la que afirma que el posicionament polític de cadascú depèn en bona mesura de la seva ideologia. I que la ideologia és subjectiva perquè es forma en les persones a partir dels avatars de la seva història personal. És tan subjectiva que fins i tot es pot arribar a afirmar, sense equivocar-se, que no existeixen ideologies col·lectives sinó només ideologies personals. Si tot això fos cert, quan planteges una pregunta en clau política que condiciona una resposta en clau política influenciada per la teva pròpia ideologia, s'entra, ràpidament i perillosament, en un cercle viciós amagat darrere d'un fals sil·logisme socràtic: la pregunta política dóna lloc a una resposta política, i com que aquesta està intoxicada per la ideologia, i aquesta és personal i intransferible, cada persona té una resposta diferent. No existeix una Catalunya objectiva: n'existeixen 7.500.000.

És obvi que per això hi ha els partits polítics, per agrupar l'opinió d'aquest grapat de milions d'opinions en cinc o sis opcions més o menys homologables. La segmentació que s'obté a partir d'aquesta definició política de Catalunya t'obliga a prendre partit per una o altra, sense possibilitat de trobar gaires més opcions que la dels eixos sobradament coneguts: l'eix ideològic d'esquerra i dreta i l'eix nacional d'adscripció o desafecció. O una de molt més preocupant encara, la de l'abstenció.

Malgrat tot, és obvi que el marc de referència d'un producte com Catalunya hagi de ser el de la política, entre altres raons perquè és la política la que conforma la raó de ser de les nacions i dels estats. No vull canviar aquesta obvietat, tan sols pretenc canviar l'enfocament del problema de Catalunya per intentar trobar una resposta diferent que aglutini més transversalment els partits i que faciliti algunes conclusions i algunes pistes que ens permetin tirar endavant. Vull, en definitiva, canviar la pregunta.

Què faria Catalunya, i més precisament, què farien els dirigents de Catalunya i els seus consumidors (nosaltres, els votants) si en lloc de ser una realitat política, fos, per analogia, una empresa que disposa d'un nou producte que hagués de llançar massivament al mercat?

Amb aquest nou plantejament a la mà, disposaríem d'un producte amb característiques pròpies del qual podríem definir desapassionadament tots els beneficis i virtuts, tant funcionals com emocionals. Podríem també fer un estudi que, com veurem, analitzés quins són els seus punts forts i els seus punts febles i, alhora, definir quines són les amenaces i les oportunitats que ens presentaria l'entorn.

Des d'aquest nou supòsit podríem també analitzar el mercat de referència d'aquest nou producte de la factoria Catalunya, tant des d'un punt de vista de l'oferta com de la demanda. Podríem analitzar quins són els seus competidors històrics i actuals, a més de descobrir quins altres podrien serho en el futur. Des de la perspectiva de la demanda podríem analitzar també quins són els seus consumidors actuals i futurs. En general, podríem fer tots els estudis previs que qualsevol empresa es plantejaria a l'hora de llançar o reposicionar un nou producte al mercat.

I això és exactament el que farem.

Es tracta de plantejar una estratègia competitiva per a Catalunya que ens dibuixi un nou model de negoci per al país (i per a tots els seus habitants, que en som els seus consumidors i treballadors).

Després de plantejar-la i analitzar mesures correctores en funció de l'anàlisi de l'entorn, de les capacitats de la mateixa empresa i del sondeig de les claus del mercat, plantejarem una estratègia de posicionament per reescriure, si escau, aquell pla de negoci. Un cop fets aquests senzills passos, estarem en condicions de restablir una nova proposta de valor de Catalunya i blindar la seva marca, que, com veurem, és la part clau de tot aquest procés.

El DAFO de Catalunya

Si Catalunya fos un producte, si Catalunya fos una empresa que amb les seves marques hagués de competir al mercat internacional, necessitaria una estratègia competitiva i un pla d'acció coordinat que se suportés sobre les famoses quatre P, unes 4 P que ja fa molts anys va desenvolupar el més lúcid consultor d'estratègia empresarial de la història i pare del màrqueting modern, Phillip Kotler, i que més endavant definirem. Una estratègia que parlés de producte, preu, promoció i punt de venda.

Un pla d'acció, en definitiva, que treballés estratègicament per assolir els objectius que ella mateixa es proposa. Molt abans d'això, però, hauríem de definir aquests objectius. I pas previ a qualsevol definició d'objectius hauríem de definir la missió i la visió que empenyen la marca Catalunya.

Però la teoria del *management* i del màrqueting modern ens adverteix que abans de definir res en aquest sentit s'ha de començar per fer una anàlisi, en format de foto fixa, de quines són les característiques del mercat on volem posicionar aquesta empresa. I és just en aquest punt on apareix el DAFO. No és cap paraulota. Ara ho veureu.

Aquesta és una de les eines més comunes dins de l'àmbit del màrqueting estratègic (SWOT, en anglès). Una eina, senzilla i clara, que s'utilitza per destacar quines són les fortaleses i les debilitats pròpies de l'empresa i quines són les amenaces i les oportunitats que ens ofereix l'entorn en què operem. El que fa, doncs, és facilitar una anàlisi interna i externa que serveix de base per tenir la informació necessària per estructurar qualsevol proposta de futur empresarial.

DAFO: els punts forts de Catalunya

En l'anàlisi DAFO, per començar amb bon peu, s'arrenca sempre per la introspecció dels punts forts de l'empresa. Els punts forts són els factors que poden predeterminar una capacitat per sobre de la mitjana per fer front als projectes i als reptes empresarials. Els punts forts poden ser innats o adquirits. Poden ser, fins i tot, factors que van començar sent una debilitat i que per l'esforç i la perseverança de l'empresa s'han reconvertit en fortaleses que pot utilitzar per millorar la seva competitivitat. Però, per sobre de tot, el que és indispensable (per no confondre punts forts amb oportunitats) és discernir entre els factors que són propis dels que són exògens: les fortaleses són sempre raons que depenen exclusivament de l'empresa i no dels avatars de l'entorn.

Catalunya és un país amb història

Catalunya és un país amb més de mil anys d'història. Catalunya és una marca identificada i reconeguda des de l'alta edat mitjana i, des de fa més de trescents anys, un país amb voluntat de ser i amb voluntat de seguir enriquint la seva història. Catalunya no és una marca inventada recentment ni és un producte de la innovació, ni apareix com per art de màgia com a conseqüència d'una greu crisi econòmica. Va néixer quan van néixer totes les nacions de la vella Europa i ha tingut els mateixos instruments d'estat que han tingut tots els estats al llarg de la història (més limitats i menys efectius, si es vol).

Catalunya és un país amb una llengua mil·lenària que configura una cultura singular i destacada. Catalunya és un país amb tradició democràtica des del segle XIII, que ha patit les vicissituds històriques que han viscut la majoria d'estats i que per aquesta mateixa raó, la de conèixer la seva pròpia història, no està condemnada a haver de repetir-la. Si avui en dia l'*storytelling* és el terme de moda sobre el qual treballen moltes marques per tal de fer-se atractives als nous consumidors, les històries que ens pot explicar Catalunya són moltes i molt variades.

De tota manera s'ha de considerar el que va deixar dit Josep Pla: «És molt més difícil descriure que opinar. Infinitament més. Per això tothom opina». Ens caldrà, doncs, pas previ a opinar, descriure com som i d'on venim de manera objectiva abans d'avançar solucions de cap mena. No es tracta aquí d'opinar sobre el que vam fer bé i el que vam fer malament. Es tracta de destacar que Catalunya té un discurs històric de primer nivell, equiparable al dels grans estats europeus.

Va liderar el món quan en va tenir l'oportunitat, com en el seu moment ho van fer Espanya, Portugal, França, Anglaterra i Alemanya, i va fracassar quan no va jugar bé les seves cartes. Va fer innovacions radicals i va ser pionera en el llançament de nous productes quan s'inventà els consolats de mar o quan instaurà el Consell de Cent. Va perdre les seves institucions quan no va saber guanyar guerres. Va tenir una revolució industrial i una altra de social, com Anglaterra i com França. I també en va tenir una altra d'anarquista que per avatars de la història va estar a punt de fer-la desaparèixer irremeiablement. Va liderar dos moviments culturals d'abast mundial, el romànic i el modernisme. Va *fabricar* personatges que qualsevol nació repudiaria de la mateixa manera que ha estat la mare de ciutadans que han ajudat a canviar la història del planeta. Exactament igual que qualsevol altra nació o estat actual de primera divisió.

En definitiva, la història de Catalunya té un balanç agredolç que no pot amagar els mateixos daltabaixos que els que ha patit qualsevol altra nació de les que considerem històriques o clàssiques. No obstant això, la història de Catalunya, el seu bagatge històric, serà un dels punts forts des d'on Catalunya haurà de bastir la seva proposta de posicionament per executar una estratègia competitiva de futur.

No és cap contrasentit afirmar que el futur es construeix, en part, des del passat. Sense història no hi ha llegenda i sense llegenda no hi ha èpica. I sense èpica les marques només poden competir des de l'eficàcia i l'eficiència. Dos arguments massa asèptics i massa racionalistes que anul·len el valor de marca en favor dels arguments de producte i preu, estrictament. D'aquí, de la reivindicació històrica, us ho asseguro, es pot treure el petroli necessari que ens falta per a la independència econòmica i política que li cal a Catalunya. Tenir història, com veurem amb temes de posicionament de marca, és un aval per ser autèntic. Res més lluny que la Rioja o la Comunidad de Madrid, totes dues amb una història que com a màxim arrenca el 1980.

Catalunya és un país amb paisatge

Com deia també Josep Pla a la seva obra, «Catalunya és un país amb un paisatge amable, amb muntanyes plàcides i paisatges enraonats». És ben cert que aquesta definició la feia Pla referint-se al seu Empordà natal, però el que cal retenir d'aquesta citació és allò de «paisatges enraonats». Entenent que amb això Pla es refereix als paisatges que han estan modelats intel·ligentment per la mà de l'home per tal de treure'n profit, la Catalunya que heretem és un país ben estructurat geogràficament i amb un paisatge que integra perfectament el camp i la ciutat.

Els paisatges determinen la forma de vida de la gent, alhora que la gent que hi viu acaba també formant el seu propi paisatge. D'aquesta simbiosi n'hem de treure conclusions. La terra on neixes no la tries, com tampoc hem pogut triar-la els catalans. Però és indubtable que aquest país és una empresa que té productes amb gran atractiu de *packaging*, i molts d'ells ens els hem «fabricat» nosaltres mateixos, sense necessitat de cap ajuda geològica, amb les nostres pròpies mans.

Catalunya té mar i té muntanya. Té valls i té rius. Té clima mediterrani, atlàntic i continental. Té tresors com la Costa Brava i muntanyes màgiques com les del Pirineu. Catalunya té un Montseny i un delta de l'Ebre. Catalunya té també la seva muntanya sagrada, Montserrat. Catalunya és un país atractiu on val la pena viure. És una marca aspiracional que, com veurem molt més endavant, és una de les característiques que la majoria de marques del món es deleixen per tenir. L'aspiracionalitat de Catalunya, com a producte, es pot reflectir en el fet que a molta gent li agradaria viure-hi encara que no hi hagi nascut. Contràriament, encara hi ha massa gent catalana per qui ser català no n'és gens, d'aspiracional. Aquest és un punt feble que també caldrà canviar en el futur.

Catalunya és un país ric

Catalunya té riquesa de recursos. Té agricultura, indústria, serveis i turisme de nivell. La seva tradició agrícola i industrial l'assimila a una petita Anglaterra del sud d'Europa. És ben cert que, a diferència de la Gran Bretanya, sempre ens ha faltat carbó (encara que ens n'han donat a cabassades), però aquest recurs energètic ja no és necessari per ser un país triomfador al segle XXI. La riquesa dels països ja no pot mesurar-se exclusivament a partir d'indicadors de riquesa natural. Cal mesurar-la en termes de producció industrial, d'inversió en innovació i de balances comercials.

Seguint aquests paràmetres, Catalunya és un país clarament occidentalitzat que forma part del selecte club de països del primer món. Estudis recents ens demostren quantitativament que Catalunya ocuparia el dotzè lloc entre els vint-i-set països de la Unió Europea en termes de PIB. Si el mesurador fóra el PIB per habitant (el que realment importa) ocuparíem el setè lloc. La capacitat exportadora de Catalunya, gràcies al seu ric teixit empresarial, no només la fa líder dins d'Espanya, sinó que la porta a ocupar els primers llocs al rànquing europeu en termes relatius.

Catalunya és un país amb cultura

La cultura catalana és un dels principals actius de la nostra empresa. La cultura catalana és liderada des de fa segles pel vigor de l'idioma català. I aquest no és només un mitjà d'expressió sinó l'expressió d'una cultura. Més concretament és el vehicle que ens permet una singular manera de veure el món. La cultura catalana ha destacat dins d'Europa en pràcticament totes les expressions artístiques: hem tingut i tenim grans literats, de la mateixa manera que hem tingut pintors, arquitectes, dissenyadors o filòsofs. La cultura catalana és avantguardista malgrat que mai ha renunciat a la seva tradició històrica.

La cultura catalana és tradició i modernitat en estat pur. La cultura catalana, d'ençà de la Renaixença, ha mirat sempre cap al futur i s'ha emmirallat en els corrents artístics i culturals que venien d'Europa i de la resta del món. Tenir una gran base cultural és, avui, la garantia de poder donar certa visibilitat al posicionament global de Catalunya.

Els productes culturals i artístics, quan ho són de primer nivell, formen missatges publicitaris molt potents que ajuden a explicar la nostra missió i la nostra visió de manera diferenciada. No és el mateix fer un anunci per televisió que patrocinar un esdeveniment cultural de gran rellevància. Això ho saben perfectament les empreses i per aquesta raó cada cop inverteixen més en màrqueting cultural.

No hem d'oblidar tampoc que la cultura i el fet artístic neixen de la ment humana com a expressió dels sentiments de les persones. L'art i la cultura expliquen el que som de la manera més pura i més poètica. És des d'aquest sentit que es pot afirmar que una empresa sense cultura és una empresa sense ànima.

La cultura d'un país és equivalent a la cultura corporativa d'una empresa. I la responsabilitat social corporativa (RSC), aquesta nova moda de la qual ara tant es parla, és la filla moderna d'un nou *management* més sensible amb l'entorn de l'empresa, un entorn que, entre altres coses, també té a veure amb la cultura del país on aquesta empresa opera.

Tant la cultura corporativa com la responsabilitat social corporativa de Catalunya, configuren punts forts de llarg recorregut i són extraordinàriament necessaris quan ens trobem davant del repte de definir una nova proposta de posicionament.

Catalunya és un país educat

«El món serà català o serà talibà». Quan Bill Clinton va pronunciar aquestes paraules va reblar el clau sense proposar-s'ho. S'hi resumia a la perfecció el sentit de la primera afirmació, la que constata que som un país educat. No cal desgranar les causes del perquè això és d'aquesta manera. Només cal constatar-ho.

Catalunya és un país amb bona educació, un país amb salut democràtica i un país noble. Bé, no ho és Catalunya, ho és la seva gent. L'alt grau d'educació en valors dels catalans és un punt fort que cal destacar i que és absolutament rellevant per garantir l'èxit de l'empresa. La cultura corporativa de Catalunya és sòlida perquè la seva gent destaca per la seva formació cívica. Aquest és un fet objectiu que pot justificar-se, almenys, des de l'època medieval, en la qual Catalunya va començar a abraçar formes democràtiques quan la democràcia era un simple vestigi de l'època grega de Pèricles.

La modernitat social de Catalunya no arrenca al segle XIX ni com a conseqüència d'unes guerres mundials en les quals no va ni participar. Molts estats europeus moderns actuals no podrien dir el mateix. Molts d'aquests han abraçat formes democràtiques només quan no han tingut altre remei que fer-ho. Fins i tot alguns d'aquests han permès deixar morir, tranquils als seus llits, dictadors de tota mena. No és el cas de Catalunya, perquè, com deia, Catalunya ha estat, des d'antic, un país ben educat en valors.

Molts valors dels catalans són compartits i transversals. El civisme dels catalans permet que Catalunya sigui un país que actua amb *responsabilitat social corporativa*, un terme socioeconòmic modern que detalla l'actitud que han de tenir les empreses que volen competir amb èxit si, i només si, són conscients i corresponsables de les seves actuacions. No es tracta només de guanyar, no es tracta només de ser líder, sinó de fer-ho amb consciència i amb respecte pel nostre entorn i amb solidaritat amb els valors de la nostra gent. Una consciència que els nostres consumidors valoraran i, inconscientment, ho addicionaran a la nostra marca.

Un dels millors exemples d'aquesta actitud vital del país és el cas de *La Marató* de TV3, una mostra extraordinària del que us detallo en aquest punt. Aquesta forta cultura corporativa, inculcada als catalans des que són infants, és un dels fonaments de la singularitat catalana. Ser català és ser d'una determinada manera. És visible.

Que quedi clar que en aquest punt he volgut fer referència a l'educació en valors, no a l'educació tècnica i científica. Respecte a aquesta, l'educació formal, la que s'aprèn a l'escola i a les universitats, distem massa de ser un país que destaqui dins del context europeu. Aquest és més aviat un punt feble que caldrà treballar de manera immediata.

Catalunya és un país amb una gran capital

Catalunya té la sort de comptar amb una gran metròpoli que es diu Barcelona, una ciutat que competeix amb èxit dins de la lliga de les grans capitals internacionals i que atrau milions de visitants any rere any. Tenir Barcelona és com tenir una exposició internacional de Catalunya de freqüència anual. I a cost zero. Catalunya és, gràcies a Barcelona, un petit país amb visibilitat internacional. Ningú no coneix Múrcia, ni segurament el País Valencià o Galícia, perquè aquestes regions no disposen d'una arma tan potent com Barcelona.

Barcelona és el cap i casal de Catalunya i és l'epicentre del catalanisme polític. Barcelona és el *headquarter* de Catalunya i el seu departament d'innovació. Barcelona és la gran submarca de Catalunya i se n'ha d'aprofitar. No passa res si la submarca és, avui, més rellevant que la marca principal. Pensem en molts casos d'èxit empresarial: què ha fet de bo Nespresso per Nestlé? O París per França? O la indústria rellotgera de Ginebra per Suïssa? O Swatch per Tissot? El que importa és qui cobra els beneficis i on es paguen els impostos.

No estic segur si *Catalonia is the land of Barcelona* o si, contràriament, *Barcelona is the capital of Catalonia*. En tot cas, i ho veurem més endavant, la coalició Catalunya-Barcelona ha de ser la gran *joint venture* d'aquesta nova estratègia competitiva.

Hi ha qui afirma que Catalunya s'hauria d'anomenar Barcelona i que, gràcies a aquest canvi de nom, la visibilitat de la marca Catalunya es multiplicaria extraordinàriament. *Barcelonia, the land of the catalans*, podria ser l'eslògan o el *claim* d'una empresa comercial, però aquí hem de ser molt més curosos. Catalunya es mereix molt més. Perquè, entre altres raons, convé no oblidar que Barcelona és el que és per ser la capital de Catalunya, no pas per ser la segona ciutat d'Espanya. Tota l'energia catalana, com en el millor dels perfums, es concentra a la capital catalana.

Catalunya és un país de frontera

Per l'especial posició geogràfica que té, Catalunya ha estat sempre un país de frontera. Ja fa més de mil anys va assajar amb èxit la fórmula de la Marca Hispànica i molt abans la de la frontera romana entre la Hispània Ulterior i la Citerior. Més recentment ha estat el cavall de batalla entre Espanya i França dins del joc d'escacs de la geopolítica internacional i ha pogut enriquir-se d'ambdues experiències.

Però, més enllà de la seva condició de frontera natural, Catalunya és, a més, un país de frontera simbòlic. Segurament a causa de les seves extraordinàries condicions climatològiques, Catalunya ha estat terra de pas i sobretot d'acollida. Catalunya ha vist com successives onades d'immigració, de la península Ibèrica i de fora, han fet escala a Catalunya, i l'han enriquit de nombroses influències. Catalunya ha estat terra d'ibers, de romans, de visigots i de musulmans. Ha estat terra de francesos, d'italians i d'espanyols. Més recentment, ha estat una de les portes d'entrada europea de la immigració iberoamericana i magribina del nord d'Àfrica.

Què ens aporta ser una terra de frontera? Per què cal valorar com un punt fort el fet de ser una terra de frontera? Des del meu punt de vista, la creativitat i la innovació, unes de les eines fonamentals per ser competitiu empresarialment, fermenten en la reserva biològica de les fronteres. La creativitat i la innovació no solen partir de zero, sinó de la simbiosi d'experiències compartides amb l'alteritat.

La millor manera de fomentar la creativitat en una empresa és facilitar (i no impedir) les *xerrades de màquina de cafè*, sobretot si aquesta màquina és enmig de dues plantes on habiten dos departaments d'una gran empresa entre els quals mai o gairebé mai hi ha cap mena de comunicació. Simbòlicament aquest territori, el de la màquina de cafè, representa l'espai on la gent del departament de màrqueting, d'enginyeria, de producció i de finances es troben per xerrar. No hi ha cap estudi que certifiqui un suposat *efecte cafetera* com a *agent creatiu*, ni tampoc s'ha estudiat cap *fórmula cafetera* per estimular la creativitat a les grans multinacionals, però crec que s'entén prou bé que la creativitat sol ser filla de la multidisciplinarietat, de la multiculturalitat i del pensament lateral. De la comprensió de l'altre i de l'observació de conductes no ortodoxes.

I tot això passa a les fronteres. Entre altres coses, per aquesta raó, les empreses dinàmiques de mida petita i mitjana acostumen a ser molt més creatives que les grans corporacions organitzades jeràrquicament per departaments; a les petites no tens altre remei que compartir la frontera de la teva taula amb la del teu company.

Catalunya és un país amb infraestructures

Tot i que és notori que patim un fort dèficit d'infraestructures en relació amb les que hauríem d'haver disposat, és evident que les infraestructures catalanes són de primer nivell. Tenim infraestructures *hard* com l'aeroport internacional del Prat, de gran capacitat. També tenim un dels ports més importants de la Mediterrània. El port de Barcelona, com també el de Tarragona, té una posició geoestratègica que el fa apte per rebre i redistribuir un gran flux de mercaderies que provenen d'Àsia i d'Àfrica. Tenim un AVE que, algun dia, ens connectarà amb la xarxa d'alta velocitat de França i que des d'aquí ens connectarà amb la xarxa ferroviària europea. Tenim autopistes que, malgrat ser de peatge, ens connecten directament amb França.

I tenim també infraestructures *soft*, d'aquelles que no es veuen però que es necessiten. Tenim una xarxa d'universitats i escoles de negoci que despunten dintre dels rànquings més famosos del sector. Tenim centres de recerca biomèdica i acceleradors de partícules, com el sincrotó Alba. Tenim tot el que cal per preparar el nostre rellançament.

En definitiva, estem preparats per competir internacionalment al màxim nivell. I tot això ens ho hem hagut de treballar molt. Ningú ens ha regalat res. Només cal llegir el llibre de Germà Bel *Espanya, capital París* per adonar-te que, amb tot en contra, prou ha fet Catalunya (i en això ha ajudat la singularitat política del nostre país així com l'empenta de la seva societat civil) per tenir alguna autopista i algun aeroport.

Catalunya és un país amb bons recursos humans

Històricament Catalunya ha estat un país que ha donat a llum grans personatges. Científics, artistes, esportistes i polítics. Seria interminable i injust, per poc exhaustiu, detallar-ne aquí tots els grans noms.

Cal destacar que la sobreproducció a Catalunya de personatges rellevants, en funció de la seva mida relativament petita, és només comparable a la de l'estrany fenomen jueu al seu estat d'Israel. En un llibre de lectura recent *Civilització: Occident i la resta*, de Niall Ferguson, es detalla que Israel té més científics i enginyers per capita que qualsevol altre país del món. És destacable també la dada que entre el 1980 i el 2000 el nombre de patents registrades a Israel va ser de 7.652, davant de les 367 de tots els països àrabs junts d'arreu del món.

Si els jueus són singulars per treure el cap allà on van, els catalans tenim la sort de *fabricar* grans persones al llarg dels segles, contra tot pronòstic. No obstant això, remetre'ns només a la sort seria totalment injust. Algunes coses devem haver fet bé els catalans per merèixer-nos aquesta sort. El sistema educatiu, l'ambició, la idiosincràsia dels catalans hi han ajudat, segur.

Els recursos humans són bàsics. Com que els exemples solen ser els millors recursos per evidenciar una teoria, només cal pensar en l'èxit que van suposar els Jocs Olímpics del 1992. Almenys en el vessant participatiu i mediàtic. L'anàlisi d'aquell èxit espatarrant evidencia que el veritable factor clau van ser l'organització i la il·lusió. La il·lusió com a motor i l'organització com a eina diferencial clau. Tant l'una com l'altra només depenen d'una cosa: de tenir la sort de comptar amb les persones adequades.

Catalunya és un país amb voluntat de ser

Per sobre de tot, el punt més fort del producte Catalunya és la seva voluntat de ser. Com més endavant veurem quan descrivim la missió i la visió catalana, la voluntat de ser ha estat l'única raó, fora de tot raonament lògic, que ha permès a Catalunya sobreviure les vicissituds històriques que li ha tocat viure. Que Catalunya existeixi i que encara es puguin escriure llibres com aquest és un autèntic miracle.

Encara avui, aquesta voluntat de ser, amb un punt de pessimisme i messianisme a parts iguals, és el motor sobre el qual ha de configurar-se el corpus principal de la nova estratègia catalana. Diuen que en el món de l'empresa la virtut principal és l'ambició i la no-aversió al risc. Podríem dir que el cas de Catalunya és un cas singular: té molta ambició (almenys teòrica) però, alhora, pateix una certa aversió al risc que la fa paradigmàtica.

Catalunya, com veurem en els punts febles, és una empresa una mica poruga perquè té por de la seva pròpia ambició. Probablement, a causa de la infinitat de garrotades que ha rebut cada cop que ha volgut emancipar-se, Catalunya és com aquell gos que arronsa les orelles quan li aixeques la mà, encara que sigui per acaronar-lo. És ben cert que aquest és un punt que cal corregir, però també és cert que Catalunya no ha perdut l'ambició per aquestes causes.

És, en molts casos, una ambició íntima, privada, una ambició interna que la motiva individualment, una voluntat de ser que es reflecteix de mil maneres diferents i amb tota mena de matisos en cadascun dels catalans. Caldrà desacomplexar-se definitivament per convertir aquesta ambició interna en una actitud més externa i proactiva que ens motivi solidàriament. Només d'aquesta manera s'anirà més de pressa.

La voluntat de ser, la tossuderia de no voler deixar de ser el que molts catalans senten, és una característica que s'hereta de pares a fills sense que la lògica postmoderna, cosmopolita i globalitzada, l'hagi pogut arraconar mai.

Catalunya és un país amb resiliència

A aquest procés de permanència dins el canvi, on es contraposa la pressió exterior per abandonar el vaixell del catalanisme amb la fèrria voluntat de ser, ha tingut moments de màxima tensió. Solem parlar del franquisme com l'època en la qual el catalanisme va estar més arraconat. Però el que és ben cert és que almenys durant els últims tres-cents anys hi ha hagut quatre o cinc episodis igual de durs, o més, en contra del catalanisme que el que la dictadura de Franco va arribar a significar en el seu moment.

La condició i característica que ha pogut vèncer tots aquests episodis històrics i, com mencionava abans, conservar l'essència del catalanisme com una cosa impertorbable, ha estat la que he volgut destacar com l'últim dels punts forts del nostre país: la resiliència.

La resiliència és un terme poc utilitzat en català però que té molta actualitat en la literatura anglosaxona i és un, diguem-ne, *trending topic* en matèria de lideratge empresarial. Textualment, resiliència és la capacitat de les persones de superar positivament el dolor emocional i els traumes causats per episodis de fort estrès. La resiliència és un terme relativament modern de la psicologia positiva que destaca la capacitat de sortir enfortit de les crisis.

La resiliència del catalanisme ha donat prou mostres durant la seva llarga història (i en la història actual, la que sorgeix del 25-N, en serà una altra mostra, segur) de ser a prova de bombes. Aprofitar-nos d'aquest punt fort serà absolutament necessari en el moment que el país decideixi tirar endavant sense mirar enrere. No tot està escrit en la història, excepte que per ser lliure s'ha de patir.

DAFO: els punts febles de Catalunya

Entendre els punts febles de la nostra empresa sempre ens pot ajudar a solucionar-los. Si no els identifiquem prou bé estem condemnats a patir-ne les conseqüències, en forma, normalment, de menys eficàcia o d'una eficiència escassa. Catalunya, malgrat que és sòlida amb les seves fortaleses, és prou dèbil també per una sèrie de factors que depenen exclusivament d'ella. A diferència de les amenaces i les oportunitats, que sempre vénen de fora de l'empresa, les debilitats són pròpies i intransferibles. Entenguem, doncs, quines són aquestes mancances per eliminar-les o, fins i tot, convertir-les en punts forts.

Catalunya és un país sense estat

Com és possible que tot i disposar de tots els punts forts que hem destacat més amunt Catalunya sigui avui una nació sense estat? No val la pena desgranar-ne tots els motius i, com diria algú, ara no toca. El fet és el que compta. Catalunya va arribar tard en el moment en què els estats decimonònics es configuraven. Hi ha qui pensa que no només va arribar tard, sinó que ara ja és massa tard per corregir aquesta incongruència. En aquest llibre demostrarem que no és així necessàriament. Però per això caldrà desplegar tota una estratègia competitiva que és el que dóna sentit a aquest llibre.

No tenir estat no només és un *handicap* sinó que és un *handicap* incapacitador. Catalunya mai podrà tenir una estratègia autònoma si no disposa d'un estat. Almenys mentre les regles del joc siguin les que són. No tenir estat implica la impossibilitat de poder desplegar una estratègia global integrada. Només ens permet definir tàctiques a curt termini i en tot cas planificacions de curta volada que ens garanteixen la simple supervivència. Però en cap cas no ens permet desenvolupar estratègies competitives d'èxit i de futur.

No tenir estat i competir contra una empresa que sí que en té és com tractar de lluitar contra una empresa que regula i influeix decisivament en les lleis de la competència i de mercat, les manega com li convé, i esperar, a sobre, que aquest estat o aquesta empresa competidora et concedeixi tractes de favor i de justícia. Graciosament.

En el món dels negocis contemporani, gràcies a la regulació dels mercats per àrbitres imparcials formats per organismes estatals i internacionals, s'eviten aquestes situacions de completa indefensió, cosa que desmenteix les tesis d'un tal Adam Smith.

Ja fa segles que Adam Smith, un dels primers grans economistes teòrics de la història, va exposar la seva brillant (i errònia) teoria que li va permetre establir un corpus de pensament econòmic que encara perdura, últimament més que mai. Una teoria que defineix el mercat com un ens màgicament regit per *una mà invisible* que el regula i n'evita els excessos. «*Laissez faire, laissez passer*» és una frase que resumeix el seu pensament: deixar fer, deixar passar. Llibertat econòmica total, competència màxima, impostos baixos o nuls. Una teoria que se sustenta en el fet que uns suposats *egoismes responsables* equilibren la balança a favor del bé comú. Un mercat ideal on no cal cap mena de regulació.

Com tantes vegades, l'experiència s'ha encarregat de desmentir la teoria. Des que Smith va publicar el seu llibre *La riquesa de les nacions* s'han donat centenars, potser milers, de casos que demostren que el lliure mercat pot generar incongruències tan grans i aberracions tan monstruoses, que fins i tot atempten contra els seus mateixos principis. Quan no hi ha organismes arbitrals, el mercat pot distorsionar-se a favor d'una de les parts, quasi sempre a favor de les empreses que, treballant pel seu estricte benefici propi, perjudiquen la societat en general i el consumidor en particular.

Les grans crisis econòmiques en la història demostren, tossudament, que la competència pot veure's seriosament perjudicada en un ambient de màxim liberalisme econòmic i on no hi ha regles d'equitat. I una crisi no és res més que una malaltia d'un sistema. L'última, la gran crisi financera que tothom estem patint, és una mostra palmària del que pot passar quan no es respecten aquestes normes no escrites. Qui regula els mercats? Qui regula el regulador?

La praxi (no la teoria) econòmica ens mostra casos molt evidents on aquesta suposada mà invisible només és invisible perquè se la fa desaparèixer. La demostració empírica de casos concrets de cartellisme, monopolisme i duopolisme n'ha fet la resta. D'això, se n'ha parlat molt, però Keynes, John Maynard Keynes, va ser el gran teòric que va desmuntar punt per punt aquesta teoria.

Va ser el primer a formular la tesi que defensa que els estats han de regular i intervenir en l'acció dels mercats perquè aquests funcionin correctament, un bon funcionament que es fonamenti en la competència sana, que no és sinó la que permet adequar correctament els preus, just en el punt on es creuen l'oferta i la demanda, i que garanteixi que tant oferents com demandants actuïn amb transparència i legalitat. Els estats i els organismes reguladors han d'arbitrar que aquesta suposada *competència sana* es compleixi sempre. Un dels garants sol ser que totes les parts que competeixin ho facin sempre amb les mateixes regles de joc, amb transparència i amb un respecte escrupolós de la llei. La resta del pensament de John Maynard Keynes, que fonamenta els principis irrenunciables de la socialdemocràcia i de la intervenció parcial de l'Estat en el món econòmic, és la part del lleó de la teoria keynesiana però que en aquest punt ens allunya del discurs que volem explicar.

Tot plegat ve a tomb de la certesa que competir sense estat en un mercat on tots els països ho fan amb estructura d'estat és competència deslleial. Sobretot quan aquesta impossibilitat és forçada, en contra de la voluntat d'una de les parts. No tenir estat ens impossibilita redactar estatuts, prendre decisions corporatives o llançar productes quan es cregui convenient. Ens impossibilita fins i tot a decidir com i quan hem de finançar-nos.

Una empresa que no pot prendre decisions sobre la seva governabilitat i sobre els recursos que ha d'emprar és una empresa sense estratègia. És una empresa abocada al fracàs. El *laissez faire, laissez passer*, en matèria de política, és un suïcidi col·lectiu. Això ho sap molt bé la nostra competència, i és per això que contínuament intenten parlar-nos de temes tan sibil·lins com *la unidad de mercado*, l'*armonización de leyes* i la *patria común e indivisible*, a l'estil del caduc Adam Smith. Saben que la mà invisible és la seva mà i que aquesta, implacable, vol fer-nos desaparèixer per sempre. I de passada enterrar també John Maynard Keynes.

No tenir ni sobirania, ni autonomia, ni capacitat de decisió, ho hem patit els que hem treballat per una filial d'una multinacional on la seu executiva (i estratègica) se situa molt lluny d'on s'han d'aplicar aquestes estratègies i aquestes execucions. Lluny geogràficament i lluny psicològicament. Els que hem treballat en aquest tipus d'organitzacions, simples comunitats autònomes vinculades a corporacions amb més poder que alguns estats nació, hem vist desfilar dotzenes d'oportunitats que no hem estat capaços d'aprofitar per manca de capacitat estratègica i executiva.

Recordo un cas molt interessant (per estúpid) en què (després de viure en primera persona la compra per part d'Unilever, empresa on jo treballava, de la també grandíssima multinacional Bestfoods, una fusió que es va fer a escala planetària allà on aquestes dues empreses tenien presència) Unilever es va desfer en aquell procés de fusió de desenes de marques d'arreu del món i, mentre ho feia, de l'única marca que valia la pena del portafoli de marques de Bestfoods a Espanya. I ho va fer en contra de la voluntat de tots nosaltres, els mànagers de la filial espanyola.

Era la marca Nocilla. La raó que es va donar per prendre una decisió tan desencertada fou que aquella marca no era una marca *global* i que Unilever volia concentrar-se només en un portafoli de marques globals que tinguessin una extensa xarxa internacional de vendes. Fins i tot en un gegant com Unilever es coneixia un salconduit oficial que, ateses una sèrie de circumstàncies, permetia als directius locals trencar aquesta norma i *salvar* marques no globals.

D'aquests salconduits en deien *local jewels*, joies locals en forma de marques locals que, malgrat que no tenien capacitat per competir internacionalment (en el mercat de la Nocilla el competidor universal es diu Nutella), sí que disposaven d'una capacitat per sobre de la mitjana de generar beneficis. En aquestes condicions, mentre les *local jewels* fossin capaces de mantenir un flux constant de beneficis, les marques podrien seguir rebent les inversions necessàries per al seu manteniment (una marca sense inversió és una marca morta, ho veurem quan tornem a parlar de Catalunya).

Malauradament, els directors de la filial a Espanya i tota una sèrie de mànagers (entre els quals hi era jo) no vam ser capaços de defensar la nostrada Nocilla perquè, senzillament, la rendibilitat d'aquell any (crec recordar que el 2000) no havia superat el 35% sobre vendes. Nocilla, amb un 80% de quota de mercat a Espanya, ens l'havíem de vendre perquè només guanyava un 33% o un 34% del que facturava! Una barbaritat indecent de benefici.

Cap executiu d'Unilever d'Espanya no va ser capaç de convèncer el *board* de Londres que estaven equivocats. No teníem cap capacitat d'influència. No teníem sobirania. Érem tan inoperants com aquells consellers de la Generalitat que, a vegades, fa pena veure quan malden per corregir una llei estatal que saben que perjudicarà els interessos de Catalunya. Ploren, s'enrabien, però al final, acaten.

A un londinenc li sonava tant la marca Nocilla com a nosaltres el te PG Tips. Però PG Tips viu i Nocilla no. La diferència és que la primera és una *local jewel* del país on es prenen les decisions i del país on es mana. PG Tips era una marca londinenca. L'estat d'Unilever té dos regnes: a Anglaterra (Londres) i a Holanda (Rotterdam). Ni Madrid, ni Barcelona, ni, per descomptat, Bilbao (on tenia la seu Unilever Foods España) tenien més condició que els d'unes petites *comunitats autònomes* dins la gran Commonwealth empresarial del monstre angloholandès. Que la famosa Comtessa, el gelat de restaurant de carretera per antonomàsia, ja no s'anomeni així sinó Viennetta és una altra conseqüència d'aquella brillant praxi, la de tenir marques globals que puguin fer publicitat global. Encara ara, dotze anys després, em pregunto si mai algú ha demanat una Viennetta enlloc d'una Comtessa.

Malgrat tot, vull repetir, una vegada i una altra, i aquesta afirmació es farà evident al llarg d'aquest llibre, que la independència de Catalunya no és l'objectiu últim de Catalunya. Si es vol, la independència és l'instrument que permetrà assolir molts dels objectius que el nostre país haurà de perseguir. Però confondre l'objectiu amb els mitjans, a més d'inútil, és perillós. Tan perillós com creure que el creixement (en volum i ingressos) és un objectiu empresarial en lloc d'un instrument.

Aquest error és el que s'ha comès amb Bankia. És ben cert que moltes vegades el creixement és un instrument que afavoreix la rendibilitat empresarial (aquest sí que és un objectiu genuí de les empreses, per això es constitueixen). En aquest fals paradigma, el del creixement pel creixement, molts analistes empresarials argumenten que quan les empreses augmenten de mida, milloren les economies d'escala i en conseqüència la rendibilitat empresarial. Però quan es confon l'instrument amb l'objectiu, passen coses tan impresentables com les de Bankia. Algú va pensar que l'única manera de fer front a "La Caixa" (catalana, en principi) era sent més gran que ella. Bankia va iniciar un ral·li de creixement, i va començar a comprar caixes i bancs a tort i a dret, i no cal que us expliqui com se li ha indigestat. Va afavorir l'objectiu fals de creixement (era tan sols un mitjà) per sobre de l'objectiu real de la rendibilitat.

I la veritat, senyors, és que l'únic avantatge competitiu real entre dues empreses és que una sigui més rendible que l'altra. Independència sí, però només si aquest instrument afavoreix l'assoliment dels objectius que perseguim, que, com veurem més endavant, han de passar per millorar la qualitat de vida i la salut emocional del nostre país.

El contrapunt d'aquest argument, i ho certificarem per activa i per passiva, és que sense independència no hi ha possibilitat d'estratègia.

Catalunya és un país mesell

Quan entrem de ple dins l'esfera de les condicions psicològiques de Catalunya reconec explícitament que entro en un camp minat que és perillós. En primer lloc perquè la psicologia de Catalunya no pot ser una altra cosa que la mitjana de la suma dels estats psicològics de tots els seus habitants. I en segon lloc perquè l'estatus psicològic d'un país, sense cap estudi que el certifiqui, és només una percepció, en aquest cas, la meva percepció. No obstant això, considero rellevant entrar a sac en aquest tema perquè aprofundeix en un dels punts més febles del nostre país.

Sembla una contradicció *in terminis* afirmar, alhora, que Catalunya té el punt fort de *la voluntat de ser* i el punt feble de *ser un país mesell.* No ho és, creieu-me: Catalunya és un país dual amb singularitats que mereixerien entrar al llibre dels rècords. L'estrany cas de Dr. Jeckyll i Mr. Hyde, del famós escriptor Robert Louis Stevenson, ben bé podria ser una paràbola del cas català. Deixeu-me que m'expliqui.

Al món de l'empresa, de les condicions psicològiques dels treballadors de l'empresa cap a aquesta, solen dir-ne *clima organitzacional.* S'anomenen clima organitzacional les condicions d'estabilitat psicològica dels treballadors d'una companyia vers la mateixa. Té en compte el *contracte social* que tàcitament acceptem els treballadors i la companyia que ens contracta, un contracte social que no té res a veure amb el contracte laboral que signem tots els treballadors, perquè, a diferència del primer, aquest no es rubrica en cap document. El *contracte social* és el compromís mutu entre l'empresa i el treballador i el grau de compromís que imposa a les dues parts. Jo em desvisc per lluitar pels objectius de l'empresa i l'empresa es desviu per realitzar-me professionalment, econòmicament i humanament.

Els estudis de clima solen mesurar, doncs, la salut d'aquest grau de compromís. Però també estudien el nivell de participació i la taxa d'absentisme, entre molts altres factors, com a indicadors de l'estat d'aquest clima que vol quantificar-se.

Fent una analogia una mica forçada, la *climatologia catalana* ens explicaria la situació dels estats mentals i psicològics de la població catalana vers el projecte que el país representa. Ens mesuraria el grau de compromís vers el seu país, quina és l'autoestima dels catalans i quin n'és el nivell d'absentisme.

No podem pas afirmar, un cop analitzades aquestes dades, que les condicions mentals de Catalunya siguin les òptimes. Catalunya és un producte que ha fracassat força vegades quan ha volgut dotar-se de més autonomia. Des del segle XVII tantes com tres o quatre. Ara toca rellançar-lo una vegada més. La tensió és màxima: segurament aquesta és l'última oportunitat que ens donarà el mercat en moltes dècades. Al Quebec, d'ençà que va fracassar en el seu llançament massiu en l'àmbit internacional, els secessionistes, que en són molts, mai han tornat a aixecar el cap. En el món dels negocis no sol haver-hi una tercera oportunitat per rellançar una marca o un producte. La majoria de vegades, ni una segona.

Si a la pressió psicològica del fracàs definitiu, hi afegim el fet contrastat que la psicologia col·lectiva de Catalunya té un tarannà tradicionalment conservador (després ho veurem), hem de reconèixer a la força que aquest és un dels grans punts febles del nostre projecte.

Com us apuntava a l'inici d'aquest apartat, Catalunya és un país mesell, un país que ha patit (i paït) massa derrotes en el curs de la seva història. S'ha acostumat a perdre. I no només això: té por. Les represàlies històriques d'antics fracassos han deixat petjades indelebles en la seva consciència. Catalunya és una dona maltractada. Però el que és pitjor és que és una dona maltractada resignada. Resignada a la seva sort. Malgrat que el consell d'administració i l'equip directiu de Catalunya no cal que comparteixin aquest estat d'ànim, els seus treballadors, entenent com a treballadors els habitants de Catalunya que han decidit deixar de ser simples consumidors per passar a ser consumidors compromesos per la causa, sí que pateixen aquesta debilitat.

Una debilitat que corre el risc de convertir-se en una síndrome, la síndrome d'Estocolm. Alguns pateixen aquesta patologia mental, com el d'aquells que han estat segrestats, i, en molts casos, defensen i justifiquen els seus segrestadors pel simple fet d'assimilar la culpa d'un pecat original inexistent. Si ens ha passat el que ens ha passat és perquè hem actuat malament. Ens ho mereixem i les derrotes que hem patit són, en certa manera, justes. No cal fer res. Deixem-nos portar, pensen desencertadament.

Per aprofundir en aquest tema, hi ha un gran llibre que, tot i que no parla directament d'aquesta suposada *síndrome d'Estocolm* (es va escriure uns quants segles abans) es poden assimilar les teories a les conseqüències d'aquesta síndrome. És un llibre (*L'ètica protestant i l'esperit del capitalisme*, de Max Weber) que fa una lúcida reflexió al voltant de per què les societats de religió protestant han estat les que més han progressat en termes econòmics i analitza les grans diferències socioeconòmiques entre els països que estan sota l'esfera del protestantisme i els que estan sota la influència del catolicisme.

Max Weber arriba a la conclusió (amb llums i ombres, cal dir-ho tot) que l'ètica protestant, la que es va desenvolupar a partir de la Reforma de Martí Luter, va facilitar l'autorització moral del treball dur i del benefici, en contra de la religió catòlica, que només dóna sentit a la vida com un pur trànsit cap al paradís celeste i que va demonitzar permanentment el benefici (us en recordeu, dels jueus i de la usura?). Aquesta percepció diferent del benefici, purament espiritual, va tenir, i encara té, efectes molt crematístics.

Trec a escena aquest llibre de Max Weber perquè ens adonem com una condició psicològica diferent dóna lloc a respostes diferents. En el cas del protestantisme aquesta condició psicològica positiva els permet gaudir d'una societat bolcada en el treball dur i esforçat que genera riquesa individual i col·lectiva. En contraposició tenim una altra visió, tenim una altra condició psicològica, els països que vam quedar sota l'òrbita dels triomfadors de la Contrareforma catòlica i romana. En aquesta, de la contemplació mística, la resignació cristiana i el continu *salivat* de les ferides, se'n fan virtuts. I si no guanyem beneficis, alabat sia Déu, ja l'heretarem quan arribem al cel.

És per això, en part, que en llocs com Holanda, Anglaterra, Alemanya i bona part d'Escandinàvia, tenen societats molt més pròsperes, treballadores i riques que no pas les catòliques del sud, com Espanya, Portugal o Itàlia.

Tornant a Catalunya, aquest condicionament psicològic basat en un sentiment de culpa massa exagerat, fent un paral·lelisme amb la moral castradora típica del catolicisme, pot ser una rèmora a l'hora d'emprendre el vol. No és possible afrontar la tasca més hercúlia de la història de Catalunya amb aquesta recança. Caldrà abans, i ho veurem, rearmar i reforçar *el clima* de la companyia. Caldrà fer una visita al psicòleg, i si escau al psiquiatra, per tal de capgirar aquesta situació. Potser també, i ho veurem més endavant quan parlem dels lideratges necessaris, ens caldrà algun Luter de terra catalana.

Catalunya és un país conservador

Catalunya és un país amb aversió al risc. No vull confondre aquest punt amb l'anterior, ja que aquí no em refereixo a cap por primigènia relacionada amb l'estat d'ànim. Aquí vull parlar-vos d'una cosa molt més estructural que conjuntural. Catalunya és poruga perquè és conservadora. Les arrels camperoles de gran part de la població catalana han anat forjant aquest conservadorisme patològic que tan sols els moviments burgesos del segle XIX i les posteriors revolucions de les esquerres han modificat a mitges. De fet, ara que estem a prop de la celebració del tricentenari dels fets de la Guerra de Successió sorprèn comprovar com la resistència catalana es produí quasi exclusivament a la capital de Catalunya (excloent-hi algunes guerrilles de miquelets i la població de Cardona a l'interior).

La psicologia profunda dels catalans és poc revolucionària. No creu gaire en aventures de les quals desconeix el final. Necessita sempre, en certa mesura, una motivació negativa que la faci reaccionar de manera sobtada.

M'agrada explicar de tant en tant un aforisme que no sé pas on el vaig sentir per primera vegada però que reflecteix a la perfecció com ha reaccionat històricament la societat catalana davant de situacions de crisi. Aquest aforisme explica que si tireu una granota viva en una olla amb aigua bullent, de ben segur que no morirà perquè en notar l'aigua calenta, irresistiblement calenta, saltarà amb ràbia cap enfora a buscar refugi. Però si aquesta mateixa granota la deixeu dins l'olla amb aigua freda i arrenqueu el bull a poc a poc, acabarà morta i ben bullida perquè no sabrà diferenciar el punt en què l'aigua deixa d'estar confortablement calenta per passar a ser mortalment abrasadora.

Aquesta història explica que els canvis sobtats i les revolucions explosives s'han produït històricament a Catalunya en moments de màxim estrès. Contràriament, en condicions de falsa estabilitat (com la que hem viscut en els últims trenta anys), el conservadorisme s'ha fet equivalent al suïcidi col·lectiu. Si no volem acabar com una granota a la papillota val més que afinem els nostres sensors de temperatura.

M'avanço quan apunto que la diferència entre la granota morta i la granota viva rau, moltes vegades, en la providencial visió dels líders. Algú amb prou galons dins de l'empresa haurà de mostrar un horitzó lluminós a la seva gent quan les situacions siguin insuportables. Algú, i torno a avançar-me, haurà de transmetre una visió diferent que superi les angoixes de la crisi. Algú haurà d'activar els sensors de temperatura i tenir la intel·ligència suficient per mesurar-la i corregir la deriva actual.

Cap empresa triomfa sense la tasca del visionari. Les empreses d'èxit no són empreses burocràtiques que treballen sense objectius il·lusionadors. Les empreses d'èxit expliquen a la seva gent quin és el futur que els espera en positiu (i si cal, en negatiu). I, a més, a través de la visió que sempre acompanya la missió, els expliquen com han de fer-ho. El què i el com és el que falta per canviar conservadorisme per gana. Com deia l'amic Steve Jobs: «*Stay hungry, stay foolish*».

Hi ha un personatge a la història que és paradigmàtic del que els anglesos en diuen canviar el *mindset*, canviar la mentalitat: no és cap altre que Sir

Winston Churchill. En els pitjors moments de la Segona Guerra Mundial, en uns moments en què tot Europa s'havia agenollat davant l'imparable impuls del Tercer Reich, Sir Winston Churchill va posar-se dempeus a sobre de la runa que envoltava el Big Ben de Londres i va promulgar la famosa frase de «*Keep calm and carry on*». Va aixecar els dits i va fer el famós signe de la victòria. Va encomanar als anglesos la fortalesa necessària per rebel·lar-se contra el que semblava un fet consumat. Com en tantes coses a la vida, *«se non è vero, è ben trovato»*: el símbol de la victòria és històric i verídic, mentre que el de la frase és apòcrif. El que realment és demolidor i explícit és el fet que destaco aquí: la fortalesa d'un gran líder.

Sembla evident que, en moments de màxim estrès i depressió, els països, les empreses i les societats necessiten lideratges forts que expliquin a la gent què s'ha de fer. Però Winston Churchill era un conservador. Un conservador que avui en dia estaria a la dreta d'Aznar. Però va ser un conservador revolucionari quan va caldre. I ho va fer des de l'oposició.

Mentrestant, Chamberlain, el primer ministre anglès de principis dels anys trenta, propugnava una política de convivència pacífica amb Alemanya, articulada a través d'una estratègia que va fer fama amb el nom d'*appeasement*. Amb aquesta actitut s'apadrinava una política suïcida que, com en el cas de la granota bullida, pretenia tranquil·litzar els ànims de Hitler mitjançant la inacció, i la *pseudoconfortabilitat* de l'statu quo. Churchill, aleshores a l'oposició, va ser el més revolucionari de tots. Va instigar la guerra contra Hitler fins que aquesta va ser socialment acceptable.

Davant del «Canvia-ho tot perquè no canviï res», els catalans ens hauríem d'abonar a un altre aforisme: «Per conservar Catalunya, cal revolucionar Catalunya».

Catalunya és un país dividit

Si Catalunya fos una empresa, parlaríem d'una empresa desalineada. Una empresa desalineada és aquella que, per manca de descriure i explicitar els seus objectius, té la gent desorientada. Quan això passa a les empreses solem trobar la causa en una manca de lideratge al capdavant de la companyia. Quan es dóna aquesta situació, cadascú rema pel seu compte i es malmeten els esforços col·lectius.

En el nostre cas la desorientació és flagrant: ningú sap cap on tirar malgrat que gairebé tothom sap que la direcció actual és incorrecta i que ens porta al fracàs com a país. Quan veiem que els nostres enemics estan contents, posem-nos en guàrdia.

La divisió de la gent que vol el bé per al seu país (no menciono aquells que explícitament o implícitament en desitgen el fracàs) té molt a veure amb la praxi dels partits polítics. Els partits polítics confonen els objectius amb el pla per assolir-los; dit d'una altra manera, confonen el fi amb els mitjans. Discutir sobre *independència sí* o *independència no*, o si ens convé un *concert econòmic* en lloc d'un *pacte fiscal*, és discutir sobre els mitjans. I és molt difícil discutir sobre els mitjans si abans no hem consensuat res al voltant dels objectius.

El primer que s'ha de discutir és si volem que Catalunya sigui rica i plena. Si creiem que l'objectiu és la llibertat (fàctica o política). Si desitgem liderar el mercat o si preferim continuar quedant-nos on som. Aquesta errada, aquesta confusió, sol ser dramàtica. En els països i en les empreses no hi ha res pitjor que mirar el dit del nostre líder pensant que aquest és la fita que cal aconseguir quan el que el líder volia mostrar-nos era l'horitzó.

Catalunya és un país amb manca de lideratge

Tot i que n'hem parlat col·lateralment en la descripció dels punts anteriors, la manca de lideratge convé ser tractada de manera diferenciada com un dels punts febles de la Catalunya actual.

La necessitat d'un líder (o líders, en plural també és possible) que galvanitzi l'estratègia que albirem no és una cosa prescindible. Totes les societats (econòmiques o socials, tant se val) necessiten una persona que actuï com a líder i guiï l'acció de la societat civil. Hi ha molta literatura al voltant de com han de ser els lideratges d'èxit, però en l'única cosa que hi ha consens és en el fet que els diferents estils de lideratge són més o menys efectius en funció de les circumstàncies i els objectius que es persegueixin.

D'aquesta manera en el món empresarial necessitem líders visionaris quan el que convé és capgirar completament un model de negoci. El líder visionari és útil quan el que toca és deixar de fabricar *hardware* per passar a ser uns grans fabricants de *software*. En un cas com aquest ens trobem en una situació de mercat de gran incertesa, amb l'exigència inajornable de fer canvis dràstics a l'organització i amb la necessitat de reclutament d'un nou tipus de capital intel·lectual.

En aquestes situacions, tothom convindrà que l'estil de lideratge de la persona o grup de persones que estan al capdavant no poden ser les mateixes que les d'una altra empresa que, per adaptar-se a un nou escenari de mercat, ha de fer grans retallades en l'estructura de costos o aquell altre lideratge que ha de gestionar *la normalitat* quan la nau circula a bon ritme en una mar tranquil·la.

Cada lideratge és diferent i requereix habilitats i competències diferents. La metàfora està servida també per al país: quin tipus de lideratge ens cal? Un de messiànic? Un de ressonant? Un que afavoreixi el treball en equip? Un de *killer*? Un d'empàtic? Cadascuna d'aquestes tipologies de lideratge no són ni bones ni dolentes, ni millors ni pitjors, sinó que són tipologies de lideratge amb característiques diferents en funció de la situació que es pretengui liderar. Cada cop hi ha més consens, però, que el líder empàtic i ressonant és el més modern de tots, entenent modern com a sinònim d'actual, o sigui, el perfil de lideratge més òptim per poder triomfar en les circumstàncies, líquides, del segle XXI.

Un líder ressonant és un líder que escolta, que té empatia i que *fa fer* més que *fa* directament. Si voleu ampliar informació sobre aquest lideratge tant *a la moda*, heu de llegir els llibres dels professors Coleman i Boyatzis, experts en intel·ligència emocional.

Tot i que d'aquestes definicions de lideratge ja és possible avançar la idoneïtat d'alguns d'aquests, encara és massa d'hora per prendre cap mena de partit. No fins que no hàgim definit quina és la visió i la missió que els catalans hauríem de compartir.

És evident que s'haurà d'adequar el model de lideratge en funció de les decisions estratègiques que pretenguem tirar endavant. Però estic segur que no sembla que avui en dia tinguem els líders (i no només parlo de líders polítics) necessaris per tirar endavant la nostra estratègia, sigui la que sigui. Tenim líders gestors quan necessitem líders carismàtics, tenim líders *low profile* quan necessitem líders ressonants. Tenim (per tenir tenim de tot) gent que fa de líder quan no té cap mena de capacitat per exercir una responsabilitat tan important.

Vull tenir esperança: hi ha qui diu que els líders no neixen sinó que es construeixen. Hi ha qui afirma, i aquí és on rau la meva esperança, que són les societats les que, en funció de la seva capacitat intrínseca i de la seva voluntat, es construeixen els líders a mida. Vaja, que cadascú té els líders que es mereix. Que els líders són la conseqüència de la societat i no pas la causa. Que Napoleó va fer grans els francesos perquè els francesos s'ho mereixien de la mateixa manera que els anglesos van tenir Churchill perquè era fill de la seva societat. Jo confio plenament en la societat catalana. Estem construint el nostre Gandhi sense ser-ne conscients?

En els últims mesos hem tingut l'oportunitat de veure créixer i desplomar-se la figura d'un líder. O almenys això és el que gairebé tothom pensa. No comparteixo aquesta opinió. És evident que el que ha fet Artur Mas posant-se al capdavant del que va ser, és i segueix sent una voluntat popular massiva desarticulada políticament però perfectament harmoniosa al voltant del dret a decidir, era exactament el que tocava. No haver-ho fet hauria estat faltar al més elemental dels principis del lideratge: l'assumpció de responsabilitats. Haurem de veure amb perspectiva històrica, i la història com saben molts historiadors s'escriu en sèries llargues, si la proposta de lideratge del president de la Generalitat, que no del cap de CiU, ha estat encertada o no. O si és autèntica o falsa. És massa d'hora. I és un error creure que ja ha fracassat. Almenys no encara.

DAFO: amenaces de Catalunya

El capítol d'amenaces, dintre del ja conegut esquema de l'anàlisi DAFO, enumera i analitza les amenaces que són inherents a l'entorn de la nostra empresa. Són forces externes que nosaltres no hem construït però que s'han d'identificar per intentar neutralitzar-les. No s'han de confondre amb les debilitats perquè precisament el que les diferencia d'aquestes és que són exògenes quan les debilitats són pròpies. Les enumero al principi del capítol per no perdre el fil: les barreres d'entrada, Espanya, la crisi i els quintacolumnistes.

Les barreres d'entrada i de sortida en el mercat dels estats

El mercat en què juga Catalunya és un mercat molt competitiu i salvatge. Hi ha pocs *players* (empreses competidores) i molts consumidors. El fet que hi participin pocs *players* implica que els que existeixen són molt forts. En el cas de Catalunya, només hi ha dos competidors: Espanya i Europa. Més endavant els analitzarem amb detall, però és convenient destacar aquí quina és la taula d'escacs en la qual ha de competir Catalunya.

Aquest és un mercat amb pocs jugadors i, en conseqüència, amb molta força relativa. Els mercats amb pocs participants i molts clients són anomalies dintre del sistema capitalista. Normalment es donen en els mercats dels *commodities* (matèries primeres), en els de l'energia, en els mercats bancaris, en l'automobilístic, en el farmacèutic... En definitiva, en els mercats on és difícil d'entrar perquè les condicions d'entrar-hi i de muntar-hi una empresa són força complicades.

Tothom pot entendre que és més fàcil muntar una assessoria, un taller de cotxes o una *start-up* tecnològica que constituir una central energètica, una firma automobilística o una empresa farmacèutica. Un exemple que demostra el que us dic i que conec prou bé acabarà de donar-vos les pistes necessàries: quantes empreses competeixen en el mercat cerveser i quantes en el del món del vi? A Catalunya hi ha centenars de cellers de vi i cava i només un parell d'empreses cerveseres (per bé que el fenomen de les cerveses artesanals comença a enterbolir, en part, aquest argument).

La raó per la qual només n'hi ha dues no pot ser econòmica: el mercat de la cervesa és molt més gran que el del vi a casa nostra (tant com tres o quatre vegades més gran). Ja sabeu que els empresaris s'arremolinen com les abelles al voltant de les indústries amb gran potencial de benefici. Per què no es funden empreses cerveseres, doncs? Entre altres coses perquè una fàbrica de cervesa costa cent vegades més que no pas un modern celler de vi. Les economies d'escala de la cervesa exigeixen uns rendiments altíssims que obliguen a tecnificar les plantes per maximitzar el marge brut operatiu que es necessita per invertir en distribució i en comunicació. Quan parlem de mercats d'aquesta mena parlem de mercats amb elevadíssimes barreres d'entrada.

Un dels grans teòrics del màrqueting estratègic, que ja he mencionat al principi a propòsit de les quatre P, és el guru Michael Porter. Aquest senyor, entre moltes altres coses, va definir un model que avui encara emprem que ens parla de la teoria dels avantatges competitius. Ara no toca parlar d'aquesta teoria (de fet, en parlarem més endavant, de manera col·lateral, quan parlem de la nostra proposta de valor), però sí d'un dels subproductes d'aquesta teoria: les barreres d'entrada.

Les barreres d'entrada van ser estudiades per Porter com una de les eines que poden desenvolupar les empreses per blindar el seu avantatge competitiu. Dins de la seva teoria de les cinc forces, una, vital, és la de l'amenaça dels nous entrants. La idea és molt conceptual i fàcil d'entendre: com més grans són les barreres d'entrada en un sector, millor per a les empreses que en aquell moment l'estan liderant. Amb les barreres d'entrada s'eviten les incursions de nous competidors (nous entrants) que, per efecte de la famosa llei de l'oferta i la demanda, farien abaixar el preu i, en conseqüència, reduirien el marge de benefici de les empreses inicials.

Segons Porter, hi ha barreres d'entrada de moltes menes: econòmiques, tecnològiques i, entre d'altres, legislatives. Però el que és molt rellevant és entendre bé el concepte: en un mercat en què les barreres d'entrada són molt altes, les possibilitats d'èxit dels nous entrants són molt reduïdes. I precisament per això ho destaquem com una amenaça per a l'empresa Catalunya. De seguida veurem a quantes barreres d'entrada haurà de fer front la nostra empresa.

Si per poder competir en el mercat de la TDT (televisió digital terrestre) es necessita una autorització administrativa i aquestes ja han estat donades, les barreres d'entrada al sector no només són altes sinó que són impossibles de franquejar. En aquestes condicions, la rendibilitat dels operadors actuals del mercat de la TDT serà elevada. En el moment que l'Estat derrueix les barreres administratives d'entrada i dóna més llicències a nous operadors, la rendibilitat mitjana de les antigues empreses caurà.

Però aquest és un cas especial de barrera d'entrada, de tipus legal, en què les empreses no poden fer res per construir-les. No poden intervenir en la seva edificació. Bé, sí que s'hi pot fer alguna cosa, permeteu-me la broma: anar a la llotja del Bernabéu a aconseguir tractes de favor. I aquí sí que hi ha una altra barrera d'entrada, però de signe polític: has de ser simpatitzant del Partit Popular. Però de lobbies i de lobbisme en parlarem al final del llibre.

La teoria de Porter suggereix que les empreses han de saber construir les seves pròpies barreres d'entrada si el que volen és maximitzar els seus beneficis. Quan una multinacional farmacèutica investiga durant anys una patent farmacològica, està, indirectament, construint barreres d'entrada. Qualsevol altre competidor que vulgui entrar al mercat sabrà que haurà d'esperar anys a poder ser rendible, fins i tot haurà d'esperar anys per poder facturar el seu primer euro. Ho haurà de fer perquè haurà d'invertir molt de temps a investigar i desenvolupar la molècula que permeti patentar un medicament que, només després d'haver estat testat i provat en innumerables ocasions, podrà ser autoritzat per l'administració competent.

S'ha de reconèixer que això desincentiva. A tothom ens agrada arribar i sucar el melindro. Proposar a un inversor participar en un negoci en què, en el millor dels casos, necessitarà un mínim de deu anys per tocar cuixa, no és la proposta més excitant del món (imagineu-vos la diferència amb el mercat immobiliari, en el qual s'asseguraven beneficis abans de començar a construir). És per això que el mercat farmacèutic és un mercat blindat en què operen poques i molt grans companyies que només tenen l'amenaça, recent, dels medicaments genèrics.

El mercat dels estats és un mercat salvatge similar al farmacèutic. Les barreres d'entrada són molt altes i no només n'hi ha d'un sol tipus. Hi ha barreres que tenen a veure amb l'alt cost de canvi de marca, d'altres amb la legislació i d'altres encara amb factors econòmics.

Comencem per les primeres, les barreres que suposen un alt cost de canvi de marca. Canviar de marca, en aquest mercat, és irreversible o, com a mínim, definitori a llarg termini. Quan Catalunya busca nous consumidors sap que la seva conversió des de la competència és molt carregosa. Però també sap que, un cop el consumidor canviï, aquest canvi serà permanent. Ningú no juga a ser espanyol de dia i català de nit. No canviem de nacionalitat quan arriba la primavera. No ho fem com qui decideix canviar de marca de desodorant a la mateixa prestatgeria del supermercat.

El *mindset* del consumidor és fonamental en aquest sector. I el *mindset* es treballa des de l'economia i des del sentit de pertinença, o el que seria el mateix: des del seny però també des de la rauxa. Arrencar un client a la competència és com guanyar una batalla, i perdre'l és patir la derrota més amarga. La gent no canvia fàcilment de filiació nacional. Aquesta és una de les barreres d'entrada del mercat identificades inicialment per Porter, la que es caracteritza per l'alt cost del canvi de marca.

Quan un consumidor canvia de Telefónica a Orange i d'Orange a Vodafone, ha de fer un parell de trucades de telèfon i, si són massa pesats, enviar una carta certificada. Precisament perquè les barreres de sortida (i en conseqüència les d'entrada) són molt baixes en el mercat de la telefonia mòbil, les empreses solen posar-ho molt difícil (construeixen pseudobarreres de sortida). El cost de canvi de marca en aquest mercat és molt baix: canvia en alguna cosa la teva vida quan canvies d'operador de mòbil? En el nostre mercat, en el de les adscripcions nacionals, canviar d'operador és molt difícil. És mentalment molt difícil. I tècnicament, avui en dia, encara impossible.

L'altra gran barrera d'entrada és d'origen econòmic i es reflecteixen les fortes inversions publicitàries que es maneguen en el nostre particular sector: quants milions de Gross Rating Points (GRP) gasta el nostre competidor directe en comunicació? De quants canals de comunicació propis disposa Espanya? Si Catalunya fos una empresa hauria de descomptar, segur, uns quants milions d'euros per invertir en comunicació. Quant? El 5% de les vendes netes? El 10%? No ho sabem, però el que és segur és que n'hauria d'invertir molts i, de manera relativa, més que no pas els que es gasta el seu competidor principal.

De la manera sobre com creiem que aquests milions haurien de ser gastats, a través de quins canals i a partir de quins missatges és una cosa que analitzarem al capítol final del llibre, però el que és segur és que l'alta inversió publicitària d'un sector pot ser una barrera d'entrada formidable. Com en el cas de les cerveses. I no només en el de les cerveses.

En aquest punt, puc posar-vos un exemple que serà, espero, prou significatiu. No us heu plantejat mai per què hi ha tan poques marques de refrescos? Si comparem els refrescos amb les aigües o les llets envasades, estarem d'acord que la diferència és significativa. Quantes marques de refrescos som capaços d'identificar en un supermercat? Per fer-ho més fàcil: quantes marques diferents de cola heu pres en els últims mesos? Com a màxim, si sou poc *cocacoleros*, n'haureu pres tres: Coca-Cola, Pepsi i alguna marca blanca. Com és possible que només existeixin dues marques de cola si aquest mercat, en valor monetari, és vint vegades més gran que el de l'aigua mineral? Perquè us en feu una idea: a Espanya es comercialitzen en els supermercats més de cent marques d'aigua mineral envasada. Precisament per això, perquè entrar per la porta gran del mercat de cola exigiria a aquell que hi entrés una inversió en publicitat absolutament desorbitant. No cal que us detalli quines són les inversions en màrqueting de Coca-Cola i de Pepsi. Estic segur que n'esteu al corrent. En tot cas, molt superiors a les de totes les marques d'aigua juntes.

Em dedico al món de la comercialització de cerveses. Aquest és un mercat amb barreres d'entrada similars a les que acabem de descriure. Quants milions d'euros gasta en publicitat l'empresa líder? Per què se'ls gasta? Perquè sap que el *brand awareness* de marca és clau per vendre. En el món de la cervesa, igual que passa en el món del refresc, no venem suc fermentat d'ordi ni xarops ensucrats amb gas; venem marques amb nom i cognoms que suggereixen determinats valors i determinats estils de vida. Aquests valors de marca es construeixen amb inversió publicitària i, més adientment, amb grans recursos de comunicació.

Si tenim presents totes aquestes dades, qui té encara prou energia per criticar el suport financer que la Generalitat hauria de fer en favor d'un mitjà tan estratègic com TV3? Si ho fa sense malícia, s'equivoca completament i si ho fa amb ple coneixement de causa és, senzillament, un botifler. El Govern ha d'invertir en una plataforma de comunicació pròpia i genuïna perquè la resta de plataformes estan en mans directes o indirectes de la competència. I ja sabem que la competència no sol emetre publireportatges gratuïts sobre els seus productes competidors. Malauradament, en els darrers temps només es parla de possibles ERO a Sant Joan Despí.

Una tercera barrera típica és la que té origen legislatiu. Hi ha mercats que estan estrictament regulats i la legislació és clau a l'hora d'avaluar la possibilitat d'entrada de qualsevol altre membre. L'exemple que posàvem anteriorment referida a la TDT n'és un. Però en el cas de Catalunya aquesta tipologia de barrera no només és clau sinó que és crítica. Perquè Catalunya sigui un estat ho haurà d'aconseguir des d'una posició legítima i legal. Legítima ja s'entén perquè qualsevol estratègia sobirana que Catalunya es plantegi l'haurà de fer des de l'estricte respecte a les regles democràtiques. Però quan parlem de legalitat parlem d'una altra cosa. La independència, o el grau de sobirania de què una nació vulgui disposar, s'han de legalitzar d'una manera o una altra.

L'única alternativa a això és voler ser independent per ser-ne, confonent de nou el mitjà amb l'objectiu. Saltar-se la legalitat, almenys la legalitat internacional, per assolir un objectiu que en si mateix només reconforta a qui ha marcat el seu destí (i el destí de la seva pàtria), en assolir una fita buida de contingut, no crec que tingui gaire sentit.

Deixant de banda la independència unilateral i aïllada del teixit internacional, hem d'analitzar les possibilitats d'una sobirania validada legalment. En aquest àmbit parlarem de dos fonts possibles de legalitat: l'espanyola i la internacional. Pensar que la legislació espanyola (com ho és en el cas d'Anglaterra respecte d'Escòcia) permetrà un moviment sobiranista o secessionista és de rucs. És no conèixer el teu rival. No ens preocupem, però, perquè el coneixerem a fons més endavant quan el definim dintre del rol de *competidor hegemònic*.

Espanya no permetrà mai que la possible secessió de Catalunya tingui vestigis de legalitat. Construirà totes les barreres d'entrada possibles (a la Unió Europea) i totes les barreres de sortida (d'Espanya) inimaginables. Sobre aquestes barreres de sortida en parlo en un altre punt, però ja aviso que no se les havia imaginat ni un professor de Harvard com Porter: les barreres de sortida *psicològiques*. Ens espera l'infern i la caldera de Pere Boter, com els que reflectia el pintor Hieronymus Bosch en les seves pintures protosurrealistes.

Però tornem a les barreres d'entrada tècniques: Espanya no tolerarà cap referèndum legal per edificar una barrera infranquejable i, només en el cas que el referèndum inclogui la votació de tots els espanyols, assegurant-se doncs, prèviament, el resultat de la consulta, l'Estat espanyol relaxarà la seva posició. La seva Constitució defineix la sobirania com una cosa inalienable de la decisió de tots els espanyols. Espanya no ens planteja una simple barrera d'entrada, sinó una autèntica muralla xinesa on, com en temps medievals, poden tirar-te oli roent pel cap si t'hi acostes massa. Des d'aquesta certificació, l'única via legal alternativa per a l'assoliment d'aquest instrument (que no objectiu) haurà de ser la legalitat internacional.

Malgrat tot, haurem de ser conscients que, *a priori*, als estats d'arreu del món no els fan gràcia els processos sobiranistes que desintegren, per sistema, els estats que representen (recordeu que estat i statu quo són pràcticament sinònims). Cap país, per demòcrata que sigui, fomenta el secessionisme perquè el secessionisme, portat a l'extrem, és l'antítesi del sistema tradicional estatal que existeix des del segle XIX. La barrera d'entrada que pot suposar el no-reconeixement internacional de la causa catalana, és una amenaça molt gran que caldrà treballar.

De la mateixa manera que qualsevol empresa posa en marxa el seu departament de relacions públiques institucionals per tal de forçar una posició de *lobby* que treballi per influir en les legislacions que l'afecten Catalunya haurà (de fet hauria d'haver-ho fet ja, aquests processos solen ser llargs i tediosos) de treballar en la mateixa línia. I fer-ho implicarà molts arguments, més endavant ho veurem, però n'hi ha un que és cabdal: que qualsevol moviment que Catalunya el faci des de la més pura praxi democràtica. Tenim la sort que els guardamuralles europeus no són tan sàdics com els polítics espanyols i l'oli se'l reserven exclusivament per a les amanides.

Aquestes són, efectivament, unes grans amenaces, les que representen les barreres d'entrada, però la propera encara serà molt més amenaçadora, com l'actualitat ens mostra dia rere dia.

Espanya com a amenaça principal

Aquest Estat, a més d'un competidor formidable (la descripció d'Espanya des del rol específic de competidor convencional l'analitzarem aviat), és un enemic en tota regla. En conseqüència, una amenaça tàcita i explícita alhora. Tàcita perquè és un estat i poden aplicar-se-li les mateixes consideracions que he fet en el punt anterior. Explícita perquè, com veurem, les motivacions singulars d'Espanya vers Catalunya tenen un rerefons en què es barregen factors racionals (principalment econòmics) i factors irracionals (ja tindrem temps de descriure'ls).

A l'Estat espanyol no el guia la sana competència sinó una cosa més irracional. He treballat en projectes en què aquesta situació competitiva, realment extraordinària, es dóna. I puc assegurar-vos que en aquestes condicions assolir els objectius de l'empresa és molt més difícil. És com tractar de guanyar una guerra en què el teu enemic està disposat a immolar-se.

No vull definir en aquest punt quines característiques concretes té aquest competidor perquè això ho faré més endavant. Vull explicitar que, a conseqüència d'aquesta irracionalitat afegida, les turbulències de l'entorn per a Catalunya en forma d'amenaces són màximes. I ho són, entre altres coses, a causa d'aquest fet. En el moment en què analitzem la competència en el seu sentit més ampli, farem una descripció detallada de les característiques d'Espanya com a competidor tradicional, però des d'aquest punt ho farem posant l'accent en el que no és tan habitual des d'una estricta anàlisi competitiva.

Espanya creu, i quan dic creu ho dic amb l'accepció més catòlica i devota, que Catalunya és seva. Aquesta consideració és un dogma de fe, no una concepció política. Un dogma que és transversal tant en les esferes polítiques com en la psicologia profunda dels espanyols no catalans.

Moltes vegades podem disculpar els espanyols, els ciutadans espanyols, quan ataquem discursivament Espanya referint-nos exclusivament a les estructures institucionals i als polítics espanyols. En aquest punt no és possible. Perquè no és cert. Una gran majoria d'espanyols, influenciats i condicionats per la dictadura franquista de manera directa o indirecta, però influenciada també per la *història de llarga durada* que l'historiador Fernand Braudel tan bé va explicar en els seus llibres i a qui em referiré en més d'una ocasió, han construït una estructura mental que no els permet entendre la diferència en el si del seu Estat.

Estat i nació són la mateixa cosa per molt que alguns hagin volgut convèncer-los del contrari. No caben més nacions dins de la seva nació i, qui ho pensa, és un desafecte. Una frase del filòsof Ortega y Gasset pronunciada al Parlament espanyol el 1932 ho il·lustra perfectament: «*El caso doloroso de Cataluña es algo de lo que nadie es responsable; es el carácter mismo de ese pueblo; es su terrible destino, que arrastra angustioso a lo largo de toda su historia*». I per entendre que la cosa ve de lluny, una altra, prou coneguda, de Francisco de Quevedo, uns quatre-cents anys abans: «*En tanto que en Cataluña quedase algun solo catalán, y piedras en los campos desiertos, hemos de tener enemigo y guerra*».

Dins de l'àmbit de l'estudi històric, es coneix una disciplina apassionant que s'anomena *història de les mentalitats*. Gràcies a personatges tan rellevants com el seu màxim exponent, Mircea Eliade, s'han pogut estudiar i trobar claus que expliquen com les mentalitats influeixen, des de molt antic, en la manera d'entendre el món de les societats actuals. S'han descobert vestigis prehistòrics, normalment en forma de mite encobert, que es remunten a la foscor de temps molt pretèrits i que encara avui ressonen en la nostra forma de pensar.

De la mateixa manera que els arqueòlegs troben fòssils de dinosaures, els historiadors especialitzats en aquesta matèria troben fòssils en forma de mites atemporals que es confonen en la cultura popular, en la filosofia i, fins i tot, en les tradicions polítiques. D'aquesta manera, trobem sant Jordis i dracs de foc en gairebé totes les cultures, moltes de les quals no han pogut tenir contacte físic. Trobem els mateixos mites a l'Alemanya del segle XVIII i al Japó medieval del segle XIII. Mircea Eliade ho explica prou bé en un esplèndid llibre que s'anomena *L'etern retorn*.

Aquest especialista, com deia, ha trobat coincidències sorprenents entre llegendes populars de països tan distants com Alemanya i el Japó o l'Índia i França, i ha arribat a la conclusió (referendada acadèmicament) que això tan sols és possible perquè comparteixen mites fundacionals comuns. Uns mites i una mentalitat mítica que, convenientment evolucionats, arriben fins als nostres dies i expliquen moltes de les singularitats dels nostres discursos.

La cultura política espanyola es fonamenta en un mite, un mite que, malgrat que no té la mateixa consideració que la mitologia de tipus acadèmic que estudia Mircea Eliade, respecta les pautes i les característiques que es defineixen per a la categoria general. Entre d'altres, que és un mite sagrat. Aquest mite sagrat no podria ser cap altre que el de la *indivisible unitat espanyola*. En algun moment dels temps, molt abans que els Reis Catòlics i anterior fins i tot a l'Imperi romà, Espanya va crear-se com una *unidad de destino en lo universal*. Qualsevol argumentació que posi en dubte aquest mite és, en el millor dels casos, un heretge. En el pitjor escenari és un boig perillós. Com tots els mites, és indestructible i inqüestionable.

En aquesta mateixa disciplina que estudia la història de les mentalitats s'explica que les diferències entre fe i raó, així com les diferències entre les societats de discurs mític i les de discurs lògic, s'articulen al voltant de la religió. Efectivament, en les societats en què la religió conviu al mateix nivell que la política (és el cas dels països islàmics i bona part dels d'Àsia), es parla de societats de discurs mític, societats en què un mite fundacional, atemporal, acrític i d'origen religiós condiciona la manera d'entendre la vida i la manera de pensar de la seva societat.

En canvi, les societats de discurs lògic són aquelles en què la raó i la ciència, per sobre del mite, la religió i la fe, són l'origen de la seva interpretació de la vida. És sorprenent descobrir que les úniques societats de discurs lògic de la història han estat la nostra, la societat occidental d'avui en dia (aquesta era, en gran part, una societat mítica abans del segle XIX), i, en part, les societats històriques de la Roma i la Grècia clàssiques (dic en part perquè només tenien una mentalitat lògica les elits d'aquelles societats). Tota la resta, les actuals no occidentals, la nostra fa poc més d'un segle i la història de la humanitat en la seva globalitat des dels orígens de la prehistòria, han estat submergides dins d'una concepció cosmològica de tipus mític.

Que fem cagar el tió, que ens agradi el caganer i que ens caguem en tot, així, en general, té a veure amb un antic mite atemporal i dispers geogràficament sobre la importància de la fertilitat de la terra. Segons això, el caganer va néixer al Neolític, just quan l'home va començar a cultivar la terra.

El problema és que el mite en el qual es fonamenta Espanya no és tan entranyable com el del caganer... Dir que Espanya és una societat de discurs mític, en el sentit en què en parla Mircea Eliade, és massa agosarat. En efecte, Espanya és un país occidental amb un discurs racional i antimític en tot el que té a veure amb la seva actuació com a país. Excepte quan parlem del seu mite fundacional: la unitat d'Espanya. Quan la Constitució d'Espanya parla de la seva indivisibilitat ho fa en termes propers a la visió de les societats de discurs mític. És tan certa la unitat d'Espanya com la veneració acrítica de les vaques que fan a l'Índia. Prova d'atemptar, en públic, contra la dignitat d'una vaca a Nova Delhi. Pot passar-te el mateix que si cremes una bandera espanyola a la plaça de Colón de Madrid!

El que es reflecteix a la Constitució espanyola sobre la seva indivisibilitat t'ho has de creure per fe. Tothom sap que la fe és contrària a la raó i a la ciència, ja que la segona accepta la refutació de qualsevol principi sempre que es demostri el contrari. La fe, per definició, exclou aquesta possibilitat. Jesús és el fill de Déu i no cal demostrar-ho. La fe t'ajuda en això. Espanya és indivisible. És un dogma de fe tan preclar com que Déu es manifesta, a través de la Santíssima Trinitat, en forma del pare, del fill i de l'Esperit Sant.

Espanya creu que el mercat que ocupa Catalunya és seu. Que la sana competència és una perversitat del sistema. Que Catalunya no existeix i, si ho fa, és per un avatar històric que s'ha de corregir de manera immediata. En la mentalitat d'aquest competidor, l'única victòria és l'aniquilació. Us imagineu una indústria en què el líder de mercat pensés d'aquesta manera? Us imagineu que, a més, aquest competidor fos el que dictés les normes i les regulacions del mercat? Jo crec que és impensable. Però és així, i és amb aquestes condicions que Catalunya haurà de definir la seva proposta de posicionament. És, malauradament, amb qui haurà de competir per assolir els seus objectius.

I convé no oblidar que Espanya no només té força, sinó que té certa credibilitat internacional. Legitima la seva actuació des de la perspectiva estatalista, que és la que la justifica internacionalment. Trencar aquest esquema serà de les coses més difícils que haurà de treballar Catalunya. Penseu que trencar l'entramat institucional (ambaixades, presència en fòrums internacionals, ser membre de ple dret d'un munt d'organismes...) en què es troba Espanya ho haurem de fer des de la posició d'un *outsider*.

No vull, de nou, avançar-me, però caldran relacions públiques d'alt nivell per assolir-ho. I un alt grau de comunicació interna. I caldrà que sigui exhaustiva, perquè molta gent d'aquí s'ha cregut aquesta mentida.

La crisi

La crisi econòmica que patim pot ser considerada, alhora, com una amenaça i com una oportunitat. Ja sabem que un dels jocs de l'estratègia és convertir els punts febles en forts i les amenaces en oportunitats, però convindria establir que, *ceteris paribus* (si res no canvia), la crisi no ajuda. La crisi econòmica genera angoixa. Als polítics, als empresaris i als consumidors. I l'angoixa precipita accions que no han estat prou valorades.

De la mateixa manera que una empresa asfixiada per la crisi, que li ocasiona una caiguda de vendes espectacular, reacciona abaixant els preus, abaixant-los per sota del llindar que qualsevol estratega desaconsellaria, els països, entre els quals hi ha Catalunya, corren el risc de sobrereaccionar i malmetre la planificació, que és filla de l'estratègia més ben definida.

Tots sabem que abaixar preus quan no es té la capacitat per fer-ho (no es té prou marge brut) és avançar la defunció de l'empresa. Però malgrat tot, moltes empreses solen fer-ho. Pesa més la por que la racionalitat. L'execució d'un pla estratègic demana consistència i coherència. Consistència en el temps i coherència amb els objectius. Cap acció de l'empresa pot quedar al marge del que dicti el pla estratègic. I haurem de convenir també que els rescats *last minute*, els impagaments al sistema, les retallades i moltes altres actuacions d'aquesta mena, conseqüència directa de la crisi, són accions molt més reactives que proactives. L'èxit de l'empresa rau en la proactivitat respecte al full de ruta que ens hem marcat i mai en la reacció a les turbulències de l'entorn.

Quan un pilot d'avió ha de fer front a fortes turbulències, canvia el rumb i perd alçada, i es veu obligat a modificar la ruta planificada. La conseqüència més freqüent és que aquesta desviació comporta arribar tard al destí. Cal dir també, estirant la metàfora de l'avió, que aquestes demores són justificables quan es fan en benefici de l'objectiu últim, que no és altre que arribar a port sans i estalvis. Seria estúpid entrar de ple a la turbulència, amb risc de pèrdua de control de l'aparell, per no arribar un quart d'hora tard i complir els protocols de puntualitat (això només ho fan els de Ryanair).

Però un pilot d'una línia aèria molt amic meu m'ha confessat que el 99,99% de les maniobres executades per evitar les turbulències són per afavorir la comoditat del passatge i del viatge, no pas perquè aquestes suposin cap mal potencial a l'aparell. Convindrà un cop més reconèixer que, en el nostre viatge, és preferible patir certes incomoditats durant el trajecte que arribar tard i malament al nostre destí. La crisi ha de ser bandejada, però no pot tòrcer la nostra estratègia.

Els quintacolumnistes

Que quedi clar que quan em refereixo a quintacolumnistes no m'estic referint a aquells que, des de fora de l'empresa, des de fora de Catalunya, treballen incansablement per propiciar el nostre fracàs. Quan parlem d'aquests, parlem de la competència. Aquí vull parlar-vos dels que ho fan des de dins i legitimats pel sistema de partits del Parlament català.

El terme *quintacolumnista* cal atribuir-lo al general Mola, que va emprar-lo per qualificar la cinquena columna que, més enllà de les quatre columnes de soldats que s'havien dirigit contra el Front Popular, treballava des de Madrid (pertanyent al mateix bàndol republicà en aquell moment) per fer triomfar l'*Alzamiento*.

És comú trobar-se, sobretot en grans empreses, treballadors sindicals alliberats que, amb l'excusa de treballar en favor dels treballadors de l'empresa que els paga el sou, es dediquen a emprenyar. No només estan alliberats de treballar sinó que dediquen gran part del seu temps lliure a aconseguir que la resta tampoc no ho faci. Ja fa molt de temps que vaig treballar per una multinacional on n'hi havia un, d'aquests. De fet era una *d'aquestes*. Es dedicava a cosir mitjons a la seva taula mentre no t'animava a la rebel·lió entre passadissos. L'empresa, conscient de la seva conflictivitat, li va donar un despatx i tot. D'aquesta manera, amb despatx, ràdio i mitjonets, la tenien mig desactivada. És precisament això el que caldrà fer amb els quintacolumnistes, desactivar-los.

Que quedi clar també que malgrat que encara no he definit la proposta de posicionament, ni els objectius, ni el *target*, ni la missió, ni la visió del producte Catalunya, no m'estic referint als contraris a la sobirania o a la independència. No estic parlant tampoc de contraris a un objectiu concret. De qui parlo és de declarats enemics de l'empresa, contraris a la simple idea de Catalunya i conseqüentment dels que de manera voluntària i descomplexada desitgen que Catalunya desaparegui com a concepte i que s'integri, definitivament, a l'empresa rival. Dels que volen l'absorció per part d'Espanya, vaja.

Bé, doncs a aquests el que cal fer és desactivar-los. El problema és que no són un de cada cinc-cents, com passa amb els alliberats. Són un 20% del Parlament català i representen aproximadament un 20% de la població catalana. Són líders que ocupen llocs de responsabilitat en el consell de l'empresa (en el Parlament, valgui el símil). I tenen dret a vot. Si aquesta opció representa el 20% del dret a vot de les decisions del consell d'administració de Catalunya, és fàcil desactivar-los amb el 80% restant. A cap empresa no se li acudiria votar en contra del seu futur quan té el 80% de la seva governabilitat assegurada. Però això, per estrany que pugui semblar-nos, no passa a la nostra empresa: alguns dels consellers del consell d'administració de Catalunya SA voten conjuntament amb els quintacolumnistes de torn. Temes menors, si es vol. Algun de molt important també, com els pressupostos de la Generalitat. I no s'adonen que, més enllà del pactisme de curta volada típica del safareig polític, el que realment els donen, actuant d'aquesta manera, és veu, vot i, sobretot, legitimitat.

És ben cert que no fan el mateix quan el que es dirimeix en votació són decisions de gran volada nacional. Però el mal ja està fet: davant de la ciutadania tenen una legitimitat que no es mereixen. Tenen legitimitat perquè han votat conjuntament amb el Govern o amb l'oposició quan han hagut de tirar endavant propostes legislatives menors.

No podem fer-los fora de la mateixa manera que no podem fer fora els alliberats desvergonyits. La llei els empara (i és just que sigui així) i la nostra moral ens ho impedeix (la democràcia no és un posat). Com de costum, ara no toca donar solucions, només correspon exposar les amenaces que ens fan front.

Els quintacolumnistes (o botiflers, digueu-ne com vulgueu) són una amenaça molt gruixuda a la qual s'haurà de fer front. I no només des del consell d'administració, sinó des de totes les plantes, tots els departaments i totes les unitats de negoci de la nostra empresa. Que de botiflers, perdó, de quintacolumnistes, n'hi ha pertot arreu i fan molt més mal del que a vegades pensem.

DAFO: oportunitats de Catalunya

Per fi hem acabat amb les amenaces. N'hi ha tantes que angoixa. Comencem, per compensació, amb les oportunitats, que l'entorn també és capaç d'oferir-nos. Com sempre, la teoria del yin i el yang funciona: mai tot és blanc o negre. Fins i tot hi ha vegades que les amenaces poden convertir-se en oportunitats. Ho deia abans amb la crisi: hi ha qui afirma allò de *com més malament, millor*, tot i que la meva ètica no pot fer-me insistir gaire en aquesta visió.

La democràcia internacional

Occident, aquest concepte abstracte que inclou la major part d'Europa, els Estats Units, Austràlia, el Japó i molts altres països, és el marc de referència de la nostra empresa. No només són el nostre mercat de referència, sinó que són el marc formal de la nostra existència. Occident i la seva democràcia formen les lleis de mercat de les quals ens parlava Adam Smith. Occident, sense excepció, creu i practica la democràcia. Espanya (i Catalunya) han estat dels últims a entrar en aquesta lliga, tot just fa trenta anys. La democràcia és un bé compartit que representa una gran oportunitat per a Catalunya.

En termes de negoci, la democràcia és comparable al lliure mercat regulat. La democràcia no és equivalent al mercat salvatge que tan excita molts de la dreta més extrema, d'aquests que s'autoanomenen *liberals* i que sempre tenen un micròfon a Intereconomía. Tampoc, per descomptat, no és equivalent al socialisme més tronat que planificava quantes bufandes necessitaven els soviètics cada any.

El lliure mercat regulat és el que permet la competència sana que estimula la creació de negocis, la innovació i l'aportació de valor per millorar la riquesa i el confort de la societat. En aquest entorn, amb aquest marc de referència, Catalunya podrà competir.

Contràriament, les condicions del mercat que els agradaria a alguns són molt properes a la democràcia del Far West, aquella en què el darwinisme més injust fes caure els més petits pel simple fet de ser-ho. La democràcia que agradaria a alguns polítics i empresaris de la competència seria fins i tot pitjor que la que dicta el darwinisme; seria propera a la desterrada teoria del lamarckisme (aquella que diu que la funció crea l'òrgan). Segons aquesta teoria, molts espanyols creuen que Catalunya hauria de desaparèixer perquè no aporta cap funció a la societat.

La democràcia internacional, dèiem, jugarà a favor de Catalunya. Ningú d'Occident no podrà obviar que les empreses seran el que vulguin ser sempre que respectin la legalitat. La democràcia occidental empararà qualsevol iniciativa que millori les condicions de vida dels europeus. La democràcia occidental, en definitiva, serà la garantia que qualsevol decisió presa des de Catalunya, des de les institucions representatives dels catalans i des dels catalans mateixos, serà sobirana.

En aquest punt cal remarcar que hi ha molts interessats (de dins i de fora) a advertir que Occident no permetrà moviments secessionistes o sobiranistes dins seu. Aquesta fal·làcia, per molt que es repeteixi, no deixa de ser una fal·làcia. Quina legitimació tindrà Occident (o la Unió Europea) per impedir una decisió sobirana d'una empresa sempre que respecti les regles del joc que ella mateixa s'imposa? Que potser les iniciatives catalanes xocaran amb el Tribunal de Defensa de la Competència d'Europa? Que s'atemptarà contra la Carta dels Drets Humans?

Res del que pugui proposar-se democràticament des de Catalunya serà impugnat si es respecten les regles del joc: democràcia, transparència i rigor. Paraules que no estan buides de contingut. Les paraules de Durão Barroso l'últim dia d'agost del 2012 són premonitòries. La possible segregació de Catalunya haurà de ser negociada internacionalment. No serà una qüestió interna dels espanyols. La democràcia és transnacional i transestatal.

La nova economia

Contràriament al que molts pensen, l'economia juga també a favor de Catalunya. En un escenari hiperinterrelacionat globalment com l'actual, la societat internacional necessita dinamisme comercial. Necessita que els països avancin econòmicament perquè l'economia internacional és un motor que no es pot permetre que cap de les seves peces falli, per petita que sigui.

Ho hem vist fa ben poc amb Grècia. La necessitat d'Europa de rescatar Grècia de la crisi no té res a veure amb l'antic romanticisme de Lord Byron quan xalava per la victòria grega davant de l'Imperi otomà en un reflex de la preservació de la cultura clàssica amenaçada pels turcs. Les ganes contemporànies de rescatar Grècia, per contra, provenen de la necessitat que té el sistema capitalista que els mercats funcionin correctament.

Recordem que Catalunya ocupa una posició estratègica i central al Mediterrani. És entre França i Itàlia i molt a prop, relativament, de les principals rutes comercials internes del centre d'Europa. Es vulgui o no, forma part d'una euroregió de la qual Barcelona és la capital. Europa voldrà que Catalunya funcioni. Voldrà que cotitzi a borsa, voldrà que innovi, voldrà que llanci nous productes.

Si el moviment que ha de portar-nos a assolir els nostres objectius té en ment aquests elements, i persegueix l'excel·lència econòmica, Europa aplaudirà amb totes les mans que tingui. Europa no vol saber res de la història ni dels Reis Catòlics. No practiquen la fe catòlica de la Santa Inquisició ni coneixen els drets dinàstics dels Borbó. Se'ls en fot.

És ben cert que a Europa hi ha altres moviments secessionistes que no fan cap mena de gràcia a molts estats europeus (que ho preguntin a França, a Bèlgica o a Anglaterra amb Còrsega, Flandes i Escòcia). Però la necessitat econòmica d'èxit és superior al romanticisme d'estat. Com us explicava abans, en una era postmoderna com la nostra, la racionalitat, l'eficàcia i l'eficiència cada cop guanyen més pes.

En termes econòmics, de la segregació d'una unitat de negoci per convertir-se en una empresa independent en diuen *split-off*. Hi ha uns *split-off* paradigmàtics que han demostrat l'eficàcia de la segregació per millorar el compte de resultats desagregat (a vegades, les parts són més que el tot). Quan els mercats i els negocis són molt diferents entre la unitat de negoci que vol separar-se i l'empresa mare, l'*split-off* sol ser recomanable. És el que ha passat amb Swatch i Tissot o amb Nespresso i Nestlé.

I us asseguro que també en el mercat polític la recerca de l'eficàcia i de l'eficiència acabarà tolerant els *split-off* quan, després d'haver-se produït de manera escrupolosament democràtica, es pugui demostrar que aquesta decisió millora el compte de resultats de la indústria capitalista.

Anàlisi de l'entorn del model de negoci

En començar aquest capítol és imprescindible apuntar que aquesta anàlisi que ara començaré, l'anàlisi de l'entorn de negoci, és paral·lela i complementària al que acabem d'analitzar amb el DAFO. Amb l'ànim de no perdre el nord, recordem que seguim immersos en la fase prospectiva i d'investigació que ha de donar-nos les claus per poder bastir la nostra estratègia. Hi ha empreses i negocis que en tenen prou a realitzar una anàlisi subjectiva de les seves capacitats. Això és el que aporta el DAFO.

Nosaltres creiem que el pla de negoci de Catalunya, per la seva transcendència, hauria d'incloure una anàlisi encara més fina. És per això que volem desenvolupar el que es coneix com a *anàlisi de l'entorn del model de negoci*. S'hi treballen quatre grans camps: les tendències clau del mercat, les forces de la indústria, les forces del mercat i les forces macroeconòmiques. Comencem, doncs, per les primeres.

Tendències clau del mercat

Habitualment la literatura teòrica del *management* i del màrqueting agrupa les tendències en quatre grans grups, per millorar la comprensió i l'anàlisi. D'aquesta manera, les tendències imprescindibles que cal analitzar són les que fan referència a la tecnologia, a les lleis, a l'àmbit sociocultural i al món socioeconòmic. Segons això tenim tendències tecnològiques, legislatives, socials i econòmiques. Repassem-les una per una.

Tendències tecnològiques

Comencem per les tendències clau d'origen tecnològic. La imparable implantació de les xarxes socials com a nou mitjà de comunicació de masses en particular i el fenomen de l'economia 2.0 en general són dues tendències que convé analitzar a fons per entendre com poden afectar el pla de negoci de Catalunya. Comencem amb un exemple recent.

Fa poc llegia un article que evidenciava l'estupidesa de molts partits polítics i governs que encara no han entès la disrupció que implica el nou paradigma de les xarxes socials en termes de comunicació institucional. I ho feia parlant del cas dels anuncis que fan els governs estatals quan surten en roda de premsa unes hores més tard d'haver participat, per exemple, en una cimera europea.

En les últimes que s'han celebrat, a propòsit del rescat de la banca i l'economia espanyoles, el Govern d'Espanya s'ha esforçat especialment a explicar que el que s'havia pactat amb la Unió Europea no havia estat pas un rescat sinó un préstec en *condicions extremament favorables.*

Quan el president del Govern espanyol explicava això als mitjans de comunicació espanyols, en roda de premsa, esperant, com ha estat tradicional en totes les rodes de premsa del món abans de la irrupció descarada de les xarxes socials, de Twitter i de Facebook, que els fidels periodistes assistents a la conferència de premsa prenguessin bona nota de la versió institucional per a la seva posterior publicació en diaris, teles i ràdios, ja feia hores que les xarxes bullien amb les declaracions directes i les conclusions oportunes que el líder de la Unió, Mario Draghi, havia explicat unes hores abans.

Allò que havia passat a la cimera era, segons l'italià, un rescat en tota regla. Ni *préstec en condicions favorables* ni gaites. Un rescat. Com va dir un diari anglès, el gaspatxo duu tomàquet i allò era un rescat («*Gazpacho contains tomato and this is a bailout*»). I ho era perquè qui ho deia era Draghi, l'interlocutor directe d'aquest tema amb Mariano Rajoy, no cap intermediari (i encara menys algú interessat a donar una altra informació, com per exemple, Televisió Espanyola o l'agència EFE).

La societat, almenys la societat que lidera l'opinió a les xarxes, ja no espera el *Telediario Segunda Edición*, en família, per saber què ha passat al món. Aquest és un exemple que posa de manifest com la immediatesa de les xarxes et deixa en evidència quan encara no ets conscient del canvi de paradigma.

La frase que durant un parell d'hores els assessors en matèria de comunicació política que sistemàticament treballen amb Rajoy havien estat treballant, deia: «*Deberás decir repetidamente esto: es un préstamo en condiciones extremadamente favorables*», havia quedat en no-res gràcies a la difusió per

Internet de les paraules de Mario Draghi. Unes paraules que s'havien estès per la xarxa molt abans que els assessors de Rajoy intentessin vendre'ns bou per bèstia grossa.

Aquest canvi tecnològic és vital a l'hora de planificar qualsevol estratègia de negoci que tingui a veure amb la política. El tempo ja no el porten els polítics. El tempo de l'actualitat està en mans dels consumidors (votants). A mitjan agost del 2012, un mes abans de l'11 de setembre, quan Artur Mas reclamava una Diada reivindicativa de l'Estatut, i a favor del pacte fiscal, les xarxes i els consumidors de les xarxes ja estaven reclamant una altra cosa, com finalment es va posar de manifest.

Per primera vegada a la història, gràcies a la revolució de les xarxes, el poble té la força de condicionar el poder sense necessitat de cap revolució sanguinària. Aquesta és una revolució silenciosa però tan o més disruptiva que la del 1789. Per això fenòmens com la Primavera Àrab a la plaça Tahrir o la de Mèxic amb la de #YoSoy132 ja són motiu d'estudi semiòtic a les universitats de mig món.

De tota manera, com que el propòsit d'aquest llibre és trobar analogies entre Catalunya i el model que representen les estratègies empresarials, volem parlar de dos casos en què el canvi del paradigma tecnològic ha afectat experiències empresarials concretes. Una amb èxit i l'altra amb un sonor fracàs, precisament per no haver estat atent a aquesta evolució.

Comencem pels segons: algú es recorda dels agents d'assegurances? Jo mateix vaig fer unes petites pràctiques tot just mentre acabava la carrera en una corredoria d'assegurances de tipus familiar. Aleshores, d'això ja fa vint anys, ningú no podria haver sospitat que aquest mercat faria un tomb espectacular a causa del desenvolupament de les tecnologies de la informació.

Els corredors d'assegurances clàssics eren (i de fet encara són, en queden alguns) uns intermediaris entre l'oferta de les companyies asseguradores i la demanda dels assegurats. Quan els clients demanàvem preus per a l'assegurança del cotxe i per a la de la llar, els corredors ens facilitaven cotitzacions de diferents companyies que nosaltres contractàvem a través seu, i cobraven una comissió pagada (se suposa) per l'empresa asseguradora finalment escollida. Aquest era el model de negoci.

També hi havia uns segons actors en aquest mercat, els agents exclusius, uns tipus que coneixíem prou bé perquè normalment eren familiars o amics que s'havien fet agents de Winterthur o de Mapfre i que, per fer-los un favor, ens canviaven la pòlissa a la nova companyia (només si era més barata, això sí). Ens trucaven uns dies més tard i ens passaven una oferta. La signàvem i pagàvem.

Tot allò era com una caixa tancada. Els assegurats no teníem ni idea de com aconseguir una cotització si no trucàvem directament a la companyia o teníem un amic que treballés com a agent en exclusiva d'una d'aquestes asseguradores. I les corredories tenien tractes de favor privilegiats amb una sèrie de companyies que els facilitaven unes tarifes més econòmiques.

Avui en dia hi ha dotzenes de buscadors, a l'estil de les de vols i viatges, que et cotitzen a l'instant la millor oferta. Darrere de la pantalla no hi ha cap corredor, hi ha un programa informàtic que et tarifica, buscant i rebuscant en una base de dades de centenars de companyies, l'oferta que s'ajusta millor a les teves necessitats. Els únics corredors d'assegurances que han triomfat han estat precisament els que s'han inventat aquests webs. La resta, o s'han especialitzat (el món de l'assegurança és molt més complex que la del cotxe i la de la llar) o han desaparegut.

Del que estic segur és que cap corredoria sobreviurà gaire temps venent pòlisses de vida, ni assegurances per a la llar exclusivament.

Passa (i sobretot acabarà passant) el mateix amb les agències de viatges. En el meu cas ja fa més de deu anys que no trepitjo cap agència d'aquesta mena. I això que cada any procuro fer quatre i cinc viatges per plaer a l'estranger. Lastminute, eDreams i d'altres són els webs que visito per contractar viatges.

En sentit contrari, hi ha empreses que s'han reinventat o que s'han fundat de nou gràcies al poder de la xarxa i de les noves tecnologies. Recentment he tingut ocasió de conversar a fons amb una empresa que està cridada a ser un referent en la compra *on-line*. Es dediquen a una cosa tan sofisticada com portar-te la compra del supermercat a casa i s'anomena Ulabox.

Així de cop, amb la primera impressió, no sembla que la proposta de valor tingui res de nou. De fet, tal com vaig preguntar-los, què nassos pot aportar Ulabox de manera addicional als serveis d'entrega a domicili que tenen les cadenes de supermercats? Caprabo a Casa o Condisline ja ofereixen aquest servei des de fa molt temps.

La seva resposta (que aquí abreujaré) va ser sorprenent per rotunda: un supermercat tradicional pot treballar amb un nombre finit de referències, tantes com les que caben en els seus lineals (les prestatgeries dels supermercats). En aquest supermercat *on-line* d'Ulabox, l'assortiment és infinit perquè no tenen lineals, només un gran magatzem subcontractat que pot ser tan gran o tan petit com es decideixi en cada moment.

Efectivament, Ulabox pot oferir-nos, a través de la seva plataforma, milions de referències a bon preu sense moure'ns de casa. Pot fer ofertes exclusives pel canal i pot activar promocions amb un sol clic. Us imagineu la complicació per a una cadena tradicional de supermercats el que significa donar d'alta un nou producte? Jo, que m'hi he dedicat molts anys, puc certificar-vos-ho. Per donar una alta de producte, s'ha de donar una baixa. Sovint les cadenes t'exigeixen pagaments (*fees* d'introducció) massa elevats que fan tirar enrere molts fabricants. Has d'esperar setmanes, si no mesos, perquè el sistema reculli el codi que s'ha creat amb el nou producte. Ulabox va referenciar-me tots els productes i formats de Moritz en cinc minuts.

Un altre cas el tenim amb Munich, el fabricant català de sabatilles. Xerrant com ho fet en moltes ocasions amb el seu propietari, Xavi Berneda, sempre m'ha recalcat les meravelles de vendre per Internet. La seva botiga virtual ven més de 6.000 euros (uns cent parells) al dia i té una facturació anual de 2.200.000 euros. No té pràcticament costos d'estructura i, a més, li permet liquidar estocs que ja no es poden vendre a les botigues. Una de les seves iniciatives a la xarxa més aplaudides és *Munich My Way*, un *minisite* i una *app* de telefonia mòbil que et permeten personalitzar, d'entre milions d'opcions, la teva sabatilla Munich preferida i rebre-la a casa en menys de nou dies. Increïble. Si això ho haguessin explicat als fabricants de sabates d'Elda vint-i-cinc anys abans no haurien entès res.

Passa el mateix amb Munich Mer.cat, una iniciativa *off-line* que arrenca amb una senzilla però genial acció *on-line*. El Munich Mer.Cat serveix a Xavi Berneda per liquidar estocs de fora de temporada a preus d'*outlet*, amb la qual cosa aconsegueix que la notorietat de la seva marca no només no en surti perjudicada sinó que, alhora, enriqueixi la seva llegenda. És tan forta la demanda per assistir a l'*outlet* que pot permetre's el luxe d'instal·lar-se en un lloc *tan cèntric* com Capellades i utilitzar exclusivament el Facebook de Munich per sortejar entrades. Sí, ho he dit bé: sorteja les entrades. Hi ha deu peticions per cada plaça finalment oferta. Aconsegueix que el 90% dels seus fidels consumidors es quedin amb les ganes de... comprar!

Hem posat tres exemples antagònics entre si. Una en què les implicacions emocionals de compra són pràcticament nul·les i dos d'addicionals en què els valors de marca ho són pràcticament tot (algú es compra unes Munich perquè són còmodes?)

Podem interpretar aquesta tendència com una amenaça o com una oportunitat. Per als que creiem que el canvi, ben orientat, és sempre positiu, sempre serà una oportunitat. Catalunya i els gestors de Catalunya han d'aprofitar-la si el que volen és connectar amb la societat i amb els consumidors per millorar-ne la satisfacció.

Les xarxes i les societats obertes són les dues cares d'una mateixa moneda. Catalunya, tant de bo, estarà feta des de zero, una oportunitat més per ser la primera societat 2.0 real del món. Catalunya ha d'aprofitar l'oportunitat que significa la possibilitat d'interconnectar voluntats i opinions que les xarxes permeten, de la mateixa manera que ho fa Wikipedia per aconseguir fer una enciclopèdia monumental imbatible.

Dins del capítol de tendències tecnològiques vull destacar també la que possibilitaria una connexió més bona entre el Govern i el poble: la tecnologia permetria, avui, consultes, *express*, de qualsevol mena. Independentment del fet que la legislació permeti o desautoritzi els referèndums, el que és ben cert és que la celebració de qualsevol consulta (vinculant o no) ja no requereix el desplegament (i la despesa) d'unes minieleccions.

Quan es va celebrar el referèndum per a la reforma de la Diagonal, diuen que el seu organitzador, l'Ajuntament de Barcelona, es va gastar 3 milions d'euros per dur-la a terme. Aquesta inversió no hauria arribat ni als 60.000 euros si s'haguessin utilitzat les tecnologies mòbils d'última generació. Quan ens costa fer un «M'agrada» a Facebook? Ja sé que em direu que la legitimitat dels processos d'aquesta mena requereixen que la votació sigui secreta, segura i veraç. És per això que hauríem de dotar-la amb 60.000 euros com a màxim, que és la quantitat que requeriria l'elaboració del programa informàtic que ho garantís. Si no calgués aquesta seguretat extra, una consulta via Internet no costaria absolutament ni un euro. No ens equivoquem: si avui podem fer amb total seguretat una transferència de 20.000 euros pel mòbil, no podem tenir la garantia que el vot que podrem emetre viatjarà amb la mateixa seguretat pel món virtual?

Tendències legislatives

Entrem en el capítol de les tendències normalitzadores, les que ens afecten i que, sobretot, ens afectaran legalment. Aquí és inevitable fer referència al dret a l'autodeterminació, i en aquest àmbit, la legislació és molt discrepant, en funció de si l'analitzem des de la posició espanyola o des de la posició internacional.

El dret a l'autodeterminació no està contemplat en la Constitució espanyola, ja que determina que la unitat d'Espanya és indivisible. Aquesta suposada indivisibilitat implica, tàcitament, el no-reconeixement del dret a l'autodeterminació o, en tot cas, que aquest suposat dret l'hagi d'exercir la totalitat dels habitants d'Espanya.

No m'estendré gaire en aquest punt perquè és sobradament conegut i perquè ja n'he fet menció anteriorment, però el que sí que vull emfasitzar és com, en el món dels negocis, que estem analitzant en aquest llibre, la confrontació entre legislacions (nacionals i internacionals) és una problemàtica molt comuna.

La seguretat jurídica emergeix com una de les claus a l'hora que les empreses donin prioritat a la instal·lació de les seves seus i filials en un país o en un altre. Tant és així que en l'argot del món empresarial, d'això se'n diu *risc país*, equivalent al risc a què s'ha d'enfrontar una empresa quan fa l'entrada (normalment a través d'una filial) en un mercat estranger en matèria legislativa.

Que preguntin a Repsol què significa el *risc país* a propòsit de l'expropiació d'YPF a l'Argentina. La seguretat jurídica absoluta és una quimera. I malgrat tot, les empreses segueixen invertint en països de tota mena, ja que és més poderosa la voluntat d'ampliar mercat que el risc que aquesta ampliació implica. De la mateixa manera, la seguretat jurídica que ofereix Espanya a Catalunya també és quimèrica.

Com es pot esperar una legislació favorable de qui percep com una amenaça els intents de redefinició estratègica de Catalunya? En aquest sentit, tot seran bastons a les rodes. Qualsevol maniobra catalana que vulgui sondejar la sobirania i l'autonomia necessàries per tirar endavant un projecte estratègic com el que proposem, estarà condemnat al bloqueig espanyol (per via legal, és clar). El cas de l'Estatut n'és un bon exemple.

La Constitució espanyola és una gàbia. Una trampa immobilitzadora. Però compte, és una gàbia de vidre, que com ja sabem, és un dels materials més durs del planeta, però també un dels més fràgils. Si volem erosionar el vidre, no ens en sortirem. Si el que volem és trencar-lo, només caldrà una sacsejada.

Per aprofundir una mica més en aquest punt, caldria recordar que en matèria legal hi ha una paraula, que és jurisprudència, que sol ser clau per certificar les possibilitats d'èxit de qualsevol iniciativa legal. En aquest sentit, la jurisprudència internacional de processos sobiranistes estarà clarament a favor de l'hipotètic cas català. I en el cas que Escòcia es declari independent en el referèndum del 2014, la jurisprudència serà de la màxima qualitat. De totes maneres potser no caldrà esperar el 2014 i potser no caldrà tampoc tanta jurisprudència. Quan es respecten les lleis del joc democràtic, els processos sobiranistes sempre triomfen.

Vull aclarir que quan parlo de respectar les lleis de joc de la democràcia em refereixo als dos participants de la partida, no només a un. Potser nosaltres, en aquests temes de secessionisme 2.0, serem el millor cas de jurisprudència en el qual tots els experts en legislació internacional vindran a consultar-nos.

Convé, per acabar aquest punt, fer una mica de repàs històric, malgrat que parlem del futur. L'autodeterminació, com a instrument legal per declarar la independència dels països, forma part del dret internacional des que Woodrow Wilson, president dels Estats Units dels anys vint, així ho va determinar en els seus famosos 14 punts. No és un invent català, ni res que no tingui empara internacional. El dret a l'autodeterminació, en general i en la praxi internacional, es reconeix com un instrument que, en lloc de ser l'activador de guerres, n'és el desactivador. No és estrany que tota la teoria que emana de la codificació legal del dret d'autodeterminació i de la seva validació en el dret internacional sorgeixi directament de les conseqüències (no de les causes) de les dues guerres mundials.

En aquest sentit, el referèndum escocès és un autèntic *benchmark* molt difícil d'esquivar (per les similituds econòmiques i socials d'Escòcia i Catalunya i d'Espanya i Anglaterra). Ja no estem parlant de Sèrbia i Montenegro o de Sèrbia i Kosovo, estem parlant d'estats occidentals plenament democràtics. El procés recentment engegat al Quebec d'ençà de la victòria independentista a les últimes eleccions se suma a aquesta nova llista de *nou secessionisme pacífic 2.0*, com a mi m'agrada anomenar-lo.

Tendències socials i culturals

Abandonem definitivament el món legal per endinsar-nos en el camp de les tendències socials i culturals que poden tenir influència a l'hora de definir qualsevol proposta de posicionament i de valor per a Catalunya. I fem-ho amb ganes perquè és complex. Per qüestions de metodologia i de respecte amb el relat que he volgut construir no m'hi estendré gaire perquè les conclusions al voltant d'aquest tema apareixen transversalment al llarg de tot el llibre. Això no vol dir que no em llanci a enumerar quines són les principals tendències sense cap voluntat d'exhaustivitat.

És evident que un dels canvis essencials del nostre mercat té a veure amb el canvi de valors, tant de la societat en general com dels consumidors en particular. La nostra mentalitat i els nostres valors, comparats amb els dels nostres pares i avis, són absolutament diferents. Pot argumentar-se que això sempre ha estat així, que les generacions més joves repudien els valors dels seus progenitors, però crec que és just reconèixer que la fractura generacional actual és superior a qualsevol altra en la història.

La velocitat del canvi s'ha incrementat de manera exponencial. Un segon de diferència en una marató atlètica no és res. A la cursa dels cent metres, una cursa molt més ràpida en què participen els millors atletes del món, un segon entre Usain Bolt i Asafa Powell és la diferència entre l'èxit i el fracàs. Ho és tot.

En cinquanta anys hem avançat més (tecnològicament, econòmicament i socialment) que en els anteriors tres-cents. Entre una persona del segle XV i una del segle XIX, amb quatre segles de salt temporal, s'aprecien menys diferències socioeconòmiques que entre la meva àvia nascuda durant els anys vint i jo, nascut al 73. Quan ella va néixer en un petit poble d'Ourense, no tenia ni coneixia la llum elèctrica ni l'aigua corrent, exactament igual que els habitants del mateix poble al segle XV. Va emigrar, juntament amb els seus dotze germans, a diferents ciutats d'Espanya buscant una prosperitat econòmica que era impossible d'assolir en una zona rural deprimida com la que, malauradament, l'havia vist néixer.

Just després d'emigrar, quan amb només quinze anyets va arribar a Barcelona, es va trobar de sobte amb una guerra civil que se'ns presenta com impensable i inversemblant per a la nostra mentalitat postmoderna. La meva àvia no va conèixer ni la telefonia mòbil ni Internet i tampoc va treballar mai davant d'un ordinador. Però, en contraposició va conèixer la guerra, el racionament i la dictadura.

Ateses les circumstàncies, és fàcil comprendre que els seus valors i els meus tinguessin poc o res a veure. Què en sabia «ella», de democràcia, de llibertats, de tecnologies i de drets socials? Què en sé «jo», del valor de l'esforç, de la gana, de la resignació cristiana o del vot de pobresa com a bonaventura per heretar el regne dels cels?

Des del prisma empresarial, ha passat exactament el mateix. Vaig estudiar administració i direcció d'empreses de l'any 1992 al 1996. Posteriorment vaig estudiar també un màster durant els anys 2003 i 2004, en el qual vaig haver de repetir algunes matèries comunes entre els dos cicles. De les lliçons i els casos empresarials que vaig aprendre durant la carrera i els que vaig estudiar durant el màster, només sobrevivia el de Walmart (entre d'altres coses perquè és un cas molt ben treballat i perquè a molts professors els fa mandra actualitzar-se).

En el món organitzatiu de les empreses, els valors culturals necessaris per liderar-les i la cultura corporativa que s'ha de forjar per garantir-se l'èxit empresarial han canviat completament en només deu anys. Aprendre a gestionar el canvi de valors de la societat, en aquestes condicions, és essencial. Gestionar aquests valors, els que avui estan de moda, és una tasca difícil. L'ètica individual i la conciliació entre la vida laboral i la familiar són tòpics recents que són fills d'aquests canvis que suggereixo.

En el nostre mercat, aquell en què té alguna cosa a veure Catalunya, els canvis de valors impliquen que la població busqui més la satisfacció econòmica que no pas l'emocional, almenys aparentment. És ben sabut que l'independentisme emocional, el que beu directament de la cultura, la llengua i la tradició, s'ha vist sobrepassat per un de molt més pragmàtic, molt més racional i desapassionat.

A Catalunya, el valor de l'esforç s'ha diluït, com en la majoria de societats occidentals, a favor d'una societat còmoda i acomodada mig narcotitzada pel diner fàcil i la societat de consum. Que ara, de cop, ens adonem que això només era un miratge no treu importància al fet que el canvi de valors de la societat més jove cada dia serà més difícil de gestionar des del món polític. Les revoltes dels *indignats* a Espanya és el reflex d'una profunda falta de sintonia i empatia mútua entre l'*establishment* i les classes més joves i més desafavorides.

Què podem explicar, des de la política, a un llicenciat de vint-i-dos anys que té escasses possibilitats de treballar dignament en l'àmbit de la professió en què s'ha format? Sempre serà possible treballar en un bar o fer de repartidor, però això és realment el que volem? També serà possible retreure-li, a aquest jove, que hauria d'haver triat més bé la carrera, que n'hi havia d'altres que li haurien proporcionat més sortides professionals. Però en el cas que això fos veritat, per què la universitat pública segueix subvencionant carreres que no donen cap sortida digne al mercat laboral? No és llençar impúdicament els diners, això? Quina mena de planificació hi ha al darrere?

Els canvis de valors imposen una altra lliçó o un altre repte al món polític: més ètica en la praxi dels estats i dels governs. De la mateixa manera que el colonialisme avui és impossible de concebre, comença a ser també impossible de concebre el caciquisme que tant ha caracteritzat la política espanyola des del segle XV fins ben entrat el XX. Ningú creu ja en estats autocràtics ni dictatorials i gairebé ningú té por dels tancs. Fa exactament trenta-un anys un cop d'estat va ser possible a Espanya. Això, avui, és afortunadament impensable. L'opinió pública (i també la publicada) dicta avui el que és possible i el que no. El canvi de valors és el que hi ha al darrere d'aquest dictat subliminal.

Casos com el de Wikileaks i Julian Assange posen de manifest de manera evident aquest canvi de valors de la societat. Segurament Julian Assange acabarà tenint un judici just perquè els estats (ni els Estats Units ni Suècia) no poden actuar sense una determinada ètica social. No sabem si Assange és culpable o no, però tothom té la sospita que és un personatge molest, molt molest, per a l'*establishment*. Això és el que el salvarà i això precisament és el que l'hauria condemnat a mort només fa vint anys. De la mateixa manera, les Pussy Riot han acabat a la presó, però no les executaran. Això no podrà ferho ni Putin. Recordem que només en fa trenta van executar Salvador Puig Antich, sense cap mena de garantia.

L'ètica, més enllà de la transparència (de la qual parlarem immediatament), és un valor que la societat reclama encara que sigui de manera farisea. I la societat d'avui, a diferència de la d'ahir, té mitjans per reclamar-la i obligar els estats a canviar les seves polítiques. Ningú enviarà tancs a la Diagonal. Cap general (ni coronel ni tinent) no traurà les seves divisions a l'autopista AP-2. Això seria la perdició definitiva de qui ho fes. La democràcia, afortunadament, s'ha instal·lat de manera definitiva a la ment de la nostra societat com una cosa irrenunciable.

La voluntat i exigència de transparència és una tendència social de primer ordre que prové d'un radical canvi de valors. La societat reclama més transparència perquè té molta més informació. Pot semblar en ocasions que l'allau d'informació ens desinforma, però això només és un altre miratge. Un ciutadà del segle XXI té molta més informació que un del segle XX. I precisament perquè té més informació reclama més transparència, a la vegada que la transparència dóna cada cop més informació.

Avui els ciutadans tenen informació directa de què fan els seus governants en tot moment. Es poden seguir a Twitter, si es vol. A vegades em pregunto si pensaríem el mateix del que va passar el 23-F si hagués estat en aquest segle. Tot va anar com diuen que va anar? N'hauríem desemmascarat uns quants gràcies a Twitter, a Facebook o a Instagram? Algú hauria fet un *check in* inoportú a Foursquare mentre es disparava al Congrés dels Diputats?

En el món de l'empresa passa el mateix. Les empreses no poden seguir sent caixes tancades. Han d'informar els accionistes, els treballadors, els sindicats, l'opinió pública en general. Quan Grupo Leche Pascual es va veure obligada (no ho va fer per iniciativa pròpia) a instal·lar una planta envasadora a Catalunya, fou pel ràpid incendi que es va propagar a través d'Internet d'un possible boicot als seus productes per no respectar els productors lleters catalans.

Quan "La Caixa" ha hagut de patrocinar la selecció espanyola de futbol ho ha fet pels mateixos motius però aquest cas a la inversa. L'opinió pública importa, i molt. Els accionistes de les grans empreses cotitzades ja no són persones que guarden a la caixa forta uns papers on posa «dipositari d'una acció». Els accionistes són fons d'inversió tan o més potents que l'empresa que participen i exigeixen transparència en totes les operacions empresarials estratègiques. Una mala política de comunicació, un missatge d'un portaveu en un moment que no toca, pot fer baixar la cotització de l'empresa de manera dramàtica. L'efecte papallona existeix: una empresa de sabates que es tira un pet a Hong Kong desencadena un fenomenal tsunami a la Borsa de Frankfurt.

Un altre canvi social que ens afecta especialment és el del descrèdit absolut de la política. Malgrat que és un fet global que es dóna a la majoria de societats occidentals, la impunitat amb què es tracten els casos de corrupció a casa nostra és un fet que encara polaritza més aquest descrèdit. Ens ho hem guanyat a pols. Els casos Millet i Montull, els casos d'evasió fiscal massiva com els d'un fill d'un reconegut ministre falangista o la sospita permanent del cobrament del 3% en les contractacions públiques de la Generalitat, són la punta d'un iceberg que ajuda a crear aquest estat d'opinió.

Per guanyar l'opinió pública, per demostrar que el nostre projecte és superior, la dona del Cèsar no només ha de ser honrada sinó que ha de semblar-ho. Ara mateix ni ho som ni ho semblem. Haurem de canviar el fons i la forma. El fons és la base: zero corrupció, mecanismes que la persegueixin i la castiguin, lleis que desincentivin la possibilitat de realitzar accions fraudulentes. I la forma també: la gent s'ho ha de creure, perquè és cert i perquè els polítics no han de tenir por de posar la mà al foc en defensa de l'ètica política dels seus equips.

Els líders polítics han de tenir la seguretat absoluta (que ara no tenen) que cap dels col·laboradors dels escalafons inferiors de les seves estructures de partit o de Govern puguin deixar-los amb el cul a l'aire. Segurament estem d'acord que perquè això passi ens caldrà una neteja a fons.

Avui llegia una frase que m'ha sorprès per la seva rotunditat: la corrupció a Espanya és molt més gran que la que es persegueix i més petita que el que la gent pensa. Aquesta frase, brillant, resumeix perfectament el que expliquem. La falta de lluita contra la corrupció, la sensació d'impunitat que reflecteixen alguns casos com els que hem apuntat abans, generen un estat d'opinió que creu que la corrupció és encara pitjor que la realitat, que ja d'entrada és demencial. En aquestes condicions, trobar el punt en què la societat torni a confiar en els partits, els governs i les institucions, serà difícil.

Catalunya, en la seva proposta de valor definitiva, i més concretament en la seva proposta de posicionament, haurà de recalcar que, com a nova societat, treballarà per minimitzar aquestes xacres socials i polítiques. Quan tinguem ocasió d'analitzar quins són els ingredients de la proposta definitiva que haurem d'adreçar als segments del nostre mercat més desmobilitzats, podrem triar aquest com a especialment efectiu.

M'avanço uns quants capítols quan explico que les propostes de valor són senzilles però amb una ànima polièdrica. No tots els consumidors compren una determinada marca de iogurt perquè és el més bo i cremós. Aquesta és la principal proposta de valor. N'hi ha que la trien perquè, a més, la comercialitza una empresa que té cura dels discapacitats i que porta a terme una tasca social. Us sona La Fageda? Per això reclamo que la proposta catalana neixi verge, polida i sense cap ombra de sospita. I que sigui solidària.

Cada cop que penso en el que acabo d'escriure m'és impossible treure'm del cap una idea que sempre emfasitzo: és absurd que les marques comercials es *venguin* amb allò tan utilitzat del *producte de qualitat*. Tenir qualitat és imprescindible, però no és res que et diferenciï de la competència. Els cotxes d'Audi, de Seat, de Volkswagen i de Renault tenen qualitat, de la mateixa manera que també la tenen els de Daewo, els de Skoda i els de Lacia. Ja no compra ningú un cotxe, una pasta de dents o un jersei perquè sigui *de qualitat*, així, a seques. De la mateixa manera, ser honrat, transparent i ètic tampoc hauria de ser res excepcional. Hauria de ser obligatori. Un cop més, la política sembla encara massa allunyada del món dels negocis.

Tendències socioeconòmiques

L'última tendència analitzable és la que té a veure amb els canvis socioeconòmics que afecten la societat. És a dir, canvis socials que tenen un important rerefons econòmic. En el món empresarial, els canvis d'aquesta mena solen comportar, fins i tot, canvis substancials en el model de negoci.

Aquest ha estat el cas de les empreses de vols *low cost*. Són empreses que han nascut per revolucionar el tradicional mercat de les aerolínies de bandera, perquè han entès que la població canviava socioeconòmicament parlant. Els que avui viatgen en avió no són ni la família rica ni l'executiu de comptes de torn. Avui hi viatja la família Pérez, de Cornellà, per anar-se'n a Cancun i la nena *neohippy* que vol conèixer i viure en primera persona l'esperit del mercat londinenc de Camden on l'Amy Winehouse va començar a flirtejar amb l'alcohol i les drogues. També hi viatja el *hipster* de Ciutat Vella que vol sentir en directe l'últim grup de la factoria musical de Liverpool. I també la meva dona de fer feines quan vol veure la seva mare, que viu a Berlín, malgrat que totes dues són nascudes a Bogotà.

Aquestes empreses han entès que un canvi socioeconòmic latent s'estava gestant molt abans que les companyies aèries de bandera tradicionals en fossin plenament conscients. La democratització dels vols i, més genèricament, la democratització del turisme, és filla d'un canvi socioeconòmic important: la classe mitjana, malgrat que és una mica més pobra, és molt més àmplia que no ho era fa trenta anys. La voluntat de viatjar i conèixer món s'ha socialitzat i l'accessibilitat al transport aeri tenia la necessitat d'adaptar-se a aquest canvi.

La pregunta que cal fer-nos és: han canviat els governs i els partits la seva estratègia i el seu model de negoci per adaptar-lo a les noves tendències socio-econòmiques? Jo no veig que sigui així: segueixen fent mítings on van militants subsidiats amb un entrepà de *chopped*. Fan una cargolada popular o celebren la Festa de la Rosa en acampades que ja no es veuen ni en el *Cuéntame*. Segueixen fent campanyes electorals per convèncer els convençuts. Segueixen creant unes organitzacions burocràtiques en les quals el mèrit no pot competir amb la fidelitat al partit. Segueixen, en definitiva, venent un producte per televisió destinat a un públic que ja no veu la tele.

En política, els actuals canvis socioeconòmics exigeixen reestructurar de dalt a baix el sistema de partits al nostre país. Temes com les llistes obertes o la participació, cada cop més significativa, de partits més nínxol, més segmentats i més concrets, són la tendència. Per això és com a mínim sorprenent que els dos grans partits d'Espanya estiguin reclamant just el contrari, exigint com exigeixen que la representativitat mínima dels partits polítics hagi de superar el llindar del 5%. Queda clar que no ho reclamen per adaptar-se als canvis socioeconòmics sinó que ho fan precisament per resistir-s'hi.

Les forces macroeconòmiques

En aquest capítol hem de fer menció a aquelles forces de l'economia, de la gran economia, que condicionen l'actuació de l'empresa. No és el mateix llançar un producte o fundar una empresa en un moment de bonança econòmica que en un de crisi. No és el mateix demanar un préstec sindicat a un banc en un moment d'alta inflació que en un moment en què el tipus d'interès és pròxim a zero. Tampoc no és el mateix fer-ho quan tens una empresa internacionalitzada que quan no la tens. Analitzar el moment macroeconòmic, el que ens afecta com a país, en el moment en què hem de capgirar la nostra estratègia, és una cosa absolutament necessària.

L'escassetat de crèdit

Ho estem veient cada dia: no hi ha diners, no hi ha crèdit financer, no hi ha calés de reserva. El país és una maquinària que ingressa diners mitjançant els impostos i la seva balança comercial positiva, i en gasta per assegurar-se una sèrie de serveis a la seva ciutadania. Quan aquests serveis inclouen pensions, assegurances d'atur, educació i sanitat gratuïtes i universals, a Europa, en diem països que defensen el model de l'estat del benestar.

En el moment en què els ingressos són insuficients per pagar les despeses necessàries (i en molts casos compromeses), els països, igual que les empreses i les famílies, han de demanar un préstec al banc. El problema actual és que el banc no vol prestar diners a l'economia catalana o, si ho fa, ho fa amb uns interessos tan exagerats com els que marca la famosa prima de risc. A aquesta prima de risc s'hi ha d'afegir una prima addicional perquè és una comunitat autònoma dins d'Espanya, que, com totes les comunitats no té autonomia plena ni econòmica ni legislativa.

Us imagineu quins interessos us demanaria un banc si demanéssiu un crèdit i no oferíssiu cap garantia de retorn perquè l'empresa on treballeu no us assegura el pagament de la nòmina? Doncs això és el que passa avui amb Catalunya. I a més, pel fet que el Govern espanyol vol collar-nos encara més, prefereix que l'hi demanem a ell abans que nosaltres sols ens financem externament.

Aquesta és la raó i no pas cap altra que explica la continuada campanya de desprestigi internacional que des del Govern central s'està fent al model autonòmic. No ens enganyem: Espanya vol fer desaparèixer les autonomies i ara té una excusa fenomenal. Si Catalunya s'acull al rescat que li ofereix Espanya, haurà d'acceptar unes condicions polítiques i econòmiques que laminaran encara més el precari sistema d'autonomia de què disposem.

Si Catalunya encara tenia, fa pocs mesos, l'opció de finançar-se externament, no hi ha res millor que Moody's o Standard & Poor's diguin que el bo català és pròxim a un munt de brossa perquè els interessos que hauríem de pagar facin totalment suïcida el seu llançament. És molt fàcil d'entendre: l'única possibilitat que actualment té Catalunya per finançar-se és mitjançant la petició formal de rescat a Espanya (d'uns diners que ens corresponen segons el dèficit anual de la balança fiscal!!!).

Com ens en podem sortir, d'aquest atzucac? La reconstrucció de la credibilitat internacional, la que relaxi la prima de risc del bo català, és possible però és a llarg termini. I les necessitats són de curt termini. A més, el bo català està condicionat per la qualificació del bo espanyol, el qual, gràcies a la genial política econòmica espanyola, està predestinat a tenir més risc que el deute de Rumasa. Això serà així mentre Catalunya segueixi formant part d'Espanya.

Una altra possibilitat podria venir de l'estalvi privat dels catalans, però és massa modest i massa poruc perquè aflori patriòticament. Creieu que els grans prohoms de la burgesia de Pedralbes, els veritables rics de la societat catalana, invertiran en bons de la Generalitat quan poden comprar bons alemanys? El diner és molt covard. I aquesta tipologia de catalans encara més. Si no em creieu, investigueu quan i per què va caure definitivament Spanair. Pregunteu quines famílies, comprant massivament accions de la seva rival i espanyolíssima Vueling, van acabar d'enfonsar un projecte de país que, tot i que estava molt tocat, no estava mort del tot. Hi ha hagut algun diari (català) que n'hagi parlat a bastament?

Al capdamunt d'aquest problema, aconseguir diners dels estalvis dels catalans implicaria disposar de menys diners per destinar-los a la despesa. És fàcil d'entendre: per invertir primer has d'estalviar. Si estalvies no gastes. Si no gastes les empreses venen menys. Si aquestes venen menys, redueixen plantilla. Si això passa, augmenta l'atur i augmenten les despeses de l'Estat (o del país) per fer-hi front. L'economia és més senzilla del que sembla.

Només ens queda una sortida, dins del marc actual, i és el que està fent la Generalitat. Retallar despesa. Això és així, de la mateixa manera que el gaspatxo duu tomàquet. Si creiem, no obstant això, que el gaspatxo es fa amb patates, tenim una alternativa: carregar-nos definitivament l'estat del benestar. Deixem de pagar els hospitals i l'ensenyança gratuïta i ens sobraran calés per invertir en la indústria catalana.

El pacte fiscal o la independència econòmica definitiva són les úniques dues vies possibles que el Govern pot temptejar. La primera no crec que s'accepti mai: els fluxos monetaris operen dins d'una caixa tancada. Els diners no es reprodueixen com les rates. Hi ha els que hi ha. Si Catalunya rep més finançament, algú haurà de deixar de rebre'n: qui? Andalusia? Madrid?

En termes macroeconòmics, l'escassetat de crèdit és el que ens impedeix sortir de la crisi. Els bancs tenen els balanços punxats. Sense bancs no hi ha economia possible. Sense diners no hi ha inversió i sense inversió no es creen nous llocs de treball. Però fins que els bancs es recuperin, passaran anys. I Catalunya té problemes a molt curt termini.

La internacionalització i el turisme

Si obviem les sortides unilaterals (independència o tancament de caixes), l'única alternativa és augmentar els ingressos a través de les exportacions i del turisme. Ambdues indústries generen l'entrada neta de divises (com dèiem als anys noranta abans de l'euro). Impliquen una entrada neta de diners. Tant l'una com l'altra són indústries que triomfen quan generen valor afegit. Una empresa pot exportar quan els seus productes o bé són més barats (més eficients) o bé aporten un valor que cap altre pot aportar (més eficaços). Competir des de la variable preu sol ser una mala estratègia, però competir des del valor afegit és més fàcil de dir que d'aconseguir.

Quants anys ens porten d'avantatge els alemanys, els anglesos o els italians? Els uns són la primera potència mundial en tecnologia, els segons són els alfils de la modernitat i els tercers, els reis de la indústria de consum *premium*. A Catalunya haurem de trobar el nostre posicionament competitiu. Haurem de treballar en clústers en què la marca Catalunya pugui posicionar-se de manera internacional. Però tardarem anys a construir-ho, i tampoc podrem fer-ho si els estatuts de la nostra companyia no ens donen llibertat d'actuació.

Respecte de la indústria turística, Catalunya ha de confiar, més que mai, en la marca Barcelona. Tot el turisme (en línies generals) que arriba a Catalunya sense passar per Barcelona és un turisme que ja no ens interessa, i on cada cop som menys competitius. Aquella Costa Brava amb burro i barretet mexicà ha passat a millor vida. Catalunya no podrà competir amb un model de negoci turístic basat en el sol i platja.

Tampoc no és gaire intel·ligent que cada marca turística de Catalunya treballi de manera isolada sense una coordinació absoluta amb la marca més important. Sabeu per què? Perquè la marca Barcelona ven turisme cultural, gastronòmic i d'oci de classe mitjana-alta. Un turisme que, un cop a Barcelona, pot descobrir la Costa Brava, Montserrat o la costa de Tarragona. Això mateix no passa a l'inrevés.

Recordo la polèmica quan algú (intel·ligent) va proposar que l'aeroport de Girona s'anomenés Barcelona Nord i el de Reus, Barcelona Sud. El caïnisme, provincià i proverbial, dels catalans va fer impossible ni tan sols la discussió. Viatjaríeu a Stansted, a Lutton o a Gatwick si no portessin el nom de London al davant? Ningú viatja a Portsmouth per anar a Londres i ningú a Reims o Rouen per anar a París. Gatwick, Lutton i Standsted estan tan lluny (i tan a prop) de Londres com Girona ho està de Barcelona. Portsmouth i Rouen també, però ningú no els coneix ni els utilitza.

Forces del mercat

Quan ens toca analitzar les forces del mercat, dins de l'anàlisi de l'entorn del model de negoci, hem de fer esment d'almenys quatre factors que el representen: segments de mercat, necessitats i demandes, costos del canvi i capacitat generadora d'ingressos.

Segments de mercat

Dins del nostre mercat, els consumidors, ja ho sabem, són els ciutadans i, per ser encara una mica més precisos, els votants. Volem (com és obvi en aquest llibre) trencar amb la segmentació clàssica d'aquest mercat, aquell que el subdivideix en funció dels resultats electorals dels partits. També volem trencar amb una altra segmentació clàssica, que no és cap altra que la que té a veure amb l'afiliació ideològica dels ciutadans.

La proposta que vull llançar és la de segmentar el mercat en funció del grau de *commitment* dels ciutadans vers la política. El *commitment* és una paraula que m'agrada expressar en anglès per la seva força, però que és fàcilment traduïble al català com a *compromís*. Quin és el grau de compromís de la societat catalana vers la política? Què fan els polítics i la política per reforçar el compromís de la gent envers dels objectius del país?

En primer lloc, ens caldrà definir què és el que nosaltres entenem per política, no fos cas que ens confonguéssim... La política és l'art i la ciència de gestionar una empresa que es diu país. Acceptant-se l'analogia, la política seria l'equivalent al *management* empresarial. En aquest sentit podríem reformular la pregunta qüestionant-nos quin és el grau d'implicació dels catalans en el *management* de l'empresa Catalunya. Quina és la implicació que els nostres clients tenen en la gestió de nostre país.

Com va dir Kennedy, ens hauríem de preguntar què és el que els catalans volen fer per Catalunya i no el que els catalans esperen que Catalunya faci per ells. I per acabar aquesta introducció amb un altre mot anglès, que és el mirall del *commitment*, una última pregunta retòrica: quin és l'*engagement* de la ciutadania catalana vers el projecte polític i econòmic de Catalunya? Quina és la capacitat d'atracció de la marca Catalunya?

En aquesta resposta caldrà primer descartar els que, com que no creuen en Catalunya com a ens gestionable autònomament, no poden formar part del mercat. Jo no formo part del mercat de la novel·la romàntica. No m'agrada, l'odio, la considero pseudoliteratura i tinc tendències psicòpates respecte a les persones que en llegeixen. No en sóc consumidor ni en seré mai. No puc aportar res a aquest mercat perquè no m'interessa en absolut. Sóc un *antitarget* de la novel·la romàntica igual que hi ha *antitarget* de qualsevol proposta de valor que tingui a veure amb Catalunya com a producte autònom de futur.

Un cop exclosos els que ells mateixos es descarten, convé descriure quatre tipologies de consumidors dels que no ho fan, dels que no s'autodescarten, dels que, en més o menys grau, tenen *engagement*. La classificació que us proposso inclou: els militants evangelistes, els motivats, els aficionats i els desafectats.

Els militants evangelistes són persones que creuen en la política i la practiquen (formant part o no d'un partit). Són els que et donen la tabarra amb temes polítics abans que comenci el primer plat en el típic sopar de dijous a la nit amb els col·legues de la universitat o de la feina i mai no desaprofiten cap moment per donar la seva opinió sobre els temes de l'actualitat política.

Els segons, els motivats, són els que solen parlar de política, però no ho fan mai abans de les postres o de les copes del sopar del qual abans parlàvem. Quan ho fan, tenen bastant clares la seva postura i la seva ideologia.

Els tercers, els aficionats, són els que en aquest sopar imaginari intervenen en la conversa que ha aparegut sobtadament a les postres però mai treuen ells el tema. Solen tenir una visió escèptica de la política, estan una mica mal informats i adopten sempre una postura relativista i de consens. En aquesta postura relativista hi ajuda el *xupito* d'herbes que sempre solen demanar.

Els quarts, els desafectats, només parlen de futbol si són homes i de l'última aventura de la Belén Esteban si són dones. La resta de temps es queden permanentment en un segon pla.

Ja accepto que aquesta segmentació és arbitrària. Però és que qualsevol segmentació és arbitrària per naturalesa. Aquesta arbitrarietat no amaga, però, un tema cabdal en el corrent del fons del llibre: per tirar endavant l'estratègia que proposem, hem d'aconseguir que la segmentació esmentada és decanti cada cop més vers el primer i el segon grups de consumidors, cap als més compromesos, o en cas contrari, serà molt difícil que l'energia que implica fer aquest canvi de model, un canvi de model que requereix tant sí com no el concurs de gran part de la població, sigui prou forta per tirar-lo endavant amb garantia d'èxit.

Una de les tasques crucials serà, doncs, mobilitzar els consumidors potencials cap als segments de més implicació. Això és una cosa que les empreses d'èxit solen treballar de manera estratègica i sistemàtica. Per entendre com ho fan, vull introduir-vos un model de segmentació modern que agafa patrons comuns dins de la indústria tecnològica i que és molt útil per entendre com un mercat tan dinàmic com el que té a veure amb nous productes tecnològics de gran consum, s'adapta a cicles de vida de productes i marques molt curts. Molt més curts que d'altres. No heu tingut mai la sensació que la tecnologia canvia massa de pressa i ens deixa fora de joc cada dos per tres? Ara podreu entendre per què.

En el mercat de la tecnologia de consum, quan es radiografia un mercat d'aquesta mena, es classifiquen els consumidors com a *innovators & enthusiats*, *early adopters*, *early majority*, *late majority* i *laggards*. Parlant clar i català, la traducció ens portaria a trobar-nos amb el grup dels innovadors, dels primerencs, dels copiadors dels primerencs, dels copiadors dels copiadors i dels endarrerits.

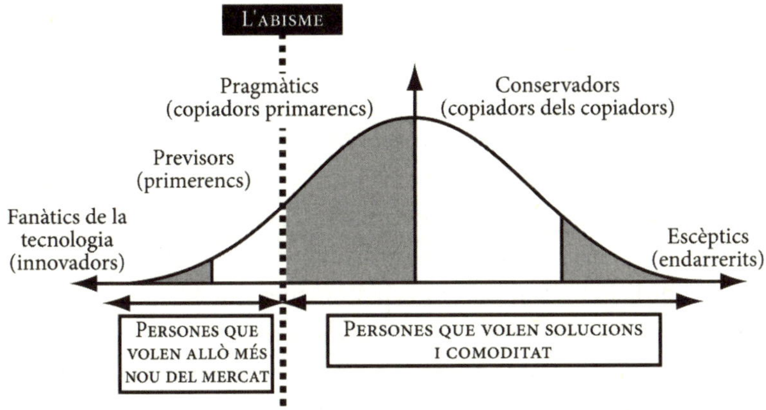

És fàcil trobar coincidències entre aquesta classificació empresarial i la que fèiem abans. Però perquè s'acabi d'entendre, analitzem detingudament aquest esquema amb un producte tecnològic com l'iPhone. Els *innovators & enthusiasts* són els que el van aconseguir dels Estats Units abans que es llancés a Espanya. Els *early adopters* són els que feien cua a la Maquinista el dia del llançament. Els *early majority* som els que ens vam comprar l'iPhone després que un dels que va fer cua a la Maquinista ens el va ensenyar a la feina i ens va meravellar. Els *late majority* són els que només el tindran quan Telefónica els regali per punts. I els *laggard* són els que tindran l'iPhone 4 quan l'iPhone 8 ja sigui al carrer. Els que s'autoexclouen, com els que no creuen en Catalunya, són els que mai tindran un iPhone encara que els regalin perquè consideren que el seu Nokia 3310 atrotinat i ple de cinta adhesiva funciona prou bé. I a sobre conserven el so de la melodia original de la casa finesa, per acabar d'horroritzar-nos.

El que és interesant de la teoria de l'evolució i difusió tecnològica que hi ha al darrere d'aquesta classificació (que així és com s'anomena la teoria), és que ens parla d'un procés basat en la difusió a través de la intoxicació positiva. Aquest model evoluciona (fa una analogia) d'un altre model teòric del segle XIX que explicava com es propagaven les malalties d'origen víric. De fet, és això el que passa amb la tecnologia: que s'expandeix com un virus. Comprem el producte que hem vist que porta algú que considerem *trendsetter*.

Tornant a la política, a Catalunya, al nostre mercat, hem d'aconseguir que la mobilització que necessitem, que el *commitment* per la gestió excel·lent que necessitem de la ciutadania, s'estengui com un virus des dels innovadors i *early adopters* fins a la majoria més desmobilitzada. Avui en dia podem comprovar (les enquestes del CEO ho demostren) que ja tenim amb el nostre particular iPhone la meitat de la població. Sabem, però, que fins que no pugin al carro la famosa *late majority*, tot serà encara massa difícil.

El problema essencial és que aquesta majoria endarrerida és immune al virus que ha intoxicat els primers. Les motivacions de tipus ideològic i identitari que té la política i les implicacions històriques que hi sobreviuen no els importen gens. De la mateixa manera que els *laggards* es compren el l'iPhone quan està de saldo, quan la seva butxaca els ho permet, l'únic virus, o l'única mutació del virus que pot ser efectiva per als *laggards* o desafectats, és el que té a veure amb la butxaca i amb l'economia.

És ara quan es donen les condicions més favorables perquè aquest cep prosperi. Cal, però, un treball molt intensiu de comunicació. Tornant a la metàfora de l'iPhone, la nostra particular Telefónica hauria de començar des d'ara mateix a fer ofertes d'iPhone gratuïts a canvi de subscripcions anuals. Telefónica i Apple saben que aquests últims només entraran a la categoria per la relació qualitat-preu, no per amor incondicional a la marca. Veurem com fer-ho més endavant.

Necessitats i demandes

No sol ser fàcil, empresarialment parlant, descobrir exactament quines són les necessitats i demandes que motiven els consumidors. Sobretot no és fàcil saber-ho quan les demandes són ocultes, és a dir, quan existeixen malgrat que no s'exterioritzen de manera directa.

Hi ha una frase cèlebre de Henry Ford que assegurava: «Si hagués preguntat als meus consumidors què era el que desitjaven m'haurien contestat que volien un cavall més ràpid». Doncs això, no pot desitjar un cotxe abans que aquest existeixi, de la mateixa manera que sense la visió de Henry Ford la demanda de cotxes per part de la classe popular potser no s'hauria desenvolupat mai.

Tenim mil exemples empresarials que ens demostren que les demandes i les necessitats dels consumidors no s'inventen sinó que es descobreixen. Henry Ford ens explica que la necessitat, i en conseqüència la demanda latent de la societat a principis del segle XX, era moure's i desplaçar-se amb rapidesa, no anar a cavall. En un altre escenari, Steve Jobs ens va demostrar que la necessitat latent que teníem tots plegats abans de descobrir l'iPhone era la de comunicar-nos amb entreteniment i amb desimboltura.

També és cert, però, que a vegades les demandes són manifestes i malgrat tot no són satisfetes. Per què? En el món empresarial només hi ha dos possibles respostes a aquest interrogant: que la sol·licitud no pugui ser atesa donat el desenvolupament tecnològic del moment o que la solució sigui més cara que la recompensa.

Començant pel final podem posar d'exemple el cas del Concorde. Tot i que existia una demanda clara per part d'un segment de consumidors, els més adinerats, de viatjar a Nova York des de Londres o des de París en menys de cinc hores, el Concorde (l'operació política i comercial que van engegar en *joint venture* Air France i British Airways) va ser un projecte que va haver de ser retirat del mercat. Oficialment, l'accident a l'aeroport Charles de Gaulle en va ser la causa. Però més aviat va ser l'excusa per retirar un producte en què era més car el cost que el benefici. Tothom pot acceptar pèrdues (empresarialment parlant) a canvi d'imatge de marca. Però aquesta estratègia no és sostenible a llarg termini.

L'altra possibilitat, aquella en què l'oferta no pot donar cobertura a la demanda, pot entendre's fàcilment amb el recurrent tema que apareix a la premsa de possibles oferents i compradors de viatges a l'espai. Malgrat que és evident que hi ha gent que pagaria molts diners per anar a la Lluna, la tecnologia encara no està prou desenvolupada per oferir un servei que, en el cas de no ser massa efectiu ni precís, et podria deixar orbitant al voltant de la Terra pels segles dels segles. I això no es pot fer a un rus milionari.

No s'ha donat mai el cas en què una companyia o empresa occidental capitalista, una necessitat insatisfeta que pogués ser resolta amb rendibilitat per a l'empresari, no s'hagi tirat endavant.

En l'àmbit polític, en el nostre particular mercat polític, la realitat ens demostra que sí que és possible desatendre una demanda per motius diferents dels esmentats. I trencar amb això la norma ortodoxa que abans exposava.

En efecte, si substituïm tecnologia per *recursos legals*, hi ha solucions a demandes que l'estat tecnològic permet resoldre, i amb solvència econòmica, que no es tiren endavant per altres motius. Per por, recança i aversió al risc. Tota una sèrie d'actituds que són antagòniques amb les que són típiques dels empresaris d'èxit.

També és possible dins el mercat polític prendre una mesura antieconòmica, és a dir, donar una solució que és més cara que la recompensa que comporta. Vendre un cotxe a 1.000 euros quan te'n costa 2.000 és una cosa que Henry Ford mai no faria. A casa nostra hem venut peixos que valien menys que el cove que els guardava.

Però tornem al principi. Hi ha demandes ocultes al nostre mercat? N'hi ha de molt explícites? Entre les segones és evident que la demanda d'una política econòmica que millori la qualitat de vida de la gent és un absolut clam. Com també ho és un clam la demanda d'una organització empresarial més transparent, més honesta i molt més propera a la gent.

Entre les primeres, les demandes ocultes, ho seguiran sent mentre no es verbalitzin. El que sí que podem analitzar són les necessitats no satisfetes que poden (o no) ser l'origen de demandes ocultes. Avui en dia no tenim resolta la necessitat de participació ciutadana en la política. No sabem, però, si el dia en què algú la satisfaci o la doti dels instruments necessaris per satisfer-la, la gent la demanarà, la comprarà i, en conseqüència, la practicarà participant-hi activament. No ho sabrem fins que no ho fem. Aquí hi ha el quid de l'emprenedoria. Apostar per alguna cosa que és incerta però que intuïm que serà efectiva.

També sabem que la necessitat d'autonomia, en abstracte, existeix. Fem una oferta a veure si ens la demanen! Tenim l'oportunitat de poder fer un estudi de mercat previ: es diu referèndum per l'autodeterminació. Per què no fem l'estudi? Per por dels resultats? Ja analitzarem després, en una anàlisi de cost-benefici si l'oferta final la llancem al mercat o no. No conec cap empresari ni cap mànager que, davant la possibilitat de rebre un estudi de mercat a mida gratuït, renunciï a rebre'l.

Alguns diran que aquesta enquesta no és gratuïta. Que el preu (polític) que s'ha de pagar és massa elevat. N'hi ha d'altres que argumentaran que legalment aquesta enquesta no es pot fer. N'hi ha encara uns altres que opinaran que els estudis de mercat són una pèrdua de temps. Crec que cap empresari d'èxit pensaria res del que acabo d'exposar.

Per poder, podríem fins i tot fer una consulta sobre la consulta. La consulta al quadrat. Si legalment és impossible fer una consulta vinculant que garanteixi l'execució del resultat (parlem, de nou, de la legalitat espanyola), crec que ningú, ni tan sols Espanya, podria impedir que consultéssim a la gent si vol ser consultada. Pot semblar una pèrdua de temps, però no ha de ser-ho obligatòriament. Imaginem-nos que als resultats posteriors a aquesta consulta sobre la consulta se certifiqués que més del 80% de la població catalana vol ser consultada. Qui des d'Espanya o des d'Europa podria posar fre a una demanda tan aclaparadora?

Fer una llei de consultes que no inclogui el dret a consultar sobre l'autodeterminació està en mans dels polítics catalans. Tirar endavant aquesta llei no només és necessari, sinó que és exigible des d'un punt de vista ètic. En el món empresarial hi ha molts exemples que ens demostren que les enquestes són eines bàsiques per definir estratègies competitives. Que les enquestes qualitatives, especialment les que es treballen a partir de *focus groups* de consumidors, són eines imprescindibles per comprendre els *insights* de la població.

En recordo una de simpàtica: quan treballava en una altra empresa, vaig tenir l'oportunitat de participar en el rellançament d'una especialitat de la famosa marca de maionesa Ligeresa, els *product managers* de la qual van comprovar, a través d'enquestes a mares de família, que una de les coses que més els molestava era que la maionesa convencional (Calvé) era massa densa per poder fer correctament la tradicional ensaladilla russa que sempre ens preparen les nostres mares durant els mesos d'estiu. Després d'aquest *insight* es van inventar la maionesa Ligeresa Especial Ensaladillas. La marca Ligeresa, i també la seva maionesa, s'havia posicionat tradicionalment com un producte *light*. Aquesta era la seva proposta de valor originària. Era més baixa en calories perquè... portava més aigua. I gràcies a aquesta aigua (que a sobre és gratuïta) el punt de viscositat era inferior i permetia que la maionesa es barregés més bé amb els ingredients de l'ensaladilla. D'una maionesa Ligeresa (baixa en calories) que tenia poques vendes a una maionesa Ligeresa Especial Ensaladillas (idèntic producte, diferent proposta de valor) vam passar de tenir un producte mort a un producte d'èxit. Amb una simple enquesta. Gràcies a una sèrie d'estudis de mercat es va poder llançar un producte que, malgrat ser molt més barat de cost (porta menys oli i més aigua), podien vendre més car perquè aporta un valor funcional més específic. La maionesa Ligeresa, quinze anys més tard, s'anomena ara Maionesa Calvé Especial Ensaladillas. Ja no sé si la memòria em traeix o és que un segon estudi posterior a la meva estada a Unilever els va donar una segona pista. Que això era millor fer-ho amb la marca Calvé, la tradicional de tota la vida.

Per acabar amb aquest punt de l'anàlisi íntima de la demanda, vull exposar-vos un corrent de pensament marquetinià alternatiu que creu que les veritables oportunitats dels mercats estan sempre ubicats als ravals d'aquests grans mercats. Als afores. A les fronteres. Un corrent de pensament que creu que quan analitzem una oferta de mercat ho fem sempre des de la perspectiva del que ja existeix. Que quan analitzem la demanda de televisors mirem els consumidors que ja tenen televisors, no els que disposen de ràdios. És un corrent de pensament pròxim al que després veurem com a *teoria del posicionament estratègic* i veïna d'una teoria anomenada *Blue Ocean*.

Aquesta moderna teoria es fonamenta en la metàfora del gran oceà. Quants trilions de milions de litres d'aigua hi ha per sota de la superfície del mar? Quina immensitat d'oceà no ha estat encara mai explorada? Estem segurs que coneixem aquest particular mercat, el mercat oceànic?

Només cal fer una reflexió al voltant d'això: i si hi ha més consumidors allà fora? Parlar d'aquest tema, al nostre mercat i amb la complexitat ideològica que suposa, és arriscat. Però alguns visionaris que parlen dels Països Catalans, que parlen de valencians, balears i habitants de la Catalunya del Nord, estan fent precisament això: llançar hams a consumidors que el corrent general considera, en el millor dels casos, marginals.

L'altra reflexió, que agafarà força a mesura que avancem, és si ens creiem o no que aquells que anomenàvem *laggards* ho seran per sempre més. Mai es mobilitzarà políticament el cinturó vermell de Barcelona? Sempre perduraran les bosses abstencionistes de les ciutats i els barris més desmobilitzats? Sincerament, crec que no. I és per això que després reflexionarem sobre com activar-los.

Però quan parlem d'oceans cal anar amb compte: sempre hi ha espavilats que, quan fan un mapa de posicionament amb dos eixos i descobreixen que en un dels quatre quadrants hi ha un forat, es creuen que allà, obligatòriament, hi ha d'haver-hi una oportunitat de negoci desatesa. A vegades no raonen, i no reflexionen prou sobre el fet que, en el cas que hi hagi aquest desert, és perquè precisament aquest mercat és un desert com el dels Monegros. Que ho preguntin als de UPyD o als de Plataforma per Catalunya. Quan ens posem a pescar en un lloc on ningú pesca, probablement és perquè allà no es pesca absolutament res. Compte, doncs, amb el peix de la il·lustració, no fos cas que saltés de pet a una aigua contaminada.

Costos del canvi

Dins de les forces del mercat cal analitzar també quins són els costos del canvi. En altres paraules, en un mercat competitiu, en el qual dues o més ofertes competeixen pel mateix client o consumidor, és fàcil o difícil canviar de marca? D'això ja n'hem parlat en un altre punt, només ens cal emfasitzar que, en el mercat de les adscripcions estatals, els costos del canvi són alts perquè impliquen decisions a llarg termini i, en molts casos, irreversibles. Els costos de canviar de pasta de dents són irrisòries. Són reversibles, de poquíssima implicació econòmica i de nul·la implicació sentimental o emocional.

Al nostre mercat, estarem d'acord que és exactament al contrari: apostar per la marca Catalunya en lloc de la marca Espanya és irreversible, almenys a curt i mitjà termini. Les implicacions econòmiques del canvi de marca (entenent la metàfora com el canvi dins la globalitat) són molt importants. I per acabar de complicar les coses, les implicacions sentimentals són encara més fortes. Tres-cents anys de domini (voluntari o forçat, això aquí no importa gaire) deixen marques indelebles.

És difícil trobar, dins el món empresarial, indústries en què el canvi de marca o d'empresa pugui ser tan traumàtic. A mi se me n'acut només una i, tot i això, hi haurem d'aplicar tot el relativisme que ens sigui possible: la indústria bancària. Reflexionem sobre l'alt cost de canvi que implica treballar amb un nou banc i abandonar el que ens ha atès tota la vida.

Canviar de banc és un maldecap: hi tenim domiciliada la nòmina, hi tenim la hipoteca, coneixem personalment el nostre gestor de l'oficina, hi tenim el *renting* del cotxe, tenim pendents diversos préstecs, la pòlissa de crèdit d'un petit negoci i, a més, hi tenim disposats quatre mil euros de la targeta Visa Or que encara estem pagant a terminis des de l'últim viatge de l'estiu.

Malgrat tot, canviem de banc, i ho fem per dos motius principals: perquè un banc competidor ens ha fet una oferta increïble o perquè n'estem fins al capdamunt del tracte que ens dispensa el nostre banc de tota la vida. Un banc del qual, en el fons, encara que sigui en el fons del fons, som nosaltres els clients, i no a la inversa.

Moltes vegades ens costa recordar quan i per què som clients d'aquella entitat des de fa tant de temps. Perquè en aquell banc hi vaig cobrar la primera nòmina i l'empresa que em va contractar quan tenia divuit anys tenia un conveni amb aquella institució financera? O va ser pel Club Super3, per la Llibreta dels Súpers?

Habitualment, les decisions de canvi de banc estan provocades per un cúmul de circumstàncies que s'adscriuen als dos grups de motius. Hi ha un banc que ens ha fet una gran oferta (molt bons tipus d'interès, no cobrament de comissions, subrogació de la hipoteca amb unes condicions més bones...), i també tenim un cabreig monumental que s'acumula des de fa anys motivat perquè no paren de cobrar-nos comissions, de cobrar-nos les targetes, de cobrar-nos unes inversemblants comissions de descobert quan alguna vegada ens hem despistat...

Quan anem al nostre banc a reclamar, de fet quan hi hem anat en el passat, no només no ens han escoltat sinó que a sobre ens han perdonat la vida. Prou sort tenim que, segons el director de l'oficina, tal com està el panorama, ens refinanci (a costos estratosfèrics) la línia de crèdit de la pòlissa i de la targeta Visa Or. Tot seguit ens tornen a salvar el cul (segons ells) i ens foten una esbroncada de pati de col·legi quan, després de reclamar-ho fins i tot per burofax, accedeixen a descarregar-te una comissió de dos-cents euros per una simple transferència.

La segona visita, però, un cop hem arribat amb l'oferta de la competència sota el braç, les coses han començat a canviar. Ara no ens ignoren, ara volen fer-nos por i ens amenacen dissimuladament. «Compte amb les ofertes enganyoses», ens diuen. Compte amb la lletra petita, comte amb les subrogacions d'hipoteques, compte perquè el banc actual podria no acceptar-les.

Compte també amb els préstecs, no sigui que des de dalt algú ens obligui a liquidar-los.

A la tercera visita, la definitiva, la que ens porta a la liquidació de l'antiga relació amb el banc de tota la vida, tenim una experiència commovedora: en aquell moment tot són plors i perdons, però la decisió està presa.

Com deia Gandhi, primer ens ignoren, després se'n riuen i després ens ataquen. Aleshores guanyem.

Com sabem tots plegats, canviar de banc és carregós però no és impossible. Ho solem fer quan el pes de l'evidència fa decantar la balança cap a un sol costat. No cal que us digui que la reacció del nostre antic director d'oficina és (o podria ser) molt pròxima a la reacció de les institucions polítiques espanyoles. Però encara estem lluny d'això. Tot just estem fent la primera visita, en la qual ens adverteixen que no fem gaire el gamarús. El cost del canvi és alt, i a sobre no ens ho posaran fàcil.

Clients rendibles

Per acabar amb les forces del mercat, ens cal una última reflexió de caràcter marcadament econòmic. Si del que es tracta és de guanyar clients, quin són els més rendibles? Quins són els que ens costarà menys esforç atraure i que en conseqüència multiplicaran el nostre benefici més fàcilment?

No crec que sigui gaire complicat entendre que, més enllà dels consumidors més actius i dels que tradicionalment tothom ha discutit la manera més adient de mobilitzar, els més fàcils d'atraure cap a la nostra proposta de valor són els immigrants. Catalunya té més d'un milió d'immigrants amb dret a vot, gairebé un 15% del cens electoral.

Si fem cas del vessant estrictament econòmic, la majoria dels immigrants s'adscriuria a la proposta que ells percebessin com a econòmicament guanyadora. La majoria d'immigrants de Catalunya són d'un estrat socioeconòmic molt baix i les seves necessitats principals són de tipus crematístic.

Des de l'òptica del factor identitari, la vinculació a cap marca preexistent és nul·la. Aprofundint en la metàfora bancària, els immigrants (pakistanesos, xinesos, sud-americans o africans, això aquí és irrellevant) no coneixen a "la Caixa", com tampoc coneixen el BBVA, el Santander o Bankia. Els immigrants tenen, metafòricament, els calés a sota el matalàs.

Ser l'entitat de referència, ser l'entitat bancària *mainstream* en l'imaginari d'aquest nombrós segment, serà una batalla comercial molt interessant d'observar en els propers anys. Però el que és més objectivable és reconèixer que els immigrants acabaran invertint els seus diners allà on hi hagi una doble garantia: l'econòmica i la que asseguri solvència de marca. Posaran els diners al banc que maximitzi els interessos que rebran pels seus dipòsits i al banc que, alhora, els generi prou confiança.

De la generació de confiança, a l'empresa, l'anomenem imatge de marca. D'això en parlarem a bastament en els capítols de posicionament i d'estratègia de màrqueting.

Forces de la indústria

Després d'analitzar el mercat i les macrotendències que impacten i condicionen les decisions dels consumidors, convé analitzar la indústria. Quan parlem d'indústria en genèric, en termes de màrqueting i amb enfocament macroeconòmic, ens referim a l'espai simbòlic en què conflueixen l'oferta i la demanda fins que són capaces de fixar un preu just (*justipreu* crec que l'anomenaven els antics professors d'economia). Aquesta pugna contínua entre els oferents (les empreses) i els demandants (els consumidors) no és mai estàtica. Al contrari, és una pugna dinàmica i líquida que modifica el seu punt de tall a mesura que augmenta o disminueix el poder de qualsevol de les dues parts.

Fins a aquest punt hem parlat incisivament de la demanda. Ara toca parlar de les ofertes que concorren en el mercat i de la competència, que, com es podria esperar, no es refereix només a les empreses rivals. Ja hem conclòs un capítol que detalla i desgrana els punts forts i febles de la competència quan s'analitza com a amenaça directa. D'aquí a uns quants paràgrafs l'analitzarem com a competidor tradicional.

En aquest apartat també voldrem esbrinar si, més enllà dels competidors habituals, existeixen nous *players* en el mercat, nous competidors que tot just estiguin començant a tenir rellevància dins de la indústria. Analitzarem també si hi ha productes substitutius a l'oferta principal que, malgrat que no puguin ser considerats com a competidors *stricto sensu*, actuen com a complement o alternativa. Identificarem en paral·lel si hi ha altres participants, a més dels competidors convencionals, que participen de manera activa en el mercat i en condicionen l'oferta. Participants com els inversors de capital risc o les empreses financeres. Però comencem pel competidor més important (i evident).

L'arxicompetidor: Espanya

Ha estat històricament una constant el debat polític al voltant de quin hauria de ser el posicionament de Catalunya respecte d'Espanya. De col·laboració, d'enfrontament, de federació, de confederació, d'assimilació, d'independència, d'interdependència, d'estat lliure associat, de relació bilateral asimètrica i fins i tot d'unionisme... Però des del prisma desapassionat que implica una visió estrictament empresarial, el dubte s'esvaeix i es clarifiquen molt els rols: Espanya només pot ser una cosa, el competidor més directe. I en concret, amb una superlativa inclosa: la d'arxicompetidor.

De la mateixa manera que a cap empresa no se li escapa que el seu competidor natural és aquell contra qui lluita comercialment, que el seu competidor natural és aquell contra qui ha de dissenyar estratègies i plans per poder competir econòmicament en el dia a dia per aconseguir la seva pròpia quota i que el seu competidor natural és aquell contra qui es disputa tots i cadascun dels clients potencials, al mercat de les sobiranies, al mercat que estic analitzant des del principi, Espanya només pot ser una cosa: *El rival*, el competidor més directe.

Em cal tornar a advertir que l'enfocament d'aquest llibre és empresarial. I em cal advertir també que aquest enfocament empresarial es basa en la premissa de la preexistència, passada i futura, de Catalunya com a ens autònom i diferenciat. Per a tots els que creuen que aquestes premisses no són vàlides, no són vàlides tampoc les reflexions que a partir d'ara desgranaré. No vull demonitzar ningú que no accepti les premisses, però tampoc no vull donar veu i credibilitat als fariseus. Es pot defensar, malgrat que personalment no hi estigui d'acord, que la solució de Catalunya passa per ser absorbida per Espanya. Però no es pot afirmar totes dues coses a l'hora: pretendre ser autònoms mantenint la identitat i la integritat com a poble-nació (com a empresa independent) i acceptar o proposar estratègies d'assimilació i de recentralització al mateix temps. D'això se'n diu fariseisme. La fal·làcia permanent i el fariseisme recalcitrant d'alguns al voltant d'aquesta constatació són proverbials.

A priori, en una estructura de mercat com la de Catalunya, un mercat que té poca oferta i molts consumidors, la teoria econòmica ens modela, *de facto*, una estructura duopolista de l'oferta: dos grans competidors i una demanda absolutament fragmentada han donat lloc, històricament, a posicions duopolistes en què l'oferta acaba pactant irremeiablement els preus per no fer-se mal i maximitzar el benefici.

Aquesta realitat ha estat la històrica dels trenta anys de transició, un pacte en què, en teoria, ens repartíem el mercat de manera coordinada i planificada. Aquestes competències per a l'Estat, aquestes altres per a la Generalitat i tots contents.

Però aquest mercat duopolista s'està trencant perquè els consumidors volen més i l'oferta no sap com sortir-se'n. Entren nous *players* al mercat (Europa) i nous consumidors (les noves generacions nascudes dintre del duopoli i que no han conegut cap altra realitat).

També estan canviant els antics consumidors, aquells que van tastar la ferotge realitat dels monopolis, una realitat encara més perversa que la del duopoli descafeïnat que ens ha tocat viure als més joves els últims anys. El monopoli, per a qui no hi estigui familiaritzat, és el model competitiu en què la competència no existeix. No és que n'hi hagi poca, és que només hi ha una possible oferta. Per poc que hàgim estudiat història, pràcticament tots sabem el que va significar l'autarquia franquista, aquell període tan negre de les dècades dels quaranta i els cinquanta que, vist amb retrospectiva, sembla una època rodada, i viscuda, integralment en blanc i negre.

No cal tampoc que ens recreem en quin va ser aquell monopoli, perquè de la dictadura en sabem coses pràcticament tots. En una situació de monopoli, en què l'oferta es concentra en una sola opció, els preus pugen i la qualitat baixa. Els consumidors no tenen més opcions que passar per l'adreçador i l'oferta es relaxa tan descaradament que acaba imposant impostos revolucionaris als seus clients. Ho fan tan malament, els monopolis, que al final sempre s'esquerden. Les lleis antimonopoli van venir, com gairebé sempre, d'Europa. I en alguns casos, molt tímids, des de dins.

Per als que no estiguin gaire avesats a les característiques dels càrtels, dels monopolis i, en general, de totes les situacions de mercat anòmales (tot el que no sigui un mercat sa on hi ha oferta i demanda suficient) la literatura econòmica sempre ens ha posat com a exemple el que va representar l'OPEP, l'antiga Organització de Països Exportadors de Petroli. L'OPEP va ser una organització de països productors de petroli que, a partir de les seves pràctiques cartelistes (una modalitat dels monopolis), van arribar a provocar una crisi demolidora durant els anys setanta amb la pujada (pactada) dels preus del petroli.

Quan concentres en unes poques mans (pocs competidors) una oferta absolutament inelàstica (encara que els preus pugin una barbaritat, la demanda no baixa en la mateixa proporció), la temptació de pactar preus a l'alça és evident, ja que els càrtels arriben a la conclusió cartesiana que el millor que es pot fer amb una estructura de l'oferta i la demanda com aquesta és el pacte a l'alça dels preus. Tots guanyen. Menys tots els altres.

Quan tota la indústria abans (igual que ara) era estrictament dependent del petroli com a *input* productiu, la pujada indiscriminada de preus d'aquest recurs per culpa de les polítiques cartelistes de l'OPEP es va traduir en una pujada generalitzada de preus de tots els productes, la qual cosa, amb l'indicador dramàtic que significa la inflació i davant d'una demanda no estimulada especialment, va generar una crisi que es va traduir, al final de la seqüència macroeconòmica, en una pujada escandalosa de l'atur. Va provocar una situació que és gairebé anatema en economia: l'estanflació. Ningú ha parlat mai de l'estanflació franquista, però des d'un prisma empresarial és fàcil fer-ho.

Però del mercat en parlarem més tard. Parlem ara del nostre gran competidor. Del nostre arxicompetidor. De fet, pot ser considerat una altra cosa per nosaltres, Espanya? És una empresa que té un gran producte. Un producte amb tants anys d'història com el nostre, amb un mercat captiu de més de trenta-cinc milions de consumidors. És un producte aparentment modern però amb bastants mancances tecnològiques. Amb un aparell propagandístic i de comunicació de primer nivell. Amb certa estratègia internacional i amb una gran filial a Amèrica del Sud.

El producte Espanya l'han comprat per obligació o deliberadament els catalans durant gairebé tres-cents anys. És un producte conegut de sobres i que té certa solvència. Però per sobre de tot té molta inèrcia. Una inèrcia que malgrat tot comença a flaquejar. Espanya és com aquella marca que, sense saber gaire per què, sempre ha estat a la nostra nevera. No és ni bona ni dolenta però ens cruspim els seus productes sempre per esmorzar. Veiem els seus anuncis en *prime time* de manera permanent i en coneixem perfectament els eslògans.

És una marca que defensa certs valors que no compartim en absolut, però de la mateixa manera que sabem que grans corporacions empresarials sistematitzen el frau fiscal en forma d'arquitectures societàries inversemblants, preferim fer l'orni i seguim comprant-ne els productes.

D'aquesta empresa i de la seva marca principal hi ha moltes coses que no funcionen. Tot i així, els seus productes han guanyat tanta quota de mercat que han arribat a arraconar el nostre. En molts moments, aquesta gran empresa ha jugat brut: ha canviat les lleis de mercat a conveniència, ha imposat preus al mercat, ha manipulat missatges publicitaris, ha dificultat l'accés al mercat a empreses potencialment competidores.

Però el que és més cert és que a causa del seu històric *quasi monopolisme* dels últims tres-cents anys s'han convertit en un producte poc competitiu: endarrerit tecnològicament, amb un disseny de façana una mica barat i amb un *packaging* adust que no invita especialment a comprar-lo.

La història d'aquesta empresa es remunta a l'alta edat mitjana, quan, forçada per la competència d'un altre producte estranger molt innovador per l'època, l'islamisme, es va haver d'enfortir i enrocar en un posicionament molt clar i molt messiànic. Espanya, en aquell moment, va definir una proposta de valor que encara cueja, malgrat que ja estigui totalment desfasada: Espanya havia de ser la salvació de la invasió de productes ateus que provenien de l'Atles. Espanya havia de ser l'última frontera. Fins i tot Europa li reconeix aquests mèrits.

El que va venir després ja és una altra història. Després de guerres i expulsions del mercat, recordeu el 1492, el producte Espanya es va convertir en hegemònic a la seva àrea d'influència i va començar a pactar amb l'altre gran empresa de la Península, la Corona d'Aragó. Després de fusions, absorcions i ampliacions de capital, arribem a la nostra era sense solució de continuïtat, on una pretesa situació de lliure competència es ven sota una realitat d'estricte duopolisme que tira a monopolisme.

Tot plegat pot semblar una broma, però pensem-hi: pot ser una altra cosa, Espanya, que el gran (i perillós) competidor hegemònic i quasi monopolista que totes les empreses temen? Tots dos, Espanya i Catalunya, lluiten pels mateixos clients. Tots dos competeixen en el mateix mercat de referència. Tots dos tenen angoixa per l'entrada de nous competidors, Europa principalment. Tots dos saben que la sobirania els dóna dret a marcar el ritme de la seva gestió i a influir en les lleis que regulen els seus mercats.

Però no en té prou, Espanya, amb el seu mercat? La realitat ens demostra que no. Espanya sap que el mercat català és necessari per mantenir l'*statu quo* en el seu territori originari. En necessita els recursos per poder mantenir la seva maquinària interna i per mantenir la cohesió econòmica del seu mercat. Espanya sap que Catalunya ha de subvencionar la demanda dels seus propis consumidors.

De la mateixa manera que algunes empreses han desenvolupat models de negoci basats en el concepte *freemium* (abreviació de *free* —lliure— i *premium* —luxe—), Espanya fa el mateix amb els catalans. El model de negoci *freemium* consisteix en el fet que uns quants consumidors paguin la gratuïtat del servei de la majoria. En el món econòmic hi ha cada vegada més exemples de models *freemium.*

Perquè Skype o WhatsApp ens surtin gratis, hi ha d'haver algú que pagui pels serveis de telefonia i de missatgeria instantània en format *premium.* Perquè nosaltres puguem llegir molts diaris de manera gratuïta per Internet, hi ha d'haver alguns subscriptors *premium* que paguin una quota per tenir accés a llegir les notícies d'opinió. Perquè les aplicacions per a mòbil siguin gratuïtes n'hi haurà d'haver altres de pagament que subsidiïn la resta.

Perquè les autopistes a Madrid siguin gratuïtes o Múrcia disposi de dos magnífics aeroports, els catalans hem de ser els subscriptors *premium.* Amb la particularitat afegida que, a nosaltres, a diferència dels subscriptors de pagament de Skype, de *La Vanguardia* digital o de qualsevol empresa de continguts, no ens ofereixen cap servei addicional. Ni *premium* ni estàndard.

En definitiva, Espanya necessita Catalunya econòmicament.

Però és que a més la necessita emocionalment! Igual que als monopolis empresarials els costa anys i panys desfer-se de les seves inèrcies històriques un cop entren al lliure mercat, a Espanya tres-cents anys d'hegemonia els ha marcat per sempre. Catalunya ha estat, és i vol que segueixi sent el seu *corralito* particular. El seu mercat del pati del darrere.

Espanya menysté enormement la competència, la competència catalana, fins al punt de considerar-la inexistent. Creu que la unitat de destí (la unitat nacional i la unitat de mercat) és l'únic marc mental possible. La psicologia que va donar suport al sistema autàrquic franquista ha penetrat fins al moll de l'os del consell d'administració d'aquesta empresa en l'actualitat, i ve de molt lluny.

La cultura corporativa d'Espanya és de menysteniment absolut de la competència. No creu en el mercat. Només creu en si mateixa. Per no creure, no creu ni que el seu mercat de referència sigui el món. A ells només els preocupa el seu mercat domèstic.

Si comparem el model expansionista colonial d'Espanya als segles XVI i XVII amb el mateix model en versió portuguesa, és astorador comprovar les extraordinàries diferències que s'hi aprecien. Diferències que no rauen en el fet geogràfic de cadascun dels models sinó en la marcada diferència que pot observar-se en les seves visions i missions. Si els portuguesos van intentar consolidar una xarxa comercial i mercantil de primer ordre (a l'Àfrica i a l'Àsia), els segons, els espanyols, van intentar evangelitzar el nou món (Amèrica) i explotar-lo amb l'única voluntat d'emportar-se de nou cap a casa tota la plata (tota la plata metafòrica i real) que van poder rascar d'Amèrica. Si aquesta diferència ja és tan palesa entre dos pobles i dues cultures de la mateixa península Ibèrica, no cal ni que ens entretinguem gaire a comprovar les diferències de model colonialista quan el comparem amb els models que van emprar les societats de l'Europa nord-occidental. Només ens cal remetre'ns als fets i, en última instància, als resultats.

Que les úniques causes de les diferències de model no siguin tan sols les que he exposat fins ara, és a dir, la mentalitat reduccionista i domèstica de la cultura corporativa espanyola, no ha de treure importància al fet que aquesta també va ser decisiva.

El nostre competidor més directe llança campanyes internacionals propagandístiques que només tenen l'ànim de reforçar el seu posicionament en el mercat domèstic. Quan les seves gestes esportives internacionals són glossades de manera estratosfèrica, amb campanyes de milions de GRP, ho són únicament per consum propi, per reforçar la seva imatge interior.

Espanya recorda aquella frase cèlebre de la doctrina Monroe: Amèrica per als americans. No és conscient que juga amb foc: el seu mercat natural s'acaba. No té prou recursos. Ha de començar a competir en la lliga internacional i no sap com fer-s'ho. Davant d'aquest panorama, la possibilitat de perdre quota i influència en el que ells consideren part del seu mercat domèstic, Catalunya, no és una opció.

Seguim. Des de l'enfocament empresarial que estem donant al problema de Catalunya, no queda prou clar que Espanya és l'arxirival? Algú encara creu que aquest competidor pactarà graciosament amb el seu petit però molest competidor local per no garantir-se l'hegemonia del mercat? Ho ha fet mai a la història qualsevol empresa de qualsevol mercat en qualsevol lloc del món? No. Mai. La llei natural imposa la destrucció del rival, si li ho permeten. És a l'ADN de les empreses anorrear la competència. És als gens de les empreses adquirir quota fins al 100%. Perquè en aquell moment saben quins són els beneficis del monopoli. Apujar preus i maximitzar el benefici. El cas de Microsoft n'és un exemple paradigmàtic.

Si no ens queda prou clar que Catalunya i Espanya són arxirivals, pensem en les seves capitals. Realment creiem que l'enfortiment, a través de sucoses inversions, que en les últimes dècades ha rebut Madrid és casual?

Les capitals són la cavalleria dels estats, són R+D+I dels estats. Les capitals per als estats, el mateix que per a l'empresa, són els seus productes estrella, els que els donen el benefici actual i futur. Les ciutats són als estats el mateix que els iPhone a Apple. Són els productes en què les companyies inverteixen milions d'euros en investigació i en comunicació.

Catalunya, a través de Barcelona, va llançar un dels seus últims iPhone ara fa exactament vint anys. Era un producte que s'anomenava Jocs Olímpics. Va ser un llançament que va agafar per sorpresa la competència. Aquesta mai va pensar que una ciutat de segona com Barcelona sabria aglutinar voluntats internacionals sense el suport de Madrid. Josep Ramoneda ha estat un dels que n'han parlat últimament.

Si Espanya hagués estat al cas, si Espanya no hagués estat cega i sorda com sovint li passa quan es tracta de temes catalans, si Espanya no hagués estat tan indolent mentre tota aquesta aventura s'anava consolidant i si Espanya no hagués pensat com va pensar que l'aventura olímpica de Barcelona no tenia cap mena de possibilitat d'èxit, de ben segur que aquelles famoses Olimpíades no s'haurien celebrat mai a Barcelona. Però va passar. I Barcelona va posicionar-se internacionalment en el mapa i aquella aventura encara dóna rèdits avui en dia. A Barcelona i per descomptat a Catalunya.

Com explicaria qualsevol model de gestió integral de portafoli de productes i marques, les empreses necessiten productes molt consolidats i amb molta capacitat de generar beneficis per poder reinvertir en d'altres molt més nous resultat d'ingents inversions en R+D+I (i per tant poc rendibles encara) que substitueixin, en el futur, els primers.

Hi ha molt pocs casos en què les empreses sobrevisquin durant dècades d'un sol producte. Un dels pocs que em ve al cap és el de Coca-Cola. El producte de cola de la casa d'Atlanta segueix guanyant més del 80% del total que guanya la seva empresa mare. Igual que a mitjan segle XX. Per més que han invertit en altres productes i en altres categories, l'estructura de marges de contribució de la multinacional americana segueix depenent exclusivament del refresc de color negre. I que això passi és perillós.

Moltes empreses que en la dècada dels noranta copaven el rànquing de Fortune, avui ja han desaparegut. En la majoria de casos perquè moltes no han sabut renovar-se, reinventar-se o llançar nous productes d'èxit. Qui sap si d'aquí a deu anys Coca-Cola ja no serà la formidable companyia que avui coneixem. Però el que sí que tinc clar és que ni Fanta, ni Sprite, ni Nestea, ni

Minute Maid han sabut trencar les seves categories per ser productes amb un futur assegurat.

Un dels models de gestió de portafoli de marques i productes més exitós i famós és el de la consultoria americana Boston Consulting Group. Aquesta empresa va desenvolupar un model que ens explica, de manera planera i il·lustrativa (com habitualment solen fer les grans consultories estratègiques nord-americanes), que la gestió de productes (i marques) de les grans empreses, de les que en tenen dotzenes i a vegades centenars competint en diferents mercats, s'ha de fer tenint en compte dos grans criteris: quants ingressos generen a l'empresa i quina és la taxa de creixement de vendes que cadascun d'aquests productes-marques aconsegueixen en els seus mercats.

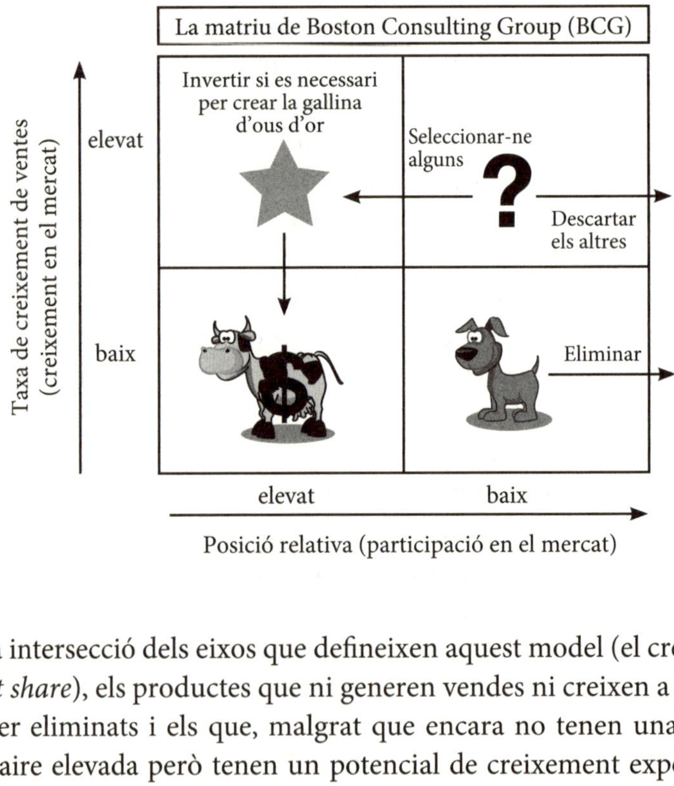

Segons la intersecció dels eixos que defineixen aquest model (el creixement i el *market share*), els productes que ni generen vendes ni creixen a bon ritme han de ser eliminats i els que, malgrat que encara no tenen una quota de mercat gaire elevada però tenen un potencial de creixement exponencial a mitjà i llarg termini, han de ser potenciats. Els noms dels quatre quadrants (resultants de la intersecció de l'eix de les abscisses i de l'eix de les coordenades) són força curiosos: en diuen productes *gos*, productes *estrella*, productes *vaca lletera* i productes *interrogant*. Ara em referiré a les vaques lleteres i als productes estrella, però per acabar d'entendre el model vull posar-vos dos exemples de productes interrogant i gos que facin referència al nostre mercat. El projecte Adelson (el de Las Vegas) era clarament un producte interrogant (tirant a gos): podia aportar-nos vendes (creixement econòmic) però gens de *market share* en termes de marca. Hauria millorat la posició competitiva de Barcelona gràcies a un megacasino? De producte gos, que cal liquidar immediatament, en tenim un exemple paradigmàtic, de molt més clar: el Fòrum de les Cultures. Ni va aportar valor, ni creixement. En tot cas va permetre una operació urbanística de dubtosa rendibilitat. Per compensar, vull dir-vos que la candidatura barcelonina i pirinenca a l'Olimpíada d'Hivern és un producte estrella de primera divisió.

La conclusió de la teoria és que les empreses han de tenir vaques lleteres (productes amb alta quota de mercat i amb creixements moderats que donen molt de benefici) per poder invertir en productes estrella, en projectes que garanteixin la llet del futur.

Explico tot això perquè la vaca olímpica lletera està a punt de jubilar-se. L'única llet que dóna són els milions de turistes que visiten la nostra capital. Barcelona, l'alfil de Catalunya, segueix investigant i segueix llançant nous productes al mercat. Però molts estan destinats al fracàs si no disposen de pressupost. Seran productes gos abans que no pas estrella (això és el que pot passar a la candidatura olímpica d'hivern si no ens hi bolquem decididament). De la mateixa manera que l'iPhone no seria el que és sense la immensa inversió que va rebre en forma de recursos tecnològics i recursos comunicatius, molts productes de la factoria Barcelona tindran volada curta sense inversió.

Per això, entre altres motius, Pasqual Maragall es va haver d'inventar el Fòrum de les Cultures. Per atraure inversió que Espanya no estava disposada a concedir. I recordem-ho, els recursos econòmics d'aquesta empresa tan singular que es diu Catalunya depenen exclusivament d'uns pressupostos que s'atorguen gràcies a la magnanimitat (o no) de la nostra principal empresa competidora.

És inversemblant, de debò... Encara hi ha qui creu que la competència ens facilitarà els recursos necessaris per invertir en el desenvolupament de productes que ens permetran plantar-los cara? És tan absurd com creure que Volkswagen cedirà recursos a BMW perquè desenvolupi nous models per competir directament contra Volkswagen.

Podria dedicar molt més espai a descriure detalls sobre els punts forts i els punts dèbils d'Espanya. Podria carregar les tintes per reforçar la nostra moral o almenys la d'alguns que, com jo, estem absolutament indignats amb moltes pràctiques il·legítimes del nostre competidor. Però fer aquest exercici no forma part de l'essència d'aquest llibre. El que toca ara és analitzar Espanya des d'un nou prisma que, com veurem, és absolutament clau a l'hora de definir estratègies intel·ligents de màrqueting i comunicació: intentar investigar i definir quina és la seva proposta de valor més genuïna.

Quin és, en el cas que el tingui, l'avantatge competitiu d'Espanya respecte del de Catalunya? I més genèricament, quina és la proposta de valor que identifica clarament Espanya? Qualsevol anàlisi de la competència ha de començar per aquí, focalitzant-la en la identificació de la proposta de posicionament del competidor més directe, entre altres coses per poder-la contrarestar directament amb la que estem tractant de construir nosaltres.

Per començar-nos a exercitar en la identificació de qualsevol proposta de posicionament, analitzem-ne algunes de prou conegudes i comparem-les per poder-ne copsar les diferències. Per exemple, mentre Nike ven un posicionament ultracompetitiu que t'apel·la directament a superar-te, un altre fabricant com Munich et proposa un estil de vida i una incursió directa al món de la moda. Quan Apple ven il·lusions, Dell ofereix solucions tècniques i logística. En un altre escenari molt diferent, Mercadona ofereix marca blanca de qualitat i Bon Preu, compromís amb el país. En el reialme de les cerveses, Moritz ven Barcelona i Damm una suposada mediterraneïtat apàtrida. Worten i Mediamark focalitzen la oferta en el preu, mentre que les botigues de Bang & Olufsen venen disseny i tecnologia *state of the art*. A més de tot això, es venen sabatilles, ordinadors, productes de gran consum, cervesa i productes audiovisuals.

Però l'avantatge competitiu de cadascuna de les empreses que hem mencionat és diferent. En uns casos es ven un avantatge competitiu en forma de marca (il·lusió, històries, sentit de pertinença), en altres solucions (tecnologia, capacitat tècnica, logística), encara en altres relació qualitat-preu, i en l'última, Bang & Olufsen, per no perdre'ns, disseny. La pregunta és pertinent: què ven Espanya? Quin és el seu avantatge competitiu?

És difícil respondre a aquesta pregunta. Potser estem (estic) tan condicionats pels avantatges competitius de Catalunya que se'm fa difícil veure'n cap per a Espanya. Però m'estic equivocant, segur, perquè sempre n'hi ha d'haver algun, d'avantatge. Si no n'hi hagués, ningú compraria Espanya. I n'hi ha molts que sí que ho fan i de manera totalment conscient. Després d'alguns esforços i molta reflexió, arribo a la conclusió que l'avantatge competitiu últim d'Espanya, el que millor resumeix i sintetitza la proposta de valor d'Espanya, és la de la comoditat i la de la conveniència.

Pertànyer a Espanya és còmode. No suposa cap esforç. És un producte que tots coneixem des de fa anys i, en molts casos, des de sempre. Hi tenim certa afinitat. En coneixem la solvència (sigui bona o dolenta). En coneixem les virtuts i els defectes. En coneixem la gent i els paisatges. Per conèixer, coneixem fins i tot l'ADN més profund de la seva marca.

L'equivalent a un avantatge competitiu com aquest en el món de l'empresa moderna, un que estigui tan estretament lligat a la conveniència i a la comoditat, el podem trobar en les entitats pertanyents a antics monopolis i a marques del sector de les *commodities*. En aquest sentit, Telefónica és paradigmàtica. També ho són Fecsa, Gas Natural, Iberia i Renfe.

Comparar directament Espanya amb Telefónica o Iberia no és del tot just. En els últims anys aquestes empreses, sobretot des que han tingut la necessitat de competir de manera efectiva en el mercat obligades per les respectives liberalitzacions que s'han forçat des d'Europa per incrementar la competència i des que van ser privatitzades, han hagut de modificar i modernitzar les seves propostes de valor tradicional i vendre algun avantatge competitiu addicional. Movistar n'és un exemple per a Telefónica, de la mateixa manera que ho és Vueling per a Iberia. Aquestes dues últimes marques són filles de la privatització. Movistar i Vueling eren marques (i models de negoci) innecessàries quan el confortable mantell del monopoli les protegia de les inclemències de la competència.

A la marca Espanya encara no li ha calgut evolucionar gaire. És cert que l'entrada a escena d'un supercompetidor com Europa l'ha obligat a moure fitxa. És cert també que l'abandonament voluntari de l'autarquia econòmica (no la mental) que va significar el franquisme l'ha ajudat a modernitzar-se. Però és cert també que Espanya encara té cert grau de defectes derivats de la seva posició monopolista mentre Europa segueixi sent el que és: una superestructura que no té tot el poder de decisió necessari sobre les polítiques econòmiques, legislatives i socials dels seus estats membres.

És ben cert que d'aquesta tríada, economia, lleis i societat, les dues primeres avancen cap a un escenari d'una interdependència cada cop més gran i més intensa, però el balanç final, el que ens permet donar consistència a la tesi que defenso és que Espanya segueix sent una empresa autònoma amb poca o nul·la competència (recordeu que del mercat del qual sempre parlo és el mercat dels estats).

De la mateixa manera que Espanya, Telefónica és líder de mercat tot i que no té ni les millors tarifes, ni els productes més innovadors, ni la xarxa comercial més agressiva. Ono —que conec força bé—, Orange, Vodafone i d'altres empreses de telecomunicacions són infinitament més dinàmiques que Telefónica. Però Telefónica guanya. I guanya per comoditat. Per allò de «*Más vale malo conocido que bueno por conocer*».

Doncs això. Comoditat i conveniència. Viatgem amb Iberia o truquem amb tarifes de Telefónica perquè són les marques que hem utilitzat tota la vida. La proposta de valor que fonamenta la tria d'aquestes marques per part dels consumidors és la comoditat mental i la seguretat, moltes vegades falsa, de la solvència que se suposa al lideratge.

Si preguntem a qualsevol espanyol (i català) de classe mitjana si prefereix viatjar amb Iberia o amb Turkish Airlines, m'hi jugo un pèsol que més del 99% triarà Iberia. Tant és que Turkish Airlines sigui un producte (i una marca) superior. Iberia és la marca espanyola per excel·lència al mercat de les aerolínies i això és suficient per prendre aquesta decisió.

Però, més enllà de comoditat i conveniència, Espanya no té cap més avantatge competitiu respecte de Catalunya per a un català. Aquesta afirmació no és opinable. És un fet. Qui sigui capaç d'argumentar tècnicament, sense fal·làcies ni arguments capciosos, quin altre avantatge competitiu té Espanya per als catalans que vagi més enllà de la comoditat i la conveniència, em sorprendrà totalment.

Econòmicament parlant és evident que si Catalunya és la regió més rica d'Espanya (per mèrits propis, no per subvenció) i per llei està obligada a cooperar amb la solidaritat interterritorial, deixar de pagar aquesta quota farà més rica Catalunya. Socialment parlant, hem de reconèixer també que l'estat de crispació permanent ocasionat amb motiu de les diferents concepcions de país entre Espanya i Catalunya són una altra rèmora que ens afecta negativament des d'un punt de vista psicològic. Quanta energia gasten els nostres polítics i nosaltres mateixos a parlar i debatre sobre un conflicte que no té cap solució? Quan en una empresa es perd més temps fent política que discutint de negocis, la creativitat desapareix i els resultats se'n ressenten. I legalment parlant és sempre millor adequar la legalitat a la realitat nacional que fer-ho a la inversa.

Si Espanya no gaudeix d'un posicionament demolidor i no disposa de cap avantatge competitiu extraordinari, com acabem de demostrar, què és el que la fa tan forta? Al meu parer el que fa forta Espanya, la marca Espanya, és un formidable *storytelling* que s'ha anat forjant durant segles. No és gens estrany. És comú a la majoria d'estats nació que els seus respectius governs i elits intel·lectuals, dècada rere dècada, hagin dedicat grans esforços a construir una poderosa llegenda al voltant de les seves marques.

El nacionalisme tradicional, el que neix al segle XIX i que afecta tots els països i estats del món occidental, encara cueja entre les fronteres d'Europa. I cueja molt més del que ens sembla a la Península més gran d'Europa. El nacionalisme, més enllà d'una doctrina política, pot ser assimilat a una doctrina marquetiniana en tota regla.

L'*storytelling* és l'última pedra filosofal del màrqueting. Tothom, tots els directors de màrqueting del món, ha pres consciència que les marques han de ser capaces d'explicar històries atractives per als seus consumidors per tal de crear un relat imbatible. Tàctiques com una que s'anomena *branded content* és *trending topic* als blogs en què es parla un dia sí l'altre també de noves i exitoses estratègies de màrqueting.

Molt recentment hem tingut l'oportunitat de veure una estratègia d'aquesta mena en una de les experiències de *branded content* més exitoses que sigui capaç de recordar. Us sona Felix Baumgartner? Us sona un expilot de caces que es va llançar amb paracaigudes des d'una alçada de trenta-sis-mil metres? Red Bull, l'empresa patrocinadora (i creadora) d'aquest esdeveniment, és una de les empreses paradigmàtiques del que significa l'*storytelling*. Red Bull ens explica que el risc, el que és més extrem i la contínua superació dels límits, forma part de la molècula de marca de l'empresa de begudes energètiques. Red Bull no inverteix el que ha invertit en aquest esdeveniment per pur caprici. Ha reconvertit el model tradicional d'explicar històries, la publicitat, per donar-li encara més força. Què és més potent, que et matxaquin amb allò de «Red Bull et dóna ales» o que t'ho demostrin?

Tornem a Espanya i tornem al seu *storytelling*. Estem segurs que les històries que ens explica Espanya són dignes de ser valorades per a molts catalans? Cuba? La Inquisició? La desastrosa conquesta d'Amèrica? Per a molts com nosaltres no, però per a molts altres, els que són diana permanent de les campanyes de comunicació de l'empresa Espanya, les històries de «*rompe y rasga*», la fúria i altres perles d'aquest estil són arguments de marca que la gent compra. I el que és més perillós, són arguments i llegendes de marca que agraden a molts catalans com nosaltres.

O Catalunya és capaç d'explicar històries més llegendàries i més aspiracionals que les que ha sabut construir Espanya, o serà impossible que molts consumidors catalans *desafectats* de la marca Catalunya algun dia facin el canvi.

Però com veureu més endavant jo defenso una estratègia de futur. En el segle XXI ja no és possible vendre històries si no són certes. Les històries i, si voleu, les llegendes que emanin de la nova proposta de posicionament de la marca Catalunya hauran d'estar fonamentades en fets contrastables i en visions plausibles.

Però, torno a insistir-hi, per sobre de tot plegat, i més enllà de l'*storytelling*, cal remarcar que la raó principal per què els consumidors acaben sempre comprant Espanya és la comoditat i la conveniència.

Sóc conscient que tots vosaltres deveu haver entès perfectament a què em refereixo quan parlo de comoditat. Però no estic segur que m'hagi explicat prou bé (o gens) quan parlo de conveniència. Quan parlem de conveniència, en termes de marca, parlem d'una cosa molt semblant a l'adequació. Una cosa, una marca, una proposta, és convenient quan és adequada. Quan s'ajusta a les expectatives i quan s'ajusta al moment de consum.

Penseu en els típics supermercats de pakistanesos (en contraposició als clàssics de tota la vida). Els primers, a diferència dels segons, són un model de supermercat de *conveniència*. Els supermercats de pakistanesos ni tenen un gran assortiment, ni són especialment barats ni estan deliciosament nets. El servei d'atenció al client pot, fins i tot, no parlar la llengua del país. Les caducitats de molts dels productes que ofereixen són sospitosament curtes (quan no directament inexistents). Malgrat tot, funcionen amb èxit i cada vegada n'hi ha més. Per què? Perquè són convenients i són, com deia abans, un model de botiga de conveniència. Comprem en aquests tipus d'establiments perquè tenen un horari extens. Perquè estan oberts els diumenges i més enllà de les nou de la nit.

La *botiga* espanyola configura una proposta còmoda i convenient perquè sempre hi serà quan se la necessiti. No és barata, no té els millors productes, no és la més neta... però és l'única que tenim oberta. Fins ara ens ha fet mandra anar a buscar un supermercat més bo. La crisi, però, ens obligarà a ferho. I, si cal, a construir-lo.

Els col·laboradors necessaris

Incloc un capítol de *col·laboradors necessaris* per emfasitzar un fet cabdal i diferencial del mercat que analitzem. A diferència del món de la indústria o dels serveis, al territori polític hi ha persones que, voluntàriament o inconscientment, treballen a favor de la competència des de dins de l'empresa. Parlo de fet diferencial perquè és evident que això no és habitual a la resta de sectors del món empresarial.

Efectivament, dins de l'empresa Catalunya hi ha molts actors que volen pactar amb la competència. Actors que volen cooperar. Actors que volen col·laborar per millorar les regles de joc del mercat. Actors que, per voler, volen fins i tot col·locar-se en el consell d'administració de l'empresa rival (la dèria de ser ministre...). Fantàstic. Algú s'imagina BlackBerry deixant entrar al consell d'administració un directiu de Samsung? Estúpid, oi?

Sobre la tesi que sostinc respecte a l'estratègia de Catalunya en parlarem més endavant, però vull avançar algunes de les raons per les quals penso que alguns gestors de Catalunya cometen aquests pecats en forma de col·laboracionisme. Només hi pot haver tres d'aquestes formes:

- El col·laboracionisme voluntari
- El col·laboracionisme per por
- El col·laboracionisme per falta de visió

Qualsevol d'aquestes raons són suficients, en qualsevol empresa, per rebre un acomiadament fulminant sense indemnització. Sobretot si és per la primera de les raons. Però és cert: hi ha hagut col·laboracionistes i espies industrials a les files de l'empresa Catalunya i els hem consentit. Quintacolumnistes que volen l'absorció (dels que volen la fusió en parlarem més endavant) de l'empresa Catalunya en mans d'Espanya. Que volen l'absorció per raons econòmiques i per raons sentimentals.

Recordeu que una absorció empresarial es produeix quan una empresa adquireix el 100% de les accions de l'empresa rival. En aquest cas, l'empresa comprada desapareix i s'integra totalment en l'estructura de l'empresa compradora.

Entre els primers, els que volen l'absorció per motius econòmics, destaco els que creuen que el producte Catalunya, i l'empresa que el representa, no té prou entitat per competir exitosament. Creuen que els recursos interns i les turbulències de l'entorn, a més de la falta de fonts de finançament, empenyen Catalunya a ser absorbida per Espanya. En l'espectre polític aquests serien els *unionistes de butxaca*, la majoria dels quals asseuen els culs i escalfen les cadires de les principals multinacionals catalanes: "La Caixa", Planeta, Abertis...

Se'ls ha de reconèixer que, interpretant com interpreten les forces de la seva empresa, són conseqüents amb una lògica econòmica absoluta: cap empresa pot competir en el món sense recursos; val més, en aquest cas, passar a formar part d'una entitat més gran que tingui més capacitats objectives d'èxit. És això exactament el que ha passat els últims mesos amb les caixes.

Els unionistes de cor (o sentimentals) són molt més perillosos: han estat sempre uns traïdors amb l'empresa i mai hi han cregut. Malgrat tot, han cobrat sous i dietes d'aquesta companyia i han fet el penques durant dècades. Han treballat, des de la traïdoria i l'espionatge, per espanyolitzar Catalunya. Han treballat durant dècades les condicions necessàries per fer efectiva l'absorció.

Han fet madurar els consumidors de l'empresa que els paga el sou perquè acceptin de grat una altra marca. Aquests solen ser polítics filials de l'empresa competidora i haurem d'analitzar quines són les estratègies necessàries per neutralitzar-los.

Els que col·laboren per por, l'altre segment de què parlava més amunt, són els que volen la fusió entre Espanya i Catalunya. En política els anomenen *federalistes*. Però no volem parlar de federalistes, volem parlar de gestors que han treballat i treballen per la fusió empresarial ibèrica.

Una fusió, en el món empresarial, és l'empresa que neix a partir de la unió de dues antigues companyies, empreses que solen tenir una mida més o menys equivalent. Havent entès això, els federalistes volen que es restitueixi el monopoli i que Catalunya en participi activament. Volen que de la fusió en surti un consell mixt en el qual els gestors de les extintes companyies, Espanya i Catalunya, s'asseguin a la mateixa taula equitativament i prenguin decisions conjuntes.

S'equivoquen. Perquè dues empreses es fusionin de manera efectiva han de tenir dimensions similars. Ens agradi o no, Espanya pesa cinc vegades més que Catalunya a l'ÍBEX del mercat. Per cada acció catalana te'n donaran cinc d'espanyoles. Per cada cinc membres del consell d'administració n'hi haurà un de català. No cal que us descrigui els mecanismes de política corporativa a l'hora de prendre decisions. Sabem perfectament què són els drets de vot i com s'exerceixen. Sabem que per a temes menors sol ser suficient la majoria simple i per a temes de més abast s'imposen majories de vot més folgades que dicten els estatuts empresarials. Cal no oblidar que els estatuts, al final, es decideixen per majoria simple. La conclusió és que una fusió en condicions de minoria s'anomena *absorció encoberta*.

Crec que el que impulsa alguns gestors a desitjar una fusió en aquestes condicions és la por i la falta de visió estratègica. Creuen que Catalunya és realment un bon producte però no el veuen prou fort per poder competir lliurement en el mercat. Saben que una absorció sense miraments implica la pèrdua total d'identitat i, en el fons, s'estimen Catalunya. No són conscients que les fusions van perdent lletres a mesura que passen els anys i les lletres que queden perden tot el seu significat original.

De la segona B i de la V del BBVA ja no en queda ni la memòria. Ni, per descomptat, la seu de l'empresa original a Bilbao. Encara recordo que, del vol Bilbao-Madrid dels dilluns a les set del matí, en deien l'avió del BBV. De l'Águila Amstel, posteriorment Amstel-Águila, ja només en queda l'Amstel i una cervesa menys que regular. D'Unilever-Bestfoods, ningú recorda quina era la segona (propietària de marques tan potents com Nocilla o Starlux). De KPMG mai ningú ha sabut (ni jo, he hagut de buscar-ho a Internet perquè al seu web ja ni ho mencionen) que es componia de l'empresa alemanya Klynveld Main Goerdeler i l'anglesa Peat Marwick.

És cert que una fusió és millor que una absorció, però creure que, en una posició de minoria, la majoria respectarà res de la primera és ser un somiador inconscient. I una mica miop. La diferència entre fusió en minoria i absorció en tota regla s'anomena temps. Amb el temps l'empresa més gran s'acaba menjant la més petita.

Encara recordo, amb simpatia, unes declaracions de Pasqual Maragall mentre es negociava el nou Estatut en les quals afirmava que, després d'aquell procés, el problema el tenia Espanya, ja que s'hauria d'inventar un nou nom... Ingenu!

Els que col·laboren per falta de visió, els tercers en discòrdia, són els que han desitjat sempre el duopoli etern *in saecula saeculorum*. Volen que una situació de pacte bilateral mantingui la identitat de l'empresa Catalunya a canvi d'instaurar un càrtel. Però aquesta opció té molts problemes. En primer lloc, no és legal a Europa. A Europa no existeix cap càrtel, les empreses competeixen lliurement dins les regles del lliure mercat. En segon lloc, un càrtel és sempre inestable: requereix continus pactes respecte als preus de venda. Tard o d'hora les ambicions d'una de les parts trenca el pacte. Actualment som aquí. Realment creiem que el pacte continu dels preus (competències, pacte fiscal...) s'eternitzarà fins a convertir-se en una realitat permanent?

Els nous vents de la crisi ja estan carregant-se els càrtels. Això no va de pactar preus. Això va de ser competitiu internacionalment o no ser-ne. El càrtel tenia sentit en una situació en què la globalització encara no havia entrat a escena.

Realment crec, i la lògica dels arguments em porta cap aquí, que l'única solució per a Catalunya passa per competir individualment en el mercat. Amb independència política i econòmica.

Acabo aquest punt recordant de nou on ens trobem: Espanya és la nostra rival i no podem cooperar-hi amb ella perquè ella no vol. Perquè vol absorbir-nos definitivament i engolir, de passada, la nostra identitat. Exactament de la mateixa manera que ja ho ha aconseguit al País Valencià i a les Illes. Si molts ja ho teníem clar llegint els missatges i els *key learnings* tèrbols de la política, espero que els missatges, molt més clars i transparents, de la praxi empresarial ho deixin definitivament constatat.

França

França fou un gran competidor. Ja no ho és. En altres temps, Espanya i França es barallaven per oferir una opa, hostil o no, a Catalunya. Hi va haver força opes. En una vam perdre el Rosselló i mitja Cerdanya en mans de França. Cal reconèixer, però, que en el cas de França, una hipotètica absorció o fusió hauria estat definitiva.

Hi ha qui pensa que sort hem tingut que Espanya no és França, ja que la segona, a causa de la mentalitat jacobina històrica que forma part de la seva cultura corporativa, hauria convertit Catalunya en una gran Catalunya del Nord. Avui tots parlaríem francès i sabríem alguna cosa del català perquè hauríem sentit alguna paraula en aquest idioma als avis, alguna paraula totalment descontextualitzada en forma de renec, probablement: *Cagumdieux!* Però res més.

També és veritat, com abans argumentàvem, que l'*statu quo* amb Espanya, que ens porta cap a una absorció encoberta, tindrà els mateixos efectes. I fet i fet, val més una absorció per part de França que no pas una de diferent per part d'Espanya: és indubtable que la capacitat competitiva de França és infinitament superior. Acabaríem igual de desnaturalitzats però almenys amb diners a la butxaca. Sempre he pensat que, *malgre tout*, la Revolució Francesa i els ideals que se'n deriven són bastant més alts, més dignes i més universals que els ideals que des de sempre han promogut els espanyols.

Algú sap dir-me, més enllà de liderar la Reconquesta i de la participació activa en les croades, quins són els alts ideals que hem d'envejar de la idea d'Espanya? La *siesta*? Els toros? El flamenc? Perdoneu, però prefereixo l'acordió parisenc, les cançons de Jacques Brel, els romanticisme de Charles Aznavour i els quatre-cents formatges que tornen França ingovernable.

Però, com dèiem, França, excepte per formar part de la Unió Europea, ja no és un competidor real. És possible que ho torni a ser en el moment en què Catalunya decidís definitivament fer un pas cap a la sobirania o en el moment en què s'hagués optat des de la Unió Europea per entendre que l'euroregió fos el nou paradigma i marc de referència competitiu i polític.

Quan els esforços comercials de Catalunya s'adrecin cap a Europa (recordeu que en aquest cas tindrem les portes del mercat espanyol tancades amb pany i clau), França tornarà a voler fer-nos l'abraçada de l'ós. Ens ho vendrà de mil maneres, intentarà seduir-nos (a diferència de l'actitud espanyola de l'amant masclista i possessiu), intentarà dominar l'euroregió que avui en dia ja s'està configurant donant més pes a Marsella i a Lió, però en aquest nou escenari Catalunya se'n sortirà. Qui tasta la mel de la independència no vol tornar a perdre-la.

Països europeus

Fins a aquest punt hem descrit els competidors més directes en clau quasi històrica i bèl·lica. França i Espanya, però sobretot aquesta última, plantejaran una estratègia agressiva, fins i tot violenta, que intentarà anorrear la capacitat competitiva (recordeu que la meva tesi és invariable: per ser competitiu necessites tenir la màxima autonomia possible) del nostre país.

Però Catalunya, més enllà de lluitar pels seus consumidors domèstics, haurà de fer un esforç per plantejar una estratègia d'èxit internacional. Un mercat domèstic (intern) deprimit per la crisi com el nostre no és suficient per plantejar un *business model* d'èxit. Si presentéssim aquest pla de negoci a un inversor internacional o a una empresa de capital risc, ens donarien l'esquena per falta de mercat, d'ambició i d'internacionalització.

No es pot plantejar un negoci en què la demanda no sigui prou potent per, encara que sigui hipotèticament, permetre un gran desenvolupament futur. Sense creixement no hi ha diners. Els inversors de capital risc només inverteixen quan el retorn és superior a la pujada de tipus d'interès. Sabem també que el mercat espanyol, el mercat dels espanyols, quedarà tancat o molt reduït després d'aquesta aposta. No serà una situació eterna però durarà anys.

El boicot tècnic i psicològic dels espanyols serà total. El tècnic (el que tingui a veure amb polítiques actives del Govern espanyol) durarà molt poc. Però el boicot sentimental durarà almenys una dècada. Els espanyols no voldran saber res de nosaltres durant molt de temps. Catalunya s'haurà d'obrir a l'exterior, i per fer-ho necessitarà ser competitiva. En el moment en què això passi, molts països europeus passaran a ser competidors econòmics directes: Alemanya, Suïssa, Holanda, el Regne Unit... També ho seran la Xina, el Japó i els Estats Units.

Però d'aquesta part del problema no toca parlar-ne en aquest llibre. Aquest no és un escrit que vulgui parlar del futur econòmic de Catalunya, sinó de la proposta de valor que hem de construir per capgirar l'estratègia errònia que fa segles que arrosseguem. Aquest llibre parla de l'estratègia competitiva necessària per aconseguir l'objectiu bàsic perquè tota la resta sigui possible.

Europa

Seguint aquest esquema, el que defineix el marc competitiu de Catalunya, només ens falta parlar d'Europa com a ens polític. I més concretament, de la Unió Europea. Però un dels problemes que se'ns presenta en aquest punt és establir el rol d'Europa, ja que Europa en tindrà molts, de rols. El dilema de concretar un rol per a Europa com a protagonista, com a antagonista, com a competidor o com a *stakeholder* es repeteix al llarg d'aquesta anàlisi.

Un dels rols serà, sens dubte, el de competidor indirecte. Un altre serà el de *stakeholder* en forma de col·laborador necessari, tal com veurem més endavant. Però no hem d'oblidar que en el rol de competidor, Europa és una empresa de primer nivell. Té una imatge moderna i és tecnològicament molt avançada. Europa ha estat sempre la gran oportunitat i alhora la gran amenaça de Catalunya.

Des de fa força anys, de fet des que l'emancipació de Catalunya ha estat percebuda com una possibilitat real, els contraris a aquest procés (principalment els del nostre arxirival) han utilitzat Europa com un espantall. No és del tot fals que l'Europa que coneixem, tal com està concebuda, és l'Europa dels estats, formada per estats i regida pels estats. La mateixa paraula *estat* es defineix per si mateixa: els estats són estàtics, són fotos fixes que detesten el moviment.

Des d'aquest punt de vista, Europa serà contrària a les emancipacions nacionals dintre del seu territori i actuarà com una força centrifugadora de les competències estatals. Sembla una contradicció, però una organització controlada pels estats lamina competències als mateixos estats que la configuren.

Aquesta Europa és la que els abanderats de la competència, l'opinió pública i l'opinió publicada dels espanyols, ens llancen al cap com a amenaça respecte a les aspiracions de Catalunya per competir al mercat internacional. Europa mai no ho permetria, ens diuen. Catalunya quedarà fora de l'euro, ens adverteixen. Europa no vol uns nous Balcans a l'oest del seu territori, ens recorden.

Però Europa, més enllà d'una enorme burocràcia construïda pels seus estats membres, és un espai ideal, és una metàfora de llibertat. Europa pot acabar sent un macroestat que limiti les possibilitats d'una Catalunya emancipada tal com avui alguns interpreten la llibertat absoluta.

Però recordem que jo parlo d'economia i de màrqueting, no de política. I des d'aquest enfocament és indubtable que la llibertat total, la que és incondicionada i arbitrària, va desaparèixer a finals del segle XIX. Avui els mercats no són lliures, estan parcialment regulats. Avui la legislació mercantil protegeix els interessos del consumidor igual que els dels treballadors de les empreses.

Europa, en aquesta gran metàfora, serà el gran regulador de la indústria dels països. Regularà les polítiques econòmiques, les polítiques fiscals i fins i tot les polítiques socials. Quan Catalunya participi del club dels països que competeixen internacionalment, les regles de joc seran unes altres. La interdependència serà l'única independència possible.

Per tot plegat és complicat acabar d'assignar el rol d'agent competidor a Europa. Ningú serà europeu, en les pròximes dues dècades, en el mateix sentit que avui som espanyols. Europa seguirà sent una macroestructura que gravitarà sobre els nostres caps amb cada vegada més pes, però sense arribar a l'asfíxia. Definitivament, no. Europa no serà el competidor que caldrá batre, sinó el col·laborador necessari, com després veurem.

Productes substitutius, succedanis i drogues

Seguint la seqüència lògica de les forces de la indústria, preguntem-nos ara per productes alternatius substitutius. Un producte substitutiu és una amenaça evident de qualsevol marca o indústria. I compte, perquè quan parlem de productes substitutius no estem parlant necessàriament dels mateixos productes amb diferents marques.

En la història del món empresarial hi ha hagut autèntics daltabaixos quan han aparegut (normalment sense fer gaire soroll) productes substitutius que ningú era capaç de percebre o identificar com una amenaça en forma de competidor tradicional perquè la seva condició inicial d'*outsider* els feia pràcticament invisibles. Puc posar-ne un exemple esfereïdor i un altre de més sofisticat. L'esfereïdor és el que va patir la ja desapareguda indústria de les màquines d'escriure: en queda cap? Els ordinadors no eren una competència directa de les màquines d'escriure perquè, al principi, els ordinadors *ordenaven* i les màquines d'escriure *escrivien.* Això va ser així fins que algú es va inventar les impressores. Quan, addicionalment, algú va tenir l'afortunada idea de connectar les impressores als ordinadors i quan alguns altres emprenedors, més llestos que la gana, es van inventar els processadors de textos, la màquina d'escriure ja estava sentenciada de mort. Sense HP i sense Word (Microsoft), avui estaria escrivint aquest llibre amb una extraordinària màquina d'escriure que permetria fer no sé quantes coses excepte guardar en bits de memòria el que abans es guardava en papers.

De l'anècdota esfereïdora passem a la sofisticada. Quants anys de vida els queda a les càmeres fotogràfiques? No ho sé, però crec que no gaires. D'aquí a pocs anys els *smartphones* disposaran de càmeres incorporades més tecnològiques que les millors rèflex digitals que avui podem comprar. Aquesta desaparició no serà, segurament, tan definitiva ni tan ràpida com la de les màquines d'escriure, però el que és segur és que tan sols els professionals de la fotografia i els friquis més friquis de l'art fotogràfic seguiran sortint al carrer amb màquina de fotos i *smartphone* alhora. Pensem en només fa deu anys: qui hauria pogut vaticinar que els mòbils acabarien sent un producte substitutiu de les càmeres de fotos?

Fixem-nos que un producte substitutiu no és el mateix que una evolució tecnològica. En termes de màrqueting, el CD no és un producte substitutiu de la casset sinó una evolució tecnològica d'un mateix producte: un suport per emmagatzemar informació. De la mateixa manera que el llibre digital no és un producte substitutiu d'un llibre convencional. El que sí que realment és un producte substitutiu d'un llibre és la tele, la ràdio o els infinits blogs d'Internet.

En termes més propers i populars, puc donar-vos exemples del que us acabo d'explicar sense arribar a la magnitud de la tragèdia del cas de les màquines d'escriure. La bicicleta, a Barcelona, s'ha convertit en un producte substitutiu (i en conseqüència competidor) del taxi i del cotxe privat. La gastronomia, i el plaer de visitar restaurants, és avui en dia un producte substitutiu d'altres ofertes culturals més tradicionals (anar al teatre, anar al cine...).

Tinc, encara, un exemple més divertit: el gintònic (i en concret, la fal·lera pel gintònic). S'ha convertit en un substitutiu d'anar a la discoteca després de sopar. Ara el que es porta en una reunió d'amics és sorprendre el contrari demanant el gintònic més inversemblant (amb cogombre o sense) confeccionat amb la marca més desconeguda i *premium* de ginebra que siguem capaços de recordar. El que es porta és quedar-nos fins a les tres de la matinada mentre aclapares els teus col·legues amb la capacitat innata que tens de captar matisos aromàtics de la teva ginebra preferida, que, siguem sincers, el gat que portes t'impedeix apreciar. De la discoteca ja no en queda res perquè és massa tard, massa fosc i massa complicat per fer res de profit.

De la mateixa manera, els iPad i els iPhone acabaran convertint-se en productes substitutius dels ordinadors portàtils i de sobretaula, així com els Cash Converters són la solució (o el succedani) a la falta de crèdit dels bancs.

Hi ha de productes substitutius al nostre mercat?

És difícil (impossible) trobar productes substitutius complets amb les mateixes prestacions que les que ofereixen els estats, però sí que és possible analitzar placebos, succedanis i drogues que generen els mateixos efectes que la substitució de l'energia necessària per tirar endavant projectes de país.

Reconeixent que entro en un territori pantanós, però amb l'ànim de ser il·lustratiu al màxim, no tinc por d'afirmar que el Barça ha actuat (i cada cop ho fa amb més força) com un placebo que treu força i energia al nostre projecte. No estic en contra del Barça, ja que sóc un culer de pedra picada. Però és just reconèixer que molts ciutadans gasten tota la seva força reivindicativa a insultar Mourinho en lloc de treballar pel país.

Aquest no vol ser un assaig al voltant de la significació patriòtica del Barça ni de les conseqüències que aquesta significació implica. De tota manera és adequat suggerir la idea de l'efecte substitutiu que genera la passió per aquest equip. Ja coneixem (i per això no vull insistir-hi) la visió del Barça com l'exèrcit de Catalunya. Mirem-lo ara amb nous ulls: no és el Barça, en part, un producte substitutiu (i competitiu) de la marca Catalunya? L'esport sol funcionar com a succedani de les guerres i de la política des de molt antic. Els romans ja parlaven del *panem et circenses*, pa i circ, com a recepta infal·lible per narcotitzar les ambicions i els desitjos del poble.

De productes substitutius realment seriosos, en política, n'hi ha a cabassades: Jesús Gil, els Pirates de Catalunya, el PACMA, UPyD, Mario Conde, Ruiz Mateos, Escons en Blanc, La Falange, Plataforma per Catalunya... Tots aquests pseudopartits polítics actuen al nostre mercat de la mateixa manera que la televisió porqueria és la substituta dels llibres (siguin o no també una porqueria).

Cada vegada que un votant aposta per Plataforma per Catalunya o s'abona a l'abstenció com a opció política, perdem un llençol a cada bugada. Un llençol que és necessari per a la construcció fàctica del nostre país.

Tampoc vull fer una esmena a la totalitat a tots els partits de poca o nul·la representació política. Hi ha partits que, des de la dignitat i l'ètica, treballen des de la base per canviar el sistema. Però el que sí que critico amb totes les forces possibles són els partits demagògics que només treballen en benefici propi. Quin sentit tenia votar Jesús Gil? Què aportava a la humanitat aquest partit? Exactament el mateix que aporta *Gandia Shore* a la televisió de qualitat. Res. Sexe i nihilisme.

Compte, doncs, amb segons quins placebos que ens duem a la boca ja que poden posar fi al sistema que intentem construir. I si no ho acabeu de veure clar, o penseu que en faig un gra massa, penseu en Itàlia i en Berlusconi. O en Beppe Grillo. Penseu que tot el moviment que l'ha portat a tenir cent vuit diputats al Parlament italià va començar el 2007 amb un moviment que ell mateix va apadrinar: el V-Day. El V-Day no és el dia de la victòria, és el Vaffanculo Day, o sia, el dia de *vés-te'n a prendre pel cul*. Us imagineu el Chiquito de la Calzada com a principal força a l'oposició del Govern espanyol? Amb cent vuit diputats mobilitzats pel F-Day? El Fistro de la Pradera Day no queda tan lluny. I compte, que els espanyols (per sort penso que no la majoria de catalans) són pitjors que els italians.

El producte substitutiu de la política en els joves: la desafecció

Tots som conscients que perquè una societat sigui madura, moderna i compromesa amb la política ens cal que la joventut (i també els no tan joves) s'instrueixin tècnicament i humanísticament. De la primera instrucció, la tècnica, se n'ocupa la formació reglada. De la segona, la humanística, els llibres, la lectura *de valor*, i els mitjans audiovisuals hi tenen molt a dir. No vull caure en l'error de demonitzar la televisió ni de fer una esmena a la totalitat d'aquest mitjà de comunicació perquè la televisió, ben portada, pot ser tan instructiva o més que qualsevol llibre. Però sembla força evident que *Gran Hermano*, *Gandia Shore* o el *Sálvame Deluxe* són una droga dura que allunyen molta gent, especialment la més jove, de ser conscients de la realitat en què vivim. I sense ser conscient de la realitat (no només política, sinó també social) és impossible tenir cap mena de compromís, element indispensable per construir un país.

Com que no vull demonitzar el mitjà (la tele) sinó molts dels programes que narcotitzen els nostres joves, pensem de nou en la nostra televisió pública. Sé que perquè una televisió pública continuï sent pública necessita ser competitiva, és a dir, ha de ser atractiva per als seus consumidors potencials, entre els quals els joves, ha de tenir audiència i ha de recaptar fons de la publicitat més enllà del finançament públic (que en tot cas, i ho veurem més endavant, considero imprescindible si realment ens creiem que la televisió nacional catalana ha de ser un instrument d'estat). Però caldrà trencar-se més les banyes. Almenys se l'hauran de trencar els responsables d'una institució absolutament útil per al país però que ens costa molts diners. És paradigmàtic del que explico, en positiu, l'exemple de *Polseres vermelles*.

Ni ens n'adonem, però tenim la meitat (per ser generosos) de la joventut allunyada del mercat que pretenem liderar. Qualsevol estudi qualitatiu fet tant a Catalunya com a Espanya ens demostra que la desafecció per la política dels més joves és alarmant. Molts sociòlegs afirmarien que això no té res d'anormal i que no estem ni millor ni pitjor que altres països d'Europa. Des del meu punt de vista, Catalunya hauria de fer-se atractiva per als més joves perquè aquesta és la terra on els tocarà viure i prosperar. I si hi ha un segment de la població més fàcil de narcotitzar amb placebos de dubtós origen, aquesta és la joventut. La societat occidental de consum els condueix, directament, cap a l'abisme.

No vull semblar (perquè no ho sóc) un avi torracollons. Però també crec que no s'està fent prou des de la nostra empresa per aproximar la nostra proposta de valor a aquest col·lectiu. No he vist mai cap míting ni cap acte de campanya que, de manera intel·ligent i voluntària, hagi estat especialment dissenyat per mobilitzar aquest sector tan estratègic de la societat. Quan ho han fet, moltes vegades ho han fet deshonestament, creant un producte suposadament per a joves però que de manera descarada i sense cap tipus d'escrúpol estava destinat, indirectament, als que no ho eren. De cara a la galeria.

Veure un grup de joves (tots militants de base a les seccions joves de cadascun dels partits) onejant banderes darrere del faristol on sermoneja el polític de torn, just darrere seu perquè surtin a la tele, és, per a mi, execrable.

He vist campanyes i projectes que, en el millor dels casos, et fan riure, i en el pitjor, plorar. I ho fan perquè demostren una incompetència infinita i una incomprensió profunda del que realment motiva els joves.

En aquest punt m'és impossible no recordar-me d'aquella famosa i deliciosa pel·lícula *El club dels poetes morts*. En aquest film, ho recordareu, un professor de literatura, a través d'una intel·ligència emocional memorable i d'una empatia desmesurada, aconseguia mobilitzar a favor de la causa de l'art i de la literatura joves que a l'inici estaven totalment desmotivats.

Això és el que caldria, trobar els antídots necessaris per deixar de consumir productes substitutius que treguin l'energia que necessitem dels joves per tirar endavant el país. I això només es pot fer amb empatia, aquella estranya habilitat de posar-se a la pell dels altres per comprendre'ls més bé.

Posant exemples de cinema i de televisió m'allunyo, sense voler, del propòsit d'aquest llibre. És per això que us descric un cas en què una marca ha fet grans esforços per aconseguir recuperar l'èxit entre el segment dels seus consumidors més joves, que estaven abandonant la proposta de valor tradicional de la seva empresa per desafecció.

He tingut l'oportunitat directa de conèixer-la fa poques setmanes. La marca comercial de calçat de moda i *casual* Converse, icona de la modernitat i el cosmopolitisme urbà, va posar a concurs la iniciativa per engegar una sèrie d'accions *street* de comunicació directa al carrer en les quals el protagonisme es donés a un seguit d'accions de guerrilla. Descriure quines accions es van fer seria llarg i pesat. Només vull fer-vos esment del lema de la campanya: «*Shoes are boring, wear sneakers*», «Les sabates són avorrides, calça't unes vambes».

Per entendre el lema cal entendre primer el concepte: *sneaker* és el nom en anglès que literalment i etimològicament prové del verb *to sneak*, que significa «robar sense fer soroll». D'aquesta etimologia només ens cal retenir que inicialment les *sneakers* es diferenciaven de les sabates, normalment amb sola de pell dura, perquè les primeres no fan soroll mentre camines. De tota manera, oblidant l'origen de la paraula, el món de les *sneakers* és avui una cultura. I una contracultura molt jove en cert sentit.

Tots coneixem l'evolució que marques com New Balance, Nike, Adidas o Munich han fet des de les sabatilles esportives cap a un model de sabatilles molt més modernes i elaborades per portar *a la moda*, amb texans i fins i tot per anar a un casament.

Doncs bé, en aquest entorn, les Converse, les Converse de tota la vida, en van ser les pioneres. Tots recordem, perquè alguns encara les porten, la imatge de les Converse originàries de les lligues de bàsquet dels *colleges* americans durant els anys setanta. Aquest tipus de sabatilla de sola gruixuda blanca, de mitja canya i fabricades amb lones de colors van ser les *sneakers* originàries. Amb el pas del temps i de les dècades, altres marques van fer el *sorpasso* a Converse i ara aquesta vol tornar a agafar la iniciativa.

Crec que ara s'entén més bé el lema: posa't unes *sneakers* perquè les sabates són avorrides. Volen, des de Converse, recuperar el segment de consumidors més joves apel·lant-los en el millor moment, al carrer, a prop de les universitats i els bars que aquests consumidors potencials freqüenten. Sense consumidors joves no hi ha futur. Ni per a les marques de sabatilles ni per als països.

Els nostres polítics, seguint l'exemple de Converse, hauran de sortir al carrer a recuperar els joves i hauran d'entrar a les seves habitacions a través dels mitjans audiovisuals i *on-line* per imbuir-los el virus de la política. I ho hauran de fer amb el seu llenguatge, amb l'empatia suficient que impedeixi el rebuig lògic d'aquest tipus d'invasions. Que no fa política, Jordi Évole?

Producte substitutiu de la política per a la gent gran: l'abstenció

Per acabar aquest extens capítol que intenta identificar els competidors indirectes de la marca Catalunya, cal fer esment d'un altre segment, diametralment oposat al dels joves, que també es mostra especialment vulnerable a productes substitutius. No és cap altre que el de la gent gran de classe mitjana-baixa. La majoria han viscut en primera persona la dictadura. Alguns amb resistència, pocs amb il·lusió i molts altres amb passotisme. Com a conseqüència de moltes d'aquelles vivències i, per què no dir-ho, de l'educació rebuda, són propensos a esquivar qualsevol mena d'aventura.

Són amants de l'statu quo per conservadorisme i per tradició. I per aquesta mateixa raó solen ser amants de l'abstencionisme quan és l'hora de prendre decisions transcendents. Ja hem identificat abans l'abstenció política com un producte substitutiu. No pot ser altra cosa. Identifiquem ara un dels segments més propensos a consumir-la.

Caldrà treballar de valent en aquest nombrós grup de consumidors, també, si volem que la proposta de Catalunya sigui àmpliament rebuda. Per contra, cometrem l'errada de creure que la racionalitat d'una proposta comercial superior és la que sempre triomfa.

Cal tenir present que l'abstenció és molt perillosa, ja que pot desactivar-se a favor d'una proposta política concreta quan la situació és límit. Ho hem vist en les darreres eleccions del 25-N: grans bosses abstencionistes tradicionals s'han activat per engrandir certs partits que s'oposen a la idea d'una Catalunya com la que ens agradaria construir. Els estudis demoscòpics ens demostren que l'abstenció tradicional s'ha decantat a favor de tres partits contraris a les tesis del dret a decidir. Han anat a parar als socialistes, al Partit Popular i, en gran mesura, a Ciutadans.

Recordem que, quan parlàvem de la proposta de valor principal d'Espanya, mencionàvem la comoditat i conveniència com a *drivers* bàsics del seu avantatge competitiu. Els avis de classe mitjana i baixa triaran sempre Telefónica i Iberia quan no tinguin més opcions per fer trucades o viatjar en avió, quan tinguin l'obligació mental d'abandonar el seu abstencionisme clàssic; els serà més còmode i menys disruptiu mentalment. Per brillant, il·lusionadora, competitiva i reptadora que pugui ser una proposta comercial nova (com la que ha de saber construir Catalunya) triaran la més conservadora i (als seus ulls) més segura si abans no hem sabut vendre'ls a consciència els avantatges de qualsevol nova proposta comercial.

El dia que hauran d'abandonar l'abstenció com a succedani serà el dia, que arribarà, de la celebració d'un referèndum per a l'autodeterminació. Aquest cop no s'abstindran. Dependrà de nosaltres que quan ho facin, triïn el millor per als seus fills i néts i no optin per la via fàcil i poc compromesa de la comoditat i la conveniència.

L'abstenció és un producte succedani molt perillós. Pot deixar de consumir-se perquè no enganxa com les drogues. És una opció fàcil i alguns polítics ingenus (o malintencionats) creuen que útil. Si no treballem des de la base amb la mobilització del segment més abstencionista de la nostra població (els desafectats d'edat madura), un segment fàcilment manipulable per la televisió de la competència, no ho oblidem, estarem, de nou, cometent un error de màrqueting.

De la mateixa manera que hi ha fabricants de mòbils que han desenvolupat dispositius amb les tecles molt més grans per facilitar l'ús dels telèfons als que ni la vista ni les mans els funcionen com abans, el nostre departament d'innovació haurà de desenvolupar productes similars. En cas contrari, ho farà la nostra competència. Recordeu que en un mercat madur sempre hi ha algun competidor que llança un nou producte que mai ningú havia pensat abans.

Inversors

Ja advertia a l'inici d'aquest capítol, que tracta d'identificar les forces de la indústria, que més enllà dels competidors directes i indirectes hem d'analitzar si hi ha *players* alternatius en el nostre mercat. I feia referència als possibles agents econòmics que ajuden a finançar les empreses.

En el món econòmic, els inversors, els bancs i les empreses de capital risc apareixen sempre que hi ha una oportunitat de benefici. En les indústries en què el possible benefici és molt petit o inexistent costa Déu i ajuda trobar-ne cap. Pregunteu als pagesos quants inversors de capital risc els han visitat últimament.

És trist però la realitat ens demostra que en la nostra indústria la manca de benefici directe ens apropa més a la realitat del camp del Segrià que a la del camp tecnològic de Sillicon Valley. Ningú ens finançarà aquesta empresa. Ens l'haurem de finançar nosaltres mateixos. Cap banc forà (i menys de la competència) invertirà a dotar-nos de recursos financers i fons de maniobra suficients per tirar endavant una proposta que indubtablement implica una inversió extraordinària (no us atemoriu en excés tampoc, *extraordinari* només significa que no és ordinari, habitual).

Els consumidors

Arribem a un dels punts cabdals a l'hora de tenir els criteris clars per definir l'estratègia competitiva de l'empresa Catalunya. Qui en són els clients? Qui són els consumidors *target* del futur als quals hem d'adreçar la nostra proposta de posicionament? Tot i que fins a aquest punt n'hem parlat col·lateralment, a partir d'ara els començarem a analitzar d'una manera més metòdica.

És bastant obvi considerar els catalans com a *target* de Catalunya, però és interessant reflexionar-hi una mica més. Hem de fer el que tantes vegades hem sentit: intentar segmentar de manera intel·ligent els nostres consumidors. Fer i concretar una segmentació adient de la teva demanda sol ser l'eina clau per poder definir estratègies d'èxit. Això, però, ho farem més endavant. Aquí ens limitarem a segmentar els nostres consumidors de la manera més clàssica i més sociològica: el consumidor *target* i el consumidor no *target* de l'oferta política catalana tradicional. Resumint, el consumidor clàssic de l'empresa i també el que, clàssicament, no ha volgut ser diana del producte Catalunya. Repassarem també un tercer segment, el que no només no és *target* sinó que a sobre es declara *antitarget*. I ho farem des d'una òptica de present i de passat, no des d'una òptica de futur. Analitzarem com es classifiquen els consumidors avui en dia per intentar, quan avancem cap a la part de l'estratègia, a l'última part de llibre, introduir nous matisos que ens ajudin a construir una proposta de valor definitiva per a cadascun d'ells.

Però per acabar d'aclarir-nos una mica més, us parlaré preferentment de consumidors prototípics. La paraula *target* (que en anglès significa «objectiu») duu massa càrrega estratègica al darrere. No em canso de repetir que la tasca estratègica hem de fer-la després d'analitzar la situació prèvia a la seva definició. I aquí, exactament en aquest punt previ, és on encara som.

El *català-de-tota-la-vida*

Un dels consumidors prototípics de l'empresa Catalunya és el *català-de-tota-la-vida*. Aquesta és una definició poc tècnica, ho sé, però crec que tots ens entenem. Pots ser tu, lector. Puc ser jo. Pot ser el nostre pare o el nostre avi. Però en qualsevol cas és el consumidor mitjà que es defineix com un catalanista de conviccions fermes. Mai, però, ha estat un consumidor evangelista ni ha militat en cap partit.

Aquest consumidor prototípic, el *català-de-tota-la-vida*, és un consumidor madur. Té molta informació i n'ha viscut de tots els colors. El producte Catalunya ha estat gairebé sempre present a les prestatgeries del supermercat més pròxim a casa seva. En temps més difícils, amb pocs *facings* (poca quantitat) i poca varietat. En temps de més abundància, com actualment, amb una gamma més atractiva de *packagings* i formats.

Però malgrat tot, a l'hora de la veritat, el consumidor *català-de-tota-la-vida* sempre ha triat una altra marca. La de tota la vida, també. Una marca que representa un producte *mainstream*, poc il·lusionant però de sobra conegut. Ha triat majoritàriament el producte Espanya de manera directa o indirecta.

És ben cert que durant dècades no va poder triar cap altra opció més. Durant quaranta anys el producte català va desaparèixer del supermercat. També és cert que el mercat negre del producte Catalunya va seguir tenint cert vigor durant aquella època fosca, però s'ha de reconèixer que aleshores era massa perillós ser-ne consumidor. Segurament al producte Catalunya li mancava (i li manca) una capacitat de seducció suficient per arriscar-se a consumir-lo incondicionalment.

Les raons d'aquesta falta d'atractiu són el *racional* profund d'aquest llibre i ho abordarem en detall amb els pròxims capítols. Ara toca descriure encara més el nostre personatge.

El consumidor català d'aquesta mena és, a més d'un consumidor madur, un consumidor informat. Coneix els atributs físics i emocionals dels productes a la seva disposició. Sap que la seva tria és essencial i sap, en certa mesura, que les seves decisions són sobiranes. Malgrat tot, aquest bon home ha pres decisions de manera erràtica durant molts anys. Ha comprat un producte que no li agrada i que no satisfà plenament les seves necessitats. No ha optat per canviar de marca malgrat que fa més de trenta anys que és perfectament conscient de l'obsolescència del producte Espanya.

Això ha estat d'aquesta manera perquè el *català-de-tota-la-vida* és també un consumidor desconfiat. En el passat ha pres decisions de compra errònies i no vol tornar a repetir-les. Quan ha fet la prova amb nous productes, no n'ha sortit del tot ben parat. De la mateixa manera que optem per Telefónica quan sabem que hi ha empreses de telecomunicacions més bones i més competitives, el consumidor català ha estat, i en gran mesura continua sent-ho, un consumidor conservador. Quan va llançar-se a fer-se de Menta va tenir una experiència tan traumàtica que el fa desconfiar d'aventures empresarials que no estiguin prou consolidades. Recordeu que Menta era aquella empresa de telecomunicacions digitals per cable que va deixar tan mal record com, permeteu-me la broma, els Fets d'Octubre en la mentalitat del *català-de-tota-la-vida*. «Que mai torni a passar», repeteixen cada cop que poden.

S'han fet multitud d'estudis de mercat per analitzar els *insights* del perquè d'aquesta conducta erràtica. Us en descric alguns.

Per culpa d'haver viscut temps d'amarga escassetat i racionament, creu que el que finalment importa són els productes per sobre de les marques. Aquest és l'*insight* principal (*insight* és una paraula anglosaxona i molt emprada en els estudis de comportament de màrqueting que és molt difícil de traduir literalment, que en tot cas m'atreveixo a anomenar *comprensió profunda*). És un consumidor que pràcticament mai compra per impuls. Que aquests productes que compra no l'emocionin i no el facin gaudir de manera especial no fa variar la seva conducta. Per això li agrada tant el peix al cove.

És, en cert sentit, un consumidor de marca blanca. Quan les marques no fan bé la seva feina, les marques blanques triomfen. Per què m'he de gastar més del doble amb un litre d'oli refinat de marca si el que envasa Caprabo és exactament el mateix que el que envasa Coosur? No cal destacar aquí quines han estat les marques blanques que tradicionalment ha comprat el nostre consumidor, però queda clar que una marca blanca és la que posa èmfasi en els beneficis tangibles dels productes, en els beneficis racionals per sobre dels emocionals i la que, per sobre de tot, busca la funcionalitat del producte. L'oli és oli, diuen. No ha d'estranyar-nos gens, doncs, que les tàctiques gradualistes pujolianes i moltes de les estratègies polítiques sobradament conegudes per nosaltres siguin efectives per a aquest tipus de consumidor.

Són consumidors que fan prevaldre el seny per sobre de la rauxa. La rauxa, entesa com un comportament impulsiu, rarament apareix en la conducta del consumidor català mitjà. Aquest no circula pels lineals dels supermercats i acaba amb el carro ple de productes que prèviament no havia planejat comprar. Porta la llista de casa, sap el que ha de comprar i el que no i no és capaç de ser gens indulgent si no és que porta al carro el seu nét estimat. Quan va amb el nét, la rauxa s'apodera d'ell i és capaç, fins i tot, de comprar-li un ou Kinder. Santa Maria!

Un segon *insight* ens diu que el consumidor català mitjà i prototípic, el *català-de-tota-la-vida*, és un consumidor intoxicat per la publicitat. La publicitat, que a sobre és enganyosa, forma part de la seva realitat sense que moltes vegades se n'adoni. El mercat en què interactua el nostre consumidor, pel fet de liderar-lo un competidor hegemònic que no només controla el *market share* sinó que té capacitat d'influència decisiva i poder de *lobby* sobre les institucions que regulen el mercat, intoxica amb missatges fal·laços tots i cadascun dels principis ètics en què es fonamenta el seu lideratge.

Tots els anuncis de mitjans convencionals, però també dels que avui s'anomenen *below the line*, han estat controlats pel *Gran Hermano* de la competència. En prime-time, en horari de protecció als infants i fins i tot en moments en què semblaria que *La tienda en casa* i el *pump and seal* haurien de tenir presència, els missatges matussers de la competència hi tenen cabuda i repercuteixen sobre el nostre home.

Davant d'aquesta intoxicació, precisament perquè algunes vegades (no totes ni la majoria) n'és plenament conscient, es posa a la defensiva i reacciona sent encara més racional en la seva compra. L'enrocament mental del nostre consumidor és majúscul en molts casos i només explota puntualment quan la supèrbia i l'actitud xulesca de la competència excedeixen els límits tolerables.

El consumidor català, el *català-de-tota-la-vida*, malgrat que és un consumidor madur i racional, no pot evitar ser la diana d'aquesta campanya. L'aparició a principis dels anys vuitanta de mitjans de comunicació propis o afins a l'empresa catalana no ha fet minvar gaire aquesta realitat. Són tants i tan percussors els missatges (directes i subliminals) de la nostra competència que costa fer soroll davant aquesta riuada de GRP. No ens equivoquem, la immersió franquista, amb perles com *los principios generales del Movimiento*, va ser molt més efectiva que la nostra suau política d'immersió lingüística a les escoles.

I el nostre consumidor s'intoxica sense voler-ho. De la mateixa manera que més d'una vegada m'he llevat al matí taral·lejant el *tonight, tonight, I wanna be with you* del *jingle* de l'antepenúltim anunci de la cervesa que competeix contra la que jo represento, el consumidor català ha acabat interioritzant molts dels missatges publicitaris de la competència.

S'ha de reconèixer, i això també ho veurem més endavant, que algunes superproduccions publicitàries de la competència són molt efectistes. Un símil aproximat de la intoxicació perversa del *català-de-tota-la-vida* és la que se'ns mostra a la pel·lícula de Jim Carrey *El xou de Truman*. El nostre consumidor prototípic és un pobre senyor Truman encapsulat en l'única realitat fictícia que coneix des que va néixer. Ha sentit moltes vegades que hi ha vida més enllà de la càpsula, però a diferència de Jim Carrey, encara no s'ha atrevit a botar la barca que el condueixi al límit del plató del xou celtibèric. I no bota aquesta barca perquè, a diferència d'*El xou de Truman*, el director del programa de la nostra competència ho fa millor que ho feia Ed Harris a la pel·lícula. Són bons els espanyols, això és així.

El consumidor català prototípic és, també, un consumidor captiu. Malgrat que té altres opcions, les descarta mentalment. Està empresonat. És, en certa mesura, un consumidor que pateix la famosa síndrome d'Estocolm. No sabem gaire per què però bevem Coca-Cola, no sabem gaire per què però consumim la cervesa de sempre. No sabem gaire per què però... La captivitat mental d'un consumidor és l'ideal que persegueixen la majoria d'empreses i marques, però de llarg és totalment justificable afirmar que no és pas el més desitjable. Quan ets captiu d'una determinada marca no ets lliure.

No vull ser contradictori i m'agradaria posar en evidència que, almenys aparentment, aquesta realitat xoca amb la condició de *típic consumidor de marca blanca* que definia uns paràgrafs més amunt. Com és possible que un consumidor de marca blanca sigui, al mateix temps, un consumidor marquista? Doncs per la mateixa raó que abans: per la falta de voluntat mental.

El consumidor *català-de-tota-la-vida* és un comprador escarmentat que defuig qualsevol judici crític respecte als productes que compra. Compra marques blanques perquè creu que l'única cosa que importa són els beneficis funcionals dels productes i compra Coca-Cola perquè li és més còmode creure que no existeix cap producte més enllà de la Coca-Cola. Tria aquesta marca perquè no vol reflexionar. És un consumidor amb prejudicis i captiu.

El consumidor *català-de-tota-la-vida* és, resumint, un consumidor madur, racional, intoxicat i captiu. Un os molt difícil de digerir. Tindrem feina. Ho veureu.

L'anticonsumidor

Després d'haver-nos fustigat tots plegats amb aquesta definició del *català-de-tota-la-vida* (parlo de fustigar perquè pràcticament tots, d'una manera o una altra ens hi sentim identificats), cal identificar el segon grup de consumidor prototípic de l'oferta catalana.

Dins d'aquest esquema simplista que posteriorment sofisticaré, us presento els que jo considero anticonsumidors. A Catalunya tenen un parell de noms que pejorativament els identifiquen: els botiflers o unionistes. Uns consumidors que es defineixen per ser precisament el que no són. Un tipus de persona que no ha comprat mai, ni pensa fer-ho en el futur, la marca Catalunya. Qualsevol empresa o qualsevol marca sap que hi ha consumidors potencials que, precisament perquè saben que no tenen cap mena de potencial, han de ser esborrats de la llista de qualsevol estratègia de futur.

Els anticonsumidors de la marca Catalunya són consumidors formats directament per la publicitat del monopoli espanyol. En molts casos no han sentit a parlar mai de productes alternatius. Es creuen i aprecien les bondats de la marca Espanya i en són consumidors evangelistes que fan proselitisme permanent de la seva ideologia i dels seus valors. Són fàcils de reconèixer dins de les files de segons quins partits, però ho són més encara pel seu amor incondicional al toro d'Osborne. Quan guanya *la Roja* es posen la seva samarreta i no parlen un borrall de català. Són *hooligans* d'Espanya i no només ho reconeixen sinó que se n'enorgulleixen.

Per a aquest tipus d'anticonsumidor serà molt difícil consolidar cap estratègia de marca perquè abandoni el prefix *anti-*. En tot cas, només els atributs funcionals, i no pas els emocionals, podrien deixar empremta en la seva manera de pensar. De fet, ja comencen a donar-se casos (molt pocs) en què l'independentisme de butxaca els comença a fer forat.

De tota manera convé no equivocar-nos: els catalans que volen seguir sent espanyols a Catalunya mai seran consumidors de cap altra marca que no sigui Espanya mentre les estratègies que els adrecem per fer-los canviar de mentalitat segueixin sent les que són. Adreçar una estratègia que els faci canviar de parer serà complicat però no del tot impossible.

A simple vista ningú ven paraigües al desert. Si no és que a algun creatiu se li acudeixi la idea de canviar la funcionalitat del producte o el significat de la marca... com vendre la idea que els paraigües també serveixen per protegir-se del sol. D'això en parlaré quan desenvolupi l'estratègia competitiva de futur, ara em limitaré a evidenciar una sèrie de casos en què aquesta última afirmació es fa palesa de manera clara i contundent.

Audi era una marca per a *pijos* fins que va democratitzar la seva proposta de marca i de productes i la va convertir en una marca aspiracional i de perfil *bobo* (els *bobos* són una tipologia de consumidor que l'argot *slang* del màrqueting utilitza per definir els *bohemian bourgeois*). De la contracció de les dues *bo* en surten aquests consumidors que de rucs no en tenen ni un pèl. Se'ls identifica per ser, indistintament, homes o dones de centreesquerra, amb recursos econòmics mitjans i alts, que es deleixen per la cultura, l'oci de qualitat i la gastronomia. Tenen predilecció per (encara que sigui de manera un punt farisea) abanderar causes socials de tota mena. Solen participar en ONG i sovint defensen moviments com el de l'*slow food*. Però, per sobre de tot, són uns hedonistes socials de primera divisió. No s'han de confondre amb els *pijos* perquè la ideologia política els separa irremeiablement. A Barcelona, un *bobo* prototípic viuria en un loft del Born i un *pijo* seria d'aquells que no creuen mai la Diagonal per por de ser segrestats a qualsevol carrer de Ciutat Vella. A Barcelona, igual que a Nova York o París, predominen els *bobos* per sobre dels *pijos*. A Madrid, Moscou i Londres (excepte al SoHo i a l'East End) és a la inversa. Si us interessa aquest tema (moltes marques volen construir propostes de valor per atreure els *bohemian bourgeois*), doneu una ullada al llibre *BoBos en el Paraíso*, de David Brooks, editat en castellà per Grijalbo.

Oblidem-nos dels *bobos* i tornem al relat: a més d'Audi, també Tous, Dolce & Gabbana i Ray-Ban han aconseguit convertir anticonsumidors en consumidors evangelistes. Tous es va inventar un ós petit en forma de joia per arribar a una colla de consumidors que mai abans haurien entrat ni per casualitat a cap botiga de la joieria catalana. Dolce & Gabbana va fer uns cinturons de color blanc que van causar furor dins la comunitat *tunera* dels voltants de Barcelona i Ray-Ban va saber reinventar-se com a marca quan semblava que les seves ulleres només podien portar-les els *macarres* de Sicília i els xèrifs tronats de l'Oest Mitjà dels Estats Units.

Els consumidors actuals de Tous, Dolce & Gabbana i Ray-Ban eren anticonsumidors d'aquestes marques poc abans del seu gir estratègic. No es tractava tan sols d'un problema de falta d'afinitat amb aquelles marques, no era només que els manqués atractiu; és que hi estaven en contra abans que viressin amb la seva nova proposta de valor. Veure una *pija* barcelonina de zona alta amb unes Ray-Ban que una dècada abans eren la icona del moviment gai, té mèrit. De la mateixa manera que en té, i molt, que un *ni-ni* de la *banlieue* es presenti, ufanós, davant de la seva *choni* amb un cinturó de Dolce & Gabbanna i unes sabatilles blanques de xarol de Bikkembergs. D'aquests casos se'n poden treure lliçons de futur que ens demostraran que mai res és impossible.

El desafectat

Més enllà dels consumidors prototípics, tant per ser-ho com per no ser-ho, tenim altres categories fàcilment identificables sense necessitat de fer cap estudi de màrqueting ni cap segmentació sofisticada. De nous i d'antics.

Un d'ells és el prototip de consumidor infidel, erràtic i abstencionista; l'anomenarem *desafectat*. El consumidor desafectat destaca per ser un tipus de consumidor mal informat i escassament preparat per triar entre l'oferta segmentada dels mercats madurs. S'assemblen molt als botiflers que abans us descrivia en el sentit que, com ells, solen estar formats en les bondats de la competència i tenen molt poc accés als missatges publicitaris de marques alternatives. Les plataformes típiques de la comunicació de Catalunya, per exemple TV3, no estan ni tan sols sintonitzades.

L'únic contacte, real i directe, amb la realitat catalana el tenen amb el Barça. I de vegades també contacten íntimament amb alguns valors de la marca Catalunya si s'acosten pel centre de Barcelona el 23 d'abril. Els únics llibres en català que tenen als prestatges els han comprat, precisament, el dia de Sant Jordi. Més enllà d'això, consumeixen exclusivament submarques de l'arxicompetència en forma d'esdeveniments, televisió, premsa, ràdio i revistes.

És, encara que no ho sembli a primera vista, un consumidor potencial de la marca Catalunya en el sentit utilitarista del terme. Serà molt difícil atreure'ls a través de l'exhibició dels beneficis emocionals de la marca, però poden ser altament receptius pels seus beneficis tangibles i materials.

En efecte, la més que constatable superioritat tècnica, en rendiment, economia i preu, del producte Catalunya pot acabar sent efectiva a curt i mitjà termini. Són un prototip de consumidors molt sensibles al preu ja que la seva economia els hi obliga. En la mesura en què aquests beneficis indiscutibles del producte Catalunya es facin més evidents, la possibilitat d'atreure'ls serà més alta.

Cal, però, que no ens equivoquem: aquest consumidor poc o gens identitari, malgrat que no està ideologitzat com ho estan els anticonsumidors, és també un consumidor intoxicat i, en tot cas, és fàcilment manipulable. No ens haurà d'estranyar, doncs, que en els propers anys visquem una autèntica guerra comercial entre les dues marques (Catalunya i Espanya) per endurse'l definitivament. És probable, a més, que aquí hi hagi la clau de la victòria o de la derrota.

Ja sabeu de qui parlo: em refereixo a l'important grup de ciutadans de Catalunya que en les enquestes del CEO i del CIS es declaren, a parts iguals, tant espanyols com catalans. Solen ser castellanoparlants però no són especialment bel·ligerants amb la cultura catalana. Són els que participen activament en les eleccions estatals i, contràriament, s'abstenen en les autonòmiques. Solen ser immigrants d'origen espanyol de primera, segona o tercera generació. Han viscut, malauradament, desconnectats de la realitat catalana per obligació, no per voluntat pròpia. El *desarrollismo* franquista, ajudat pels còmplices necessaris d'algunes elits catalanes, els va fer desconnectar d'una cultura que els hauria acollit, de manera general, de bona gana. És cert que, per condicionants de tipus socioeconòmic, han estat passius i no han volgut fer el pas exigent que implica la voluntat d'integrar-se (sense diluir-se) en una nova cultura. Però no se'ls ha de retreure res: la majoria de nosaltres hauríem fet el mateix en condicions similars.

Els conversos

I és des d'aquesta última anàlisi, la que té en compte que només la gent amb un tarannà i un caràcter extraordinaris és capaç d'integrar-se des de fora quan ho té tot en contra, que només gent d'aquesta mena és capaç d'esforçar-se quan prou feina té per guanyar-se les garrofes que li garanteixen la supervivència, que puc introduir-vos el següent segment del qual us parlaré en aquest apartat: el consumidor convers d'origen immigrant.

Són com Sant Pau quan va caure del cavall.

El consumidor convers, el que fa proselitisme de la causa catalana sense ser-ne membre *de sang*, és un petit grup d'antics immigrants espanyols, petit però extraordinàriament dinàmic, que actua de manera oposada al grup dels desafectats. Els que, en el seu moment, moguts per ideals de millora, van decidir canviar de marca.

Aquests consumidors actuals de la marca Catalunya s'han convertit en els grans adalils. Són una mena d'almogàvers que es diferencien d'aquests perquè en cap cas són mercenaris. Fan el que fan de cor i per convicció, no pas per diners. Creuen en les bondats racionals i emocionals de la nostra marca. Solen ser uns consumidors més fidels fins i tot els que presumeixen de llinatges que s'endinsen en alguna genealogia fantàstica que els acosta directament a Guifré el Pelós. Són consumidors convençuts que, a diferència de molts catalans de pota negra, poden fer proselitisme perquè tenen credibilitat. Poden ser la punta de llança que ajudi a desafectar els desafectats.

Són gent molt socialitzada que participa activament en la societat que els envolta i en les decisions de país. Són miralls en què es poden veure reflectits molts futurs consumidors de la marca Catalunya que avui en reneguen o l'obvien. Són els milers i milers de Justos Molinero que, sense renunciar mai a la seva identitat original, han volgut adaptar-se a una de nova, solapant-hi una identitat forana sense cap mena de dificultat.

De la mateixa manera que tots els humans som capaços d'estimar de la mateixa manera el pare i la mare, sense que aquesta dualitat es converteixi en cap patologia de tipus esquizoide, els consumidors conversos han fet el mateix. A través d'ells podem comprovar que la integració social i harmònica, dins de l'empresa, dins d'aquest nou projecte d'empresa, no significa desarrelament ni renúncia als orígens.

Tots hem treballat per empreses de les quals, mentre érem part de la plantilla, havíem estat ferms defensors. Però això no ens ha impedit treballar per a d'altres empreses. Si hem canviat ho hem fet per ganes de millorar professionalment i humanament, no per odi a l'anterior. Els antics immigrants espanyols d'aquesta classe poden ajudar-nos en aquesta direcció. I demostrar que no s'és cap traïdor. Tothom té dret a millorar i a ser feliç. Si hi ha empreses i projectes que, d'alguna manera, ho poden facilitar, aprofitar-ho és intel·ligent.

Per aconseguir aquests efectes, la intel·ligència emocional és especialment necessària. Només des de l'empatia podem acostar-nos als que no pensen exactament com nosaltres. Aquest grup de consumidors han de configurar el pont que permeti creuar el riu als que tenen por o recança. Com Juli Cèsar quan va creuar el Rubicó, el riu (o la frontera) que separa els desafectats dels *catalans-de-tota-la-vida* no és tan turbulent com el pinten.

Els evangelistes

El prototip de consumidor evangelista és l'antítesi de l'anticonsumidor. Tots el coneixem i és molt probable que, en part, molts de nosaltres també ho siguem. Són els consumidors *target* per excel·lència. Són el *core target* de màrqueting de la marca Catalunya en estat pur.

M'avanço molts capítols quan us adverteixo que adonar-se de la diferència entre ser el *target* de màrqueting i ser el *target* de comunicació de la marca, és la clau de l'estratègia promocional del futur de Catalunya. Però ara per ara encara ens falten claus. Només ho deixo anotat perquè tinguem clar que aquest *core target* de la marca Catalunya no ha de ser on destinem els magres recursos comunicatius de què podrem disposar. Si ets un evangelista d'una marca, és probable que sempre ho siguis. Per molt malament que aquesta marca ho faci. Penseu en Ferrari i els ferraristes a la Fórmula 1: encara que els pilots d'aquesta marca es classifiquin en la darrera posició, els ferraristes evangelistes sempre enarboraran, amb passió i orgull, la bandera vermella de la marca de Maranello a la línia d'arribada. I si no us agrada aquest exemple, penseu en un altre de més proper: «*¡Viva er Betis manque pierda!*».

El consumidor evangelista, com els que abans definíem com a *innovators*, són tan fidels que poden arribar a ser pesats. I, el que és pitjor encara, perjudicials per la marca que defensen i s'estimen. El seu *commitment* és tan potent que a vegades pretenen que tothom, de manera natural, també el tingui en la mateixa mesura. Els (ens) falta l'empatia suficient per posar-se al lloc dels que no cal que comparteixin molts dels valors de marca (sobretot els més emocionals) que per a ells són evidents.

Els consumidors evangelistes, però, són clau per a qualsevol marca. Sense ells no existeix l'essència de la marca. Se'ls ha d'amanyagar i se'ls ha de cuidar. D'ells sortiran, molt probablement, els líders de la nova estratègia catalana. Només ho podran fer, però, quan siguin plenament conscients que el mercat que volen liderar té moltes capes i moltes tipologies de consumidors diferents. Però precisament perquè coneixen més bé que ningú el pinyol (l'ADN) de la molècula de marca de Catalunya, podran executar aquesta estratègia de manera brillant. Ells tenen tota l'energia que es necessita per a una feina tan carregosa.

Els immigrants

Per acabar amb aquesta segmentació estrictament socioeconòmica i política (i no marquetiniana, recordeu-ho), sóc capaç d'identificar un sisè grup (i últim) de consumidors que mereixen un tractament diferenciat per la seva rellevància (quantitativa i qualitativa). Em refereixo als consumidors representants de la nova immigració.

Aquests, els nous immigrants, són realment nous i han eixamplat el mercat de manera evident. Tenen molt a dir i a fer en el futur de la nostra empresa. Podran i hauran de votar perquè, igual que nosaltres, participen del mateix país que nosaltres ens proposem reconstruir.

Deixar-los al marge, no definir-ne una estratègia de captació, seria un gran error si, a més, tenim en compte que són una tipologia de consumidor fàcilment assolible perquè encara no s'ha definit. A diferència del consumidor d'origen espanyol, no pot dir-se en aquest cas que la qüestió identitària tingui cap mena de pes per a ells. Han de triar entre dues opcions igual d'alienes. Espanya o Catalunya.

Imaginem-nos, per un instant, que després de viatjar a Austràlia decidíssim fixar-hi la nostra residència com a immigrants. Entre moltes altres realitats i necessitats d'adaptació, n'hi ha una que m'interessa destacar: quines marques consumiríem a Austràlia quan anéssim al supermercat? Hi hauria un munt de marques comercials que estarien esperant a convertir-se en les nostres noves marques de capçalera.

Imaginem, de nou, que anem, per primera vegada, a un supermercat del nord de Brisbane. Hem de comprar llet, cereals i cervesa. És probable que, a l'hora de comprar cervesa, acabéssim comprant-nos una Foster. És una marca que mai no hem tastat, però que ens sona força. La vam veure a *Cocodrilo Dundee* i en alguna altra pel·lícula de Hollywood... En el moment de comprar cereals, tampoc no tindríem cap mena de dubte: optaríem segurament per la marca Kellogg's, que és la mateixa que comprem a Barcelona. El problema ens arribaria amb la llet. Quina marca triaríem? No en coneixeríem cap i totes anirien empacatades en formats de plàstic o cartró de color blanc. Segurament amb alguna vaqueta folklòrica dibuixada al bric.

La nostra decisió final acabaria sent un balanç, entre racional i emocional, que ponderés preu i *packaging*. Tant l'un com l'altre ens donarien pistes del nivell de qualitat. Si el que estiguéssim buscant fos la minimització del preu, el *packaging* perdria qualsevol rellevància. Si la qualitat fos l'objectiu, ens deixaríem guiar pels preus més alts i els formats de *packaging* més *premium*.

Amb aquesta simulació vull reflectir alguns dels processos de compra dels éssers humans, que no són gaire diferents que els que practica la nova immigració quan va a votar. Fixeu-vos que mentre que no hi ha pràcticament influències emocionals en el procés de compra de la llet, sí que hi són en els Kellogg's (la marca que he consumit tota la vida) i en la cervesa (la marca d'aquell paio que em queia tan bé). És indubtable que, si no fem cap esforç, la nova immigració votarà Espanya. Espanya els sona, Catalunya no.

Espanya té les mateixes connotacions exòtiques i emocionals per a un pakistanès que *Cocodrilo Dundee* per a nosaltres. Triarà Espanya perquè li sona més que Catalunya, de la mateixa manera que a nosaltres ens sona més Foster que no pas Victoria (malgrat que aquesta última marca és, de llarg, la líder del mercat australià).

Un mexicà, un equatorià, un argentí o un bolivià, si no hi fem res en contra, triarà Espanya perquè allà parlen l'idioma que han parlat tota la vida. La immigració d'origen sud-americà és probable que opti per Espanya perquè les vinculacions emocionals que es transmeten per l'idioma estan més arrelades que les que es transmeten per qualsevol altre mitjà. Triaran els Kellogg's perquè ja saben quin gust tenen.

Catalunya haurà d'esforçar-se, doncs, en el preu i en el *packaging*. Si el nostre comprador només busca preu, és probable que triï Catalunya. És probable que ho faci si l'informem adequadament, és clar. Catalunya serà sempre millor per a la seva butxaca, d'això no caldria dubtar-ne. Si el nostre consumidor busca qualitat o afiliació emocional, aleshores haurem de dissenyar un *packaging* espectacular que entri directament pels ulls. Tant, que superem els Kellogg's i les Fosters de torn. I això, creieu-me, no és fàcil.

No cal dir que hi ha moltes estratègies (i algunes de molt fàcils) per condicionar aquesta tria i que són menys complicades que dissenyar un *packaging* tan demolidor que de manera inconscient et llanci a comprar-lo acríticament. Aquí és on apareix, solemne, la comunicació (només una de les eines del màrqueting).

Si una estona abans d'haver arribat al supermercat, des de la nostra nova casa del nord de Brisbane, haguéssim vist un anunci a la tele en què la marca X de cervesa i la marca Y de cereals ens hagués captivat, és probable que la nostra tria hagués canviat. Si ens l'haguessin deixat tastar (fent un *sampling*) als passadissos del supermercat, podríem haver-nos quedat impressionats per l'extraordinari gust d'aquestes marques desconegudes encara per a nosaltres i haver-les comprades contra tot pronòstic.

Però buscar solucions a aquest tipus de problemes encara no toca en aquesta part del llibre.

Malauradament la tria del nostre consumidor immigrant s'assemblarà més a la de la cervesa o a la dels cereals que no pas a la de la llet. Si no som conscients que el pes de la marca Espanya és infinitament més potent que la marca Catalunya, estem perduts, també, amb el tema de la nova immigració. Haurem de treballar de valent i molt intel·ligentment. Ningú ens regalarà res.

Conclusions de les anàlisis prèvies

Fins ara hem repassat sis grans grups de consumidors que, sense segmentar-los de manera estratègica com efectivament serem capaços de fer més endavant, són perfectament identificables amb vista a qualsevol estratègia de futur.

Però quan encara no hem entrat al món del màrqueting més quirúrgic, hi deu haver qui pot fer-me una objecció bastant sòlida: una proposta de posicionament nova que pretengui liderar el mercat no hauria de basar-se, obligatòriament, en un posicionament *mainstream*? Dit d'una altra manera, en un posicionament massiu i poc diferenciat que sigui prou democràtic (en el sentit de ser assequible i accessible) perquè arribi, posem per cas, al 80% de la població? Com podem arribar massivament al públic amb estratègies fonamentades en la segmentació estratègica? Fa unes quantes pàgines us advertia que les propostes de valor poden ser prou polièdriques per aconseguir aquest tipus de resultat massiu. Malgrat tot, aconseguir-ho no és gens fàcil.

La història del cinema està farcida de casos on el premi de la crítica especialitzada i l'èxit de l'audiència popular han estat unànimes. Són el reflex perfecte d'un producte que sap combinar amb excel·lència ser un producte d'autor (en principi nínxol) i un producte comercial (*mainstream*). N'hi ha hagut molts casos, i tots en podem recordar uns quants, però no són ni de bon tros la majoria. De fet no deuen suposar ni el 0,1% del total de títols estrenats en un any. Ja sabeu que sol passar que quan una pel·lícula funciona comercialment la crítica sol carregar-se-la obertament des d'un punt de vista qualitatiu. I a la inversa, quan hem anat al cinema condicionats per grans crítiques cinematogràfiques, hem sortit amb la cua entre cames després de *gaudir* de pel·lícules tan deliciosament intel·lectuals que la nostra ment plebea ha estat incapaç de discernir. O ens faltaven claus o ens faltaven neurones.

Però de cop, cada quatre o cinc anys, tens la sort de descobrir una pel·lícula que et marca profundament. Una pel·lícula d'una factura formal i de continguts tan persuasiva que ràpidament passa a formar part de la teva memòria històrica. I que la crítica, a sobre, la qualifica d'obra mestra. En la meva vida només recordo tres o quatre casos en què l'astorament va ser d'aquesta mena: una, amb les dues pel·lícules gairebé consecutives de Quentin Tarantino, *Reservoir Dogs* i *Pulp Fiction*, i una altra amb una pel·lícula de Kenneth Branagh que s'anomenava *Molt soroll per a no res*. I m'acaba de passar el mateix amb *Els Miserables*, una autèntica delícia de pel·lícula, que ha estat tan aplaudida pel públic ras com pel crític més torracollons. Quan això passa és que hi ha màgia darrere de la pel·lícula. Però el que segur que hi ha és una feina incommensurable per part de directors i actors. I un guió (una proposta de valor) extraordinari.

El balanç d'una proposta *ultra premium* amb un valor extraordinàriament comercial és un còctel al·lucinant. És el mateix que reclamo per a la proposta de posicionament per Catalunya, que, tot i que ha de ser *mainstream* (en cas contrari, és impossible que triomfi), haurà de ser extraordinàriament rebuda per tots els segments de consumidors, totes les classes socials i tots els substrats socioeconòmics.

Estic obligat, en conseqüència, a posar-vos algun exemple del món empresarial que evidenciï que és possible llançar una proposta que, contra qualsevol expectativa prèvia, aconsegueixi reunir tots els consumidors (els més planers i els més sofisticats) sota el mateix paraigua. I no se me n'acut cap de millor que el cas d'Ikea.

Efectivament, hi ha un abans i un després d'Ikea al món dels negocis. La firma sueca ha trencat motlles en molts àmbits empresarials i marquetinians, però el que a continuació us detallo és, per a mi, el més significatiu i el més proper al que acabo d'explicar-vos: Ikea ha aconseguit que el *melting pot* de consumidors habituals dels seus productes sigui més transversal que el de qualsevol altra proposta de gran consum. Ikea és un èxit de públic i de crítica.

Abans d'Ikea (i permeteu-me la necessària simplificació), els consumidors *pijos* compraven els mobles a Pilma i Habitat, els de classe mitjana a Galerías del Tresillo i els de classe mitjana-baixa a la botiga de mobles del seu barri. Tant els uns com els altres pots trobar-los avui, juntets, comprant el mateix producte Hänsertel de torn. Jo sempre m'hi fixo, és al·lucinant, feu la prova.

Com s'ho ha fet Ikea? Molt fàcil: ha construït una proposta de valor imbatible. Tant, que ha fet desaparèixer més de la meitat del sector de *retail* de mobles. Una proposta de valor amb una relació qualitat-preu tan elevada que apella, de la mateixa manera, els que tenen calés com els que no en tenen gaires. Una proposta que inclou, malgrat que sigui de masses, el disseny industrial com a valor de producte. Uns mobles de disseny que abans de l'aparició d'Ikea estaven acotats estrictament als consumidors més adinerats. La resta del mercat els triàvem estrictament pel seu color i per si la fusta era de roure o de faig.

Quan una proposta és imbatible es converteix en *mainstream*. Aneu una estona a la botiga Apple de la plaça Catalunya i acabareu de convèncer-vos-en. I, com us deia, aneu un dia a Ikea en qualitat de sociòleg (oblideu-vos de comprar res per un dia) i us en convencereu encara més. I si us fa mandra recórrer els interminables passadissos d'aquest empori del moble, només us cal visitar-ne el pàrquing: veure el Hyundai tronat d'un *tunero* de tercera regional al costat de l'últim model del Land Rover Vogue de 128.000 euros propietat d'algun advocat *de-sobre-de-la-Diagonal*, no té preu.

No toca encara parlar d'estratègia, però acabem de fer el que qualsevol empresari faria en començar un procés de reflexió estratègica: analitzaria quina mena d'empresa són, burxant en la detecció dels seus punts forts i dels seus punts febles. Intentaria detectar també quines són les amenaces i quines les oportunitats que els ofereix l'entorn i, finalment, dibuixaria un esquema del model de negoci perquè el pogués entendre la seva àvia (molt més difícil i efectiu del

Procés de planificació de màrqueting

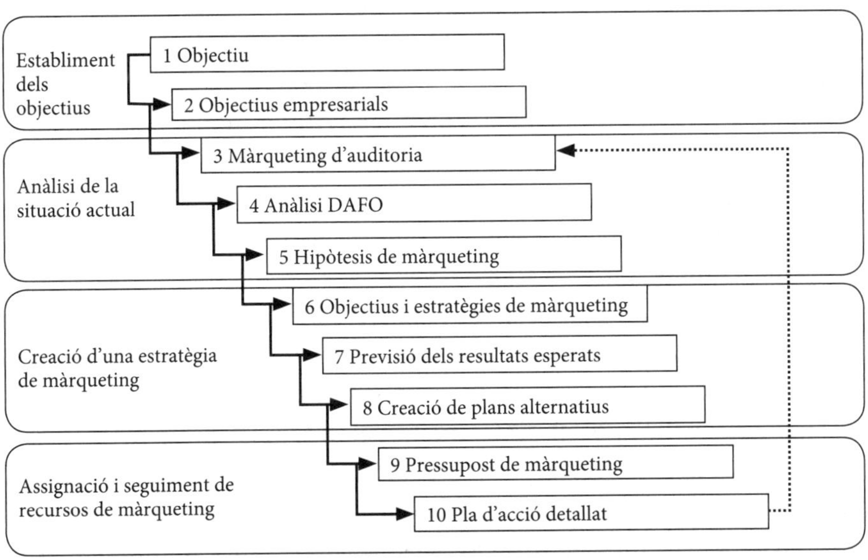

que sembla, com després veureu). En paral·lel estudiaria quin és el seu mercat de referència, investigant els seus competidors (oferta) i els seus clients-consumidors (demanda). Tot això, de manera extensa, és el que hem fet fins ara.

Per acabar aquest capítol d'anàlisi prèvia i abans d'entrar a la part més estratègica de l'assaig, deixeu-me fer un parell de reflexions finals que pivoten sobre l'evolució d'aquests models que hem analitzat fins ara i que, per la seva modernitat, s'escapen de l'esquema que hem anant seguint: la primera és que ni les fortaleses ni les debilitats són estàtiques (evolucionen amb el temps) i la segona és que tampoc el mercat de referència és sempre el que sembla.

Començant pel segon dels dilemes, caldria destacar un exemple que evidenciï la meva afirmació: creieu que en el cas de l'iPhone el seu mercat de referència és la telefonia mòbil? Més precisament, creieu que és el seu únic mercat de referència? La resposta és un no rotund. El mercat de referència dels iPhone és la telefonia mòbil molt col·lateralment: ningú no se n'acaba comprant un perquè el telèfon funciona molt bé. Ho acaba fent perquè li agrada l'iTunes, l'Apple Store, la connectivitat de tot el seu *software*, la possibilitat de fer fotografies i enviar-les, a través de les xarxes socials, i, perquè no, perquè és el millor reproductor de música que t'evita la necessitat de sortir al carrer amb un iPod i un telèfon. I evidentment perquè n'enamora el disseny.

Vist des d'aquest punt de vista, els mercats de referència de l'iPhone són: el mercat dels reproductors de música, el mercat de les càmeres de fotos, el mercat de l'oci, el mercat dels ordinadors i el mercat del disseny tecnològic... Molt més d'un, com veieu. Steve Jobs no hauria capgirat el mercat de la manera que ho va fer si no hagués tingut la visió que va tenir: vull competir en el sector de l'oci, vull que l'iPhone sigui la màquina multimèdia més completa que mai s'hagi inventat. En contrast, no s'hauria dissenyat mai l'iPhone si l'única visió de Steve Jobs hagués estat fer *the best mobile phone made ever*, si el seu únic mercat de referència hagués estat el de la telefonia mòbil.

I és després d'explicar aquest punt quan em pregunto si, de debò, el mercat de referència de Catalunya, de l'empresa i els productes de Catalunya, ha de ser necessàriament el mercat dels estats. Em pregunto si, d'una manera gens dissimulada, he apostat directament per entendre que el mercat de referència al qual m'he referit és el mercat dels estats i, en general, el mercat de la política, sense ser conscient que potser hi ha d'altres mercats de referència. O que potser aquest mercat de referència evident ja està a punt de caducar.

És possible que en el futur els estats perdin el protagonisme que han tingut i que encara avui en dia ostenten. És possible que en un futur no gaire llunyà siguin les regions, les regions transnacionals, les que pilotin el benestar dels ciutadans i les polítiques protagonistes (i en conseqüència les que dicten i tramiten les polítiques econòmiques, que són les que són objecte d'anàlisi en aquest llibre). És possible però no és gens segur. En el cas que això acabés passant, Catalunya hauria de buscar el seu marc competitiu dins d'una euroregió que hauria de tenir l'ambició de liderar.

S'ha parlat molt (en va parlar molt Pasqual Maragall d'una manera una mica profètica) de l'Euroregió de l'Arc Mediterrani, aquella que va des de Múrcia fins a Marsella, abastant territoris tan amplis com el País Valencià, Catalunya, part de l'Aragó i el Rosselló i el Llenguadoc. Si aquest hagués de ser el nou marc de referència mental i el nou marc competitiu de Catalunya, no crec que canviés gaire la recepta i, sobretot, la metodologia que proposo.

Segurament, en aquest escenari, canviarien els competidors (Espanya, per força, hauria perdut pes), però no la proposta competitiva. Seguiria sent cert que l'autonomia en la gestió, la plena disposició (i accés) als recursos financers que tota empresa necessita per créixer i la necessitat de comunicar i posicionar-se estratègicament des de la perspectiva del màrqueting i la marca continuarien sent la pedra de toc de la nostra estratègia.

És possible també que en el futur els estats es dissolguin sense cap altre estat que els substitueixi. És possible que ens estiguem aproximant, sense adonar-nos-en, cap a un paradigma desconegut en el qual no només les regles del joc, sinó també la taula on es juga, no sigui el que tots ens imaginem.

En aquest altre escenari que desconeixem, el que és ben segur és que tot el que siguem capaços de construir en aquestes dècades d'incertesa tindrà, segur, validesa per si mateixa. El nihilisme que alguns pregonen no porta enlloc.

Reprenent el fil dels dos dilemes, encara me'n queda un, i important. L'anàlisi presentada fins ara és una anàlisi estàtica, de foto fixa, que no permet veure l'evolució de tots els elements analitzats. Efectivament, és possible que apareguin amenaces noves o que algunes oportunitats desapareguin per sempre. Per no ser pessimistes del tot, també és possible que apareguin noves oportunitats. Però el que sabem del cert és que vivim, com diria Zygmunt Bauman, en una societat líquida en la qual tot canvia molt de pressa. Les finestres d'oportunitat es tanquen ràpidament.

No sóc expert en filosofia i no sóc capaç de relacionar Bauman amb l'antic filòsof grec Heràclit amb precisió científica, però almenys a mi me'l recorda. Ningú no es banya dos cops al mateix riu, deia Heràclit, i és possible que nosaltres vulguem construir nous models fonamentats en una modernitat sòlida que ja no existeix o, més ben dit, que no existirà en el futur, com diu Bauman. Però com ja apuntava en l'anterior interrogant, del que estic segur és que el nihilisme no serà la resposta a la globalització, almenys no ho serà de manera generalitzada.

La globalització és un fenomen de fons que genera, com qualsevol moviment important, contramoviments alternatius que reivindiquen la visió local per contribuir al món global. Creure que Catalunya tindrà un paper en aquest nou món no només és desitjable, sinó que hauria de ser exigible, no només per nosaltres sinó per tots els que entenguin que la globalitat està formada per petits esforços que es fan des de tots els racons del món. En aquest sentit, hi ha una frase cèlebre de Dalí que ho resumeix perfectament: «Un no aconsegueix el que és universal sinó a partir del que és ultralocal». Això s'hauria de pronunciar amb gravetat i afectació, com feia el genial pintor català.

La missió: què? Per què?

Definitivament entrem a partir d'ara a la definició estratègica del futur de Catalunya, fent-ho des d'un enfocament eminentment empresarial. Des d'aquest enfocament, els tres punts que a continuació desenvoluparé són absolutament crucials: la definició de la missió, el dibuix de la visió i la fixació dels objectius estratègics de l'empresa.

La missió, que moltes empreses no han redactat mai perquè només està al cap de l'empresari que l'ha fundada, cal definir-la responent a una senzilla pregunta: què? Què volem de l'empresa? Què volem de Catalunya? Empresarialment, què volem fer amb aquesta empresa? Per què l'hem muntada?

És obvi que l'empresa Catalunya no l'ha *fundada* ningú, però aquest llibre aposta per una mena de refundació des de la base, a partir d'uns nous fonaments més moderns, més estratègics i amb més possibilitats d'èxit. És des d'aquest punt de vista que caldrà redactar quina és la nova missió de Catalunya. Quin haurà de ser l'objectiu últim.

No m'he cansat de repetir que la independència és un mitjà, només un mitjà, per assolir una sèrie d'objectius. I que com molts altres instruments, aquests poden tenir-ne d'alternatius sempre que tinguin la mateixa funció. Trec de nou a escena aquesta consideració perquè a la definició de la missió no pot aparèixer la independència.

La missió ha d'il·luminar-nos respecte a què volem ser per sobre del com ho volem fer. És un terme que, en el cas que hi aparegui, està molt més assimilat a la visió que repassarem un cop tinguem clara quina és la nostra missió.

Quan, en un escenari de guerra (no oblidem que l'estratègia empresarial és filla acadèmica de l'estratègia militar), es defineixen els objectius, en primer lloc s'ha d'haver establert abans quina és la visió. I molt abans, quina és la missió. En la literatura dels grans enfrontaments bèl·lics, la missió solen definir-la els líders polítics, les visions els grans estrategs militars i els objectius estratègics els generals.

Quan els aliats van decidir envair Normandia, abans van tenir clar que volien guanyar la guerra. I després van decidir prendre les platjes d'Omaha i Juno. Fixeu-vos-hi: la missió la van encomanar Churchill, Roosevelt i De Gaulle. La visió, la invasió de Normandia, la va tenir el general Patton. I un dels objectius estratègics, la presa de Caen, per posar-ne només un exemple, el general Montgomery.

Tanta parafernàlia militar només ens ha d'aclarir una obvietat: que la missió de Catalunya ha de basar-se en un objectiu últim que no passa necessàriament per reivindicar a tota hora que hem d'assolir la independència. El que volem és viure millor i ser més feliços. Que la independència en sigui pràcticament l'única via no implica que aquesta hagi d'amagar l'objectiu últim.

A Churchill i a Roosevelt no els va passar el mateix: no van mobilitzar les seves tropes ni van arengar la seva població, ambdues coses absolutament necessàries ja que la mobilització tècnica i moral era indispensable per afrontar el repte que significava vèncer els nazis, venent-los l'operació Overlord (nom en clau del desembarcament de Normandia). Vendre'ls la invasió de Normandia potser els hauria acollonit. Com els passa a alguns amb la independència.

El que van fer va ser vendre'ls la il·lusió, en forma de missió, que guanyarien la guerra i restaurarien la democràcia als seus països. La col·laboració (al final de la guerra en sentit positiu) de la població francesa en aquesta operació se'ls va vendre exactament amb els mateixos termes: «Nois, us alliberarem i us tornarem la democràcia».

Ja m'he anticipat, doncs, quan he afirmat que l'objectiu últim de Catalunya hauria de ser la felicitat de la seva gent. I probablement la missió que determina l'estratègia futura de Catalunya no hauria de ser cap altra que aquesta. Però potser convindria concretar-ho una mica més. I abans, explicar algunes bases que donin sentit a les meves argumentacions. Tot seguit les trobareu amb els aprenentatges de l'amic Maslow, un psicòleg americà que va desenvolupar les bases de la psicologia humanística moderna.

Si ens remetem a un esquema tan clàssic com la piràmide de Maslow, una teoria molt emprada en psicologia clínica i empresarial que parla de la teoria de la felicitat, les necessitats de l'ésser humà s'estructuren sobre una escala (una piràmide) seqüencial en què cada necessitat és superior a l'anterior però en la qual cada una, alhora, no és possible satisfer si prèviament no s'ha consolidat la primera.

La piràmide de Maslow representa, doncs, una escala jeràrquica de necessitats que, a mesura que ascendeixes, millora la teva satisfacció i, conseqüentment, la teva felicitat.

Aquesta escala jeràrquica, des de baix cap a dalt, estableix que hem de recórrer sistemàticament un procés esglaonat que ens condueixi des de la satisfacció de les necessitats més bàsiques i primàries fins a les que, tot i ser més sofisticades, són absolutament imprescindibles per estar plenament satisfets; ergo, per ser plenament feliços.

Seguint aquest esquema, ens trobem amb una piràmide formada per cinc grans tipus de necessitats que, des de les més bàsiques fins a les més sofisticades, són: les fisiològiques, les de seguretat, les d'afiliació, les de reconeixement i, finalment, les d'autorealització.

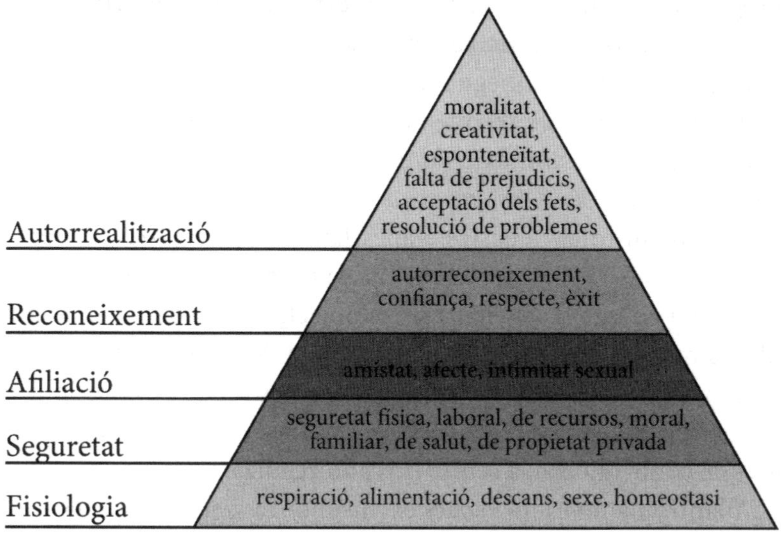

La primera necessitat bàsica que ha de ser assolida per l'ésser humà, la més essencial i més primària, sense la qual res és possible, té a veure amb les necessitats de tipus fisiològic: menjar, beure i dormir. Per assolir-les el govern d'una societat ha de garantir els fonaments perquè aquestes necessitats siguin satisfetes, o sigui, que entre altres coses haurà de garantir el dret a l'habitatge i una sèrie de recursos econòmics mínims que permetin l'alimentació, el sexe, etc.

La segona necessitat és la que determina que el Govern ha de garantir la seguretat de la gent. La seguretat física, la seguretat econòmica, la d'aconseguir un lloc de treball, la de garantir un sistema de salut efectiu i la de proveir unes lleis que donin seguretat a la iniciativa i la propietat privades.

Seguint en l'ascensió de la piràmide jeràrquica de Maslow, un cop ja hem pogut garantir les necessitats fisiològiques i de seguretat, la societat i els éssers humans estem en disposició de poder optar a assolir una necessitat més sofisticada, però no menys important, la necessitat de sentir i compartir afecte, la d'establir relacions d'amistat, la de cooperar i la de relacionar-se socialment. Per satisfer-la el Govern hauria de garantir l'harmonia social necessària, tant internament com externament, a més d'afavorir els instruments necessaris per construir-la.

En penúltim lloc apareix la necessitat de reconeixement, que, emfasitzant el caràcter jeràrquic de la teoria de Maslow, ja s'entén que és impossible aconseguir-la si abans no s'han establert relacions d'amistat o sentimentals. Ningú no pot reconèixer la teva feina o la teva aportació i és impossible que et sentis reconegut si abans no has compartit la teva tasca amb ningú. La necessitat de reconeixement pot ser interna o externa, per l'èxit i la feina ben feta. Tenir èxit, com veiem, no és només una cosa desitjable sinó necessària.

Finalment, quan totes aquestes etapes han estat cremades, l'estatus de felicitat màxima és el que ens permet assolir la necessitat de sentir-nos realitzats, un moment en què la felicitat, com a objectiu últim de tot ésser humà, apareix d'una manera lluminosa. Aquesta és una de les necessitats que cada cop sembla més indispensable per les societats més modernes. Els individus som cada cop més exigents i responsables. I moltes vegades és quan aconseguim fites que contribueixen a sentir-nos autorealitzats, que ens sentim més feliços. La filantropia no és un recurs exclusiu de la gent rica. *La Marató* de TV3, que abans ja he esmentat, és un reflex d'aquesta necessitat humana tan sofisticada i que ens allunya, gràcies a Déu, dels animals.

De fet, l'únic objectiu de treballar en política hauria de ser aquest: ningú hauria d'estar en política per menjar, ni per diners, ni per tenir èxit. Hauria d'estar en política per l'autorealització que implica treballar per una causa que et transcendeix com a persona. No vull fer una digressió ètica gaire llarga sobre un tema tan traumàtic per a Catalunya com és la corrupció. Però seguint el fil d'aquest esquema es pot comprovar com en els fonaments de les causes que han portat molts a caure en la perversió de la corrupció és precisament aquesta: no estar en política únicament i exclusiva per l'última etapa de la piràmide de Maslow.

Com veiem, la feina que tindria aquest hipotètic Govern de Catalunya que hauria de garantir la felicitat de la seva gent seria ingent. Hauria de garantir la satisfacció d'unes necessitats imperioses de la societat que ràpidament som conscients que mai no hem tingut de manera plena i menys de manera generalitzada.

Actualment, i en part a causa de la crisi econòmica, amb prou feines ens podem enfilar fins al segon graó: amb prou feines podem garantir la seguretat de la gent. No paguem els centres concertats, no podem garantir per sempre una assegurança de l'atur, no podem assegurar pràcticament res.

Segons aquesta teoria, tota la resta és, ara com ara, impossible: aquesta és una escala jeràrquica en la qual no pots assolir el següent nivell si no has consolidat el anterior. On queda l'afiliació, el reconeixement i l'autorealització? Certament molt lluny. L'objectiu, en l'statu quo actual, queda molt lluny. Ja s'entén que ningú pot sentir-se realitzat ni feliç per saber-se reconegut si passa angoixa per falta de seguretat econòmica.

I fixem-nos en una última lliçó que ens ensenya l'amic Maslow: el que realment diferencia els animals de les persones és que nosaltres somiem en el reconeixement i l'autorealització. Uns somnis que no tenen ni els gossos ni els gats. Si no heu tingut mai cap gos, pregunteu-li a un company que sí que en tingui sobre què és el que fa més feliç la seva mascota: probablement us dirà que, un cop s'ha atipat i s'ha assegut tranquil·lament al costat del foc, sense por que cap altre animal pugui molestar-lo, i li mostrem el nostre afecte rascant-li la panxa, és quan més feliç i confiat es mostra. Ja ho veieu: el que fa feliços els gossos són tres dels cinc graons de Maslow.

Tota aquesta reflexió al voltant de la teoria de la felicitat estructurada en un model teòric concret (podria haver-ne utilitzat qualsevol altre) només la justifico per emfasitzar que per assolir els objectius de la nostra empresa, Catalunya, calen encara molts esforços. No podem vendre promeses sense fonament i no podem mentir la població. La nova missió de Catalunya, per molt il·lusionadora que sigui, ha de tenir bases sòlides i ha de partir de premisses compartides.

És en aquest moment que els líders de la nostra empresa haurien de definir i concretar una missió. S'ha de poder, a més, escriure-la en tres o quatre ratlles i ha de motivar la gent. Però faig una advertència capital: descriure la missió, explicitar la visió i concretar els objectius és absolutament banal si després no despleguem el pla i l'estratègia per aconseguir-los. Estem segurs que els polítics fan això? O es limiten a mostrar-nos una missió i una visió descoordinades d'un pla d'acció polític? Quan fan això, massa sovint, el que venen és un somni, un simple somni que no és ni tan sols un succedani del que realment m'estic esforçant a explicar. D'aquesta confusió, la de barrejar la missió amb la visió, es generen anticossos en els menys mobilitzats. D'acord, m'estan venent la independència, però per a què?

Amb motius purament il·lustratius, us descric una missió que, òbviament, s'escapa dels objectius d'aquest llibre. Com deia a la introducció, no tracto de donar receptes sinó de construir un *frame* mental. Perdoneu-me, doncs, si considereu que les ratlles que vénen a continuació sonen a messiàniques o a presumptuoses.

La missió de Catalunya:

> Aconseguir la felicitat de la gran majoria de catalans a través del desenvolupament d'eines i iniciatives polítiques i econòmiques que garantiran la satisfacció de les seves necessitats bàsiques i de seguretat econòmica, de treball, de salut i de propietat com a preludi indispensable per a l'assoliment de les fites necessàries que s'aconseguiran col·legiadament (país i societat) i que ens faran sentir plens en termes d'afiliació mútua i germanor nacional, reconeixement internacional i autorealització personal i col·lectiva.

Com pot comprovar-se, aquesta missió respon clarament a la pregunta de què volem. No confon objectius amb mitjans per aconseguir-los. No creiem que la independència (o la dependència) sigui un objectiu en si mateix, per més que, *a priori*, ens pugui il·lusionar. La missió ha de respondre al dia després. I després què? Per a què ho volíem, tot plegat?

I el que és més important, si la missió és l'objectiu suprem, la fita més transcendent, per què ens costa tant definir-la? Potser perquè ens compromet massa? Però aquest és el tema central de la missió: el compromís ineludible. El compromís és el que motiva la gent a l'acció, quan, com veurem a continuació, està complementada per la constatació de com aconseguir-la (la visió).

Finalment, comparem aquesta possible missió amb una altra, de tipus empresarial, que Apple no té recança de tenir penjada al seu web:

> Ser un grup líder de solucions integrals d'informàtica en l'àmbit internacional, que proporciona als nostres clients serveis de gran valor, innovadors i

de classe mundial, a través del desenvolupament humà, i de l'aplicació i administració de tecnologia punta.

Apple no té cap por de definir una missió que parla de ser líders, que parla de ser líders al món, no de la comarca del Priorat. Que parla de *classe mundial* i que s'obliga al desenvolupament humà. Apple es compromet. Catalunya i els seus polítics també s'han de comprometre.

La Visió. Com? De quina manera?

La visió, encara que moltes vegades es confon amb la missió, respon bàsicament a aquesta pregunta: com garantirem la nostra missió? De quina manera ho farem? És una cosa que té a veure amb l'estil, amb la línia editorial.

> Catalunya serà un país de feliç i competitiu que, respectant escrupolosament les regles democràtiques i des de la plena sobirania, contribuirà amb èxit al desenvolupament occidental, mantenint la seva singularitat històrica i idiosincràtica i exportant els valors culturals i socials que la caracteritzen.

En aquesta possible visió ja hi ha indicis sobre la manera com aconseguirem aquella felicitat plena que anunciàvem a la missió. I explica també que aquesta felicitat s'aconseguirà en sintonia amb la resta del món, compartint valors i respectant les regles del joc democràtic. Catalunya i la vocació internacional han de ser indissolubles (per fi aquesta malaurada paraula agafa un tarannà positiu).

Per a Catalunya no ha de valdre qualsevol cosa per assolir els seus objectius. Emmirallant-nos en el Barça de Guardiola (per una vegada el futbol aporta alguna cosa a la societat), no es tracta només de construir un equip guanyador sinó un equip que guanya jugant bé i exportant els seus valors. Només en aquest cas, «el Barça et torna tot el que tu li dónes». Aquesta frase de Nike, emprada a les samarretes commemoratives de la temporada 2010-2011, resumeix a la perfecció aquest posicionament. No et torna només títols, sinó que et torna la passió i l'amor que tu diposites, durant tota la temporada, en el teu estimat equip.

Tornant a Catalunya, la visió ens ajuda a mobilitzar-nos vers un objectiu que no és individual sinó col·lectiu i solidari. És per això que s'ha de donar importància als valors, perquè han de ser compartits.

Quan, aquí sí, hi incloc, per fi, la paraula *sobirania*, ho faig deliberadament. A la visió aquesta paraula *HA* d'aparèixer. No es poden fer estratègies sense sobirania (compartida o no). No es pot estructurar una estratègia si depens de tercers que te la condicionen. Però també parlo de democràcia, d'Occident, de singularitat històrica i de valors. Però tot això encara queda lluny. Ho repassarem (i ho justificarem) quan parlem, al punt més central del llibre, de la nova proposta de valor de Catalunya.

Per acabar amb la visió, comparem, de nou, aquesta visió amb la que ens ofereix Apple també al seu web:

> Consolidar el lideratge d'Apple Inc. expandint la seva penetració als mercats en què opera per ser una de les empreses de creixement més ràpid i millor a escala mundial.

Ja ens parla del com. Ens diu que augmentarà la penetració (que és sinònim d'ampliar la seva quota de mercat i la seva distribució numèrica). Ens informa que pensa a créixer de pressa (això, al món de l'empresa, també és sinònim de comprar empreses i invertir). Però ens indica que a més pensa créixer de manera més efectiva, de manera relativa, respecte a com ho faran altres competidors (evitant temptacions de creixements amb peus de fang).

La visió i la missió, un cop establertes, ens donen la guia imprescindible per marcar els nostres objectius estratègics, que, un cop definits, ens permetran estructurar una estratègia i un pla d'acció. Això es fa d'aquesta manera, seqüencialment i respectant la jerarquia. No fer-ho així és garantia de fracàs.

Objectius

Quan parlem en termes de negoci, la definició dels objectius estratègics és una de les fites més crucials. En funció d'aquests objectius, es munta tota l'estratègia. I l'estratègia no és una cosa que es defineixi per a l'any que ve; les estratègies, al món de l'empresa, tenen una vigència mínima de tres o cinc anys.

Quan l'empresa és Catalunya, aquest horitzó temporal haurà de ser encara molt més llarg. Evidentment, els objectius hauran de ser a mitjà o llarg termini, probablement vàlids per a una generació sencera.

Cal notar que els objectius, encara que siguin cabdals, estan enmig d'un sandvitx que a vegades s'assimila a la famosa espasa de Dàmocles: per sobre tenen la missió i la visió i per sota l'estratègia. És tant com dir que els objectius pengen directament de la definició de què volem ser i de com volem ser i alhora condicionen tota l'estratègia competitiva de l'empresa.

Uns objectius estratègics mal definits donaran lloc, segur, a una estratègia equivocada. Uns objectius desalineats respectes del camí que ens hem traçat (desalineats de la missió i la visió) donaran lloc a una estratègia perfecta per arribar allà on no volíem i de la manera que no volíem.

És per això que, en el procés de concreció dels objectius estratègics d'una empresa, hem de vigilar dues coses: que siguin coherents amb la nostra visió i missió i que estiguin prou ben definits per facilitar una estratègia competitiva sòlida i efectiva que, alhora, contribueixi a aconseguir l'objectiu suprem que empara la missió. No serveix de res definir uns objectius alineats i coherents amb la missió i la visió si després determinen una estratègia impossible.

Perquè m'entengueu: si donem per bona la missió i la visió que abans he descrit, com veieu un objectiu estratègic de país com aquest: Catalunya assolirà l'Estat propi la tardor del 2013. I com veieu aquest altre: Catalunya ha d'aconseguir el consens del 100% del Parlament en totes les decisions estratègiques que prengui. Aquesta última consideració té més substància: segurament és possible fer una estratègia encaminada a aconseguir aquest objectiu, però el que és segur és que aquest objectiu no ens conduirà a la missió que perseguim. Perquè és impossible el quòrum absolut sobre un objectiu quan el que no es comparteix és la missió.

En el primer exemple veiem un objectiu mal definit que impedeix la concreció estratègica i en el segon cas, un objectiu mal definit que impossibilita la consecució de la missió i de la visió.

He d'advertir que, a partir d'aquest punt, un cop m'he mullat prou definint una possible missió i visió de Catalunya, tota la resta és una pura construcció hipotètica. Encomano als polítics i als agents socials que tan sols llegeixin els fulls que a continuació hi ha com a simples anotacions i idees. Idees que han de servir per reflexionar estratègicament i fer uns plantejaments viables i un pla de negoci engrescador.

Un cop feta palesa aquesta important asseveració (important per a mi, és clar), cal explicar com s'han de definir els objectius estratègics. De literatura al voltant d'aquest tema n'hi ha molta i de molt variada. Em permetré fer-ne un refregit escollint els ingredients i les característiques que considero més significatius.

Els objectius han d'orientar cap a l'acció. Els objectius han de motivar la gent. Sense motivació no hi ha acció. Sense energia no hi ha moviment. Les pedres no es mouen fins que no els donem una puntada de peu. I per xutar una pedra hem de tenir alguna motivació. I la motivació és una cosa molt subtil. La motivació és l'eina psicològica que fa que la gent s'aixequi del llit i faci coses. La gent deprimida ho està perquè no té motivacions; ergo, no té objectius a la vida. I en les societats no hi ha res pitjor que l'apatia i el desànim. Hem de definir uns objectius motivadors, il·lusionadors que apropin la missió i la visió als ulls de la gent.

Han de ser objectius que expliquin què has de fer i per què ho has de fer. No són objectius messiànics, en els quals l'origen i el perquè siguin indefinits.

Quan a un nen petit li exigeixes que es faci el llit, ràpidament et contesta: «Per què?». Tots els pares coneixem aquesta cançoneta dels «Per què» dels nostres nanos. I ens emprenyen molt. Els tenim odi perquè massa sovint no sabem com respondre-hi. Són objectius que exigim que es duguin a terme de manera acrítica. En aquestes condicions el nostre fill només es farà el llit sota l'amenaça de no jugar a la PlayStation. Tots sabem (o hauríem de saber) que les amenaces no són la millor eina de motivació.

Un exemple característic que les motivacions negatives solen ser menys efectives que les positives el tenim en l'esport. Cada vegada que un esportista competeix per no ser eliminat, acaba eliminat. Als Jocs Olímpics de Londres ho vam veure moltes vegades. Què és millor, la motivació de Guardiola o la de Mourinho?

«El llit l'has de fer perquè quan te'n vagis a dormir agrairàs tenir els llençols ben preparats i més temps per llegir el teu conte». És en aquest moment que l'objectiu *fer el llit* guanya sentit per als nostres fills i els orienta cap a l'acció.

A les empreses, objectius tan típics com «L'any que ve hem de créixer el 5%» sovint tenen respostes molt similars a la dels nanos de sis anys: «I per què?, què ho justifica?». «Hem d'assolir un creixement del 5% per no acomiadar el 50% de la plantilla». Millor, però amb una amenaça amagada que, com he argumentat, crec que no és la més ideal. «Hem d'assolir un 5% de creixement per garantir l'estabilitat de la plantilla actual i mirar d'incrementar-la en els departaments més estratègics de l'empresa que ens permetran assolir un creixement encara més gran que en anys anteriors». Aquest sí.

Fixeu-vos que sempre l'objectiu ha estat el mateix, el que ha anat canviant és la formulació per aconseguir l'orientació a l'acció dels treballadors.

Els objectius han de ser mesurables. Aquesta afirmació és sinònima de la que diu que els objectius han de ser quantitatius o, encara que siguin qualitatius, han de tenir un reflex quantitatiu. La xifra *uf* no existeix. «Quant he de pagar a Hisenda? Uf, molt». Poc seriós, oi? Han de ser objectius. Déu n'hi do, els objectius han de ser objectius, no subjectius. Com veieu, la mateixa paraula porta implícita la seva pròpia definició.

De la mateixa manera que no podem definir uns objectius argumentant que l'any que ve hem de créixer «un fotimer», tampoc no podem objectivar l'acció del nostre nano apuntant-li que «l'ordre és una virtut». Probablement la concepció de l'ordre al meu cap no és la mateixa que la que té la meva filla. Fer el llit és objectiu. Tenir ordre és subjectiu. Un fotimer pot ser un 1% per a un departament pessimista i un 15% per a un d'optimista (normalment aquests són sempre els de vendes, i els primers els de producció i logística).

Els objectius han de ser assolibles i reals. No serveix de res objectivar, quantificar un objectiu que expliqui el que s'ha de fer... si el que s'ha de fer és impossible. Demanar que una empresa en un mercat madur creixi a doble dígit, tal com estan les coses, no és un objectiu assolible. I un objectiu inassequible no només dóna lloc a estratègies equivocades sinó que desanima. No porta a l'acció. Encara que tinguem més moral que l'Alcoià, quan el Barça perd 7 a 0 al minut 30 de la segona part, se'ns en van les ganes d'animar i tan sols volem tancar la tele. Això no ho remunta ni el Madrid, amb ajudes arbitrals incloses. Demanar, en aquest moment, que els jugadors estiguin al 100% és demanar la lluna.

I no tan sols han de ser assolibles (encara que difícils), sinó que han de ser reals. No podem demanar coses que no es poden aconseguir o que no estan a les nostres mans. Quan una empresa es proposa dins el seu programa d'objectius canviar una llei que ella no determina, està fent aquest tipus de coses.

No és tan absurd el que comento. Conec casos reals en què l'explicitació dels objectius contenia arengues d'aquest tipus: «Aconseguirem derogar la llei tal per aconseguir pasqual». El *pasqual* de la frase anterior ens porta a un altre Pasqual, un que es va marcar un objectiu d'aquest tipus quan va presentar un Estatut (objectiu) que pretenia ser aprovat per les Corts espanyoles i que implicava la derogació (total o parcial) de la Constitució. Que la definim nosaltres, els catalans, la Constitució?

Els objectius han de poder seguir-se, se n'ha de poder fer un seguiment. Aquesta característica desitjable dels objectius és filla directa de la necessitat que els objectius que siguin mesurables. Posem l'exemple de les balances fiscals. La publicació de les balances fiscals no depèn exclusivament de la voluntat de qui necessita mesurar-les. Depèn d'uns tercers que potser poden estar especialment interessats en tot el contrari.

Aquesta afirmació amaga una altra necessitat: no només han de ser quantificables sinó que s'han de poder mesurar fàcilment i reiteradament. Sabem —l'empresa així ens ho demostra— que com més vegades mesurem la consecució parcial dels objectius, més bé motivem l'equip durant l'any. Si l'única mesura és la que es fa al final de l'exercici, quan tot és al sac i ben lligat, no només no podrem prendre mesures correctores sinó que ja haurem fet salat.

Altres vegades el que fem és complicar tant els objectius que els fem molt difícils de mesurar. I aquesta dificultat sol implicar desídia en el seu seguiment durant l'any, la qual cosa ens porta a no corregir el tret mentre aquest circula. Casos d'aquest tipus n'hi ha molts, i en política també.

Si basem un objectiu en la mesura i l'assoliment d'un determinat grau de satisfacció de la ciutadania, ens remetem, obligatòriament, a haver de fer una sèrie de mètriques que en demoscòpia són molt costoses (en temps i en diners). A més, solem tenir dubtes al voltant de la fiabilitat de les dades. És per tot plegat que aquest tipus d'objectius no són gaire recomanables, encara que reconec que en certs casos són indispensables.

No obstant això, si els polítics poden objectivar els resultats d'una manera fàcil, per què s'entesten a fer-ho difícil? No vull ni pensar que la raó tingui a veure amb la necessitat de facturar... a empreses de demoscòpia que potser, i només potser, els regalen un pernil per Nadal.

Si repassem els objectius que últimament ens estem marcant a propòsit de la reducció del dèficit fiscal i de les retallades, veureu que el dèficit de debò, més que el fiscal, és el que té a veure amb el dèficit de definir bé els objectius. S'utilitzen verbalitzacions amb càrrega negativa quan creiem que la motivació positiva és més encertada, es plantegen objectius de retallades que no en mesuren l'eficàcia, es presenten objectius impossibles... En fi, un drama.

Després d'aquesta ràpida definició teòrica respecte a les característiques desitjables dels objectius, caldria fer una última advertència. En aquest apartat estem parlant d'objectius estratègics, és a dir, dels objectius base que permetran definir una estratègia competitiva a la nostra empresa, Catalunya. És per això que no hem de confondre els objectius estratègics amb els típics objectius anuals que es fixen les empreses durant l'últim trimestre de cada any.

Dins del nostre mercat de referència, els estats i les nacions i les seves polítiques competitives, tampoc no hem de cometre el mateix error. No tenen res a veure els objectius estratègics de Catalunya amb els objectius de partit o de govern típics de legislatura. Per definició, una legislatura dura un màxim de quatre anys (si no hi ha eleccions anticipades) i quatre anys és un termini massa curt en el món de la política amb majúscules. Quatre anys són un termini llarg en el món de l'empresa i podrien constituir un horitzó temporal suficient per a la definició d'una estratègia d'aquest estil. Però no en el nostre cas.

Crec que, com a mínim, l'estratègia d'aquest producte que anomenem Catalunya hauria d'abraçar un període de tres o quatre legislatures i un mínim de quinze anys. Aquest és l'horitzó temporal necessari per canviar els defectes i les mancances de forta inèrcia que suporta l'estructura política del nostre país.

Els objectius estratègics defineixen polítiques de llarg termini que no poden estar supeditades a la dictadura partidista i a l'opinió pública i publicada. Convertir Catalunya en un país d'excel·lència (després ho veurem) requereix inversió en educació, en investigació i en estructures que les facilitin. Un pla d'infraestructures no s'executa en una legislatura i la reconversió de tota una indústria no s'enllesteix en un parell d'anys.

Fernand Braudel és un teòric de la història (historiografia) que va posar de moda el terme *la llarga duració*. Considerava, crec que molt encertadament, que l'evolució de la història no es produeix a partir de petits i curts esdeveniments polítics i socioeconòmics que se succeeixen l'un darrere de l'altre. Creure que la Revolució Francesa va tenir lloc per la pujada del preu del pa l'any 1789 és absurd. Els moviments de fons, tant teòrics com factuals, arrencaven des de l'alta edat mitjana. En la Revolució Francesa van confluir moviments tan dispars com l'humanisme, la Reforma i la Contrareforma i fins i tot els ideals del Renaixement, tres o quatre segles abans, que posaven l'home com a centre de l'univers.

De la mateixa manera, creure que la Diada de l'11 de setembre del 2012 és conseqüència de l'Estatut tombat del 2006 és tan naïf com el que acabo d'explicar de França. Quantes històries del catalanisme, que en alguns casos arrenquen del segle XIX, deuen haver influït per configurar un estat mental determinat que ha dut a l'actual moment polític del nostre país? Tampoc no és d'ingenus argumentar que la Diada és conseqüència del Corpus de Sang del 1640. És cert que no hi ha una relació de causa-efecte directa, però és indubtable que sí que n'hi ha d'indirecta.

La reflexió al voltant de la *llarga durada* és aplicable, parcialment, a les tesis que tot just acabo d'argumentar. No podem reconstruir i donar un tomb a la història de Catalunya si no fem plantejaments vàlids per als propers vint, trenta, quaranta i cinquanta anys. I això ho han de reflectir, d'alguna manera, els objectius estratègics de Catalunya. Cinquanta anys no són la *llarga durada* de Braudel, però sí que configuren el que ell mateix anomenava *durada mitjana*.

Els governs han de poder resistir la pressió curtterminista de l'oposició i de l'opinió pública. I això només és possible si hi ha una visió compartida. Cal que torni a parlar de la missió i de la visió?

Els objectius estratègics, finalment, els hem de diferenciar clarament dels objectius que es deriven dels plans d'acció. Aquests últims poden tenir la vigència d'un a cinc anys. Però són el que són: uns objectius subordinats als que acabo de descriure.

Si un objectiu estratègic és construir una xarxa que afavoreixi l'excel·lència investigadora en biomedicina en l'àmbit mundial, un objectiu tàctic pot ser incrementar la inversió en R+D+I un 15% en els pressupostos de la Generalitat de l'any 2013, un altre construir una universitat especialitzada en aquestes matèries i un tercer, per exemple, dotar de beques de recerca els millors universitaris.

Comença el màrqueting més popular

En la introducció he emfasitzat que el principal problema de Catalunya estava relacionat amb el màrqueting i amb la marca. He afirmat que problemes de definició dels marcs competitius de referència, d'inconsistència en la comunicació i de dèficits en la construcció d'una proposta de valor engrescadora són la causa del problema de Catalunya.

Fins a aquest punt pot semblar que no he parlat gaire de màrqueting. En endavant tot us sonarà molt més en aquest sentit. Però convé advertir que fins ara he parlat un munt de màrqueting. He parlat en termes de màrqueting estratègic. Per la meva formació i experiència penso (i no sóc l'únic que ho fa) que el màrqueting és el centre de les estratègies empresarials. Fer aquesta afirmació sol comportar força crítiques gens fonamentades. Deixeume primer que us expliciti les crítiques i que amb posterioritat us doni les meves raons de defensa.

Hi ha qui pensa (i no en són quatre) que el màrqueting és foc d'encenalls. Per fer-ho més gràfic, els anglosaxons tenen una manera més bèstia de dir-ho: el màrqueting és *bullshit*. Caca de vaca, diguem-ne. Que el màrqueting és una merda perquè s'oblida del producte, que és el més essencial. Que s'oblida de les operacions, que són les que garanteixen la fabricació viable i competitiva del producte. Que s'oblida de la innovació i el desenvolupament, del que sempre n'hem dit R+D i ara estem especialment obstinats a dir-ne R+D+I (com si la *r* de *recerca* fos alguna cosa diferent de la *i* d'*innovació*). Que s'oblida també de les finances i els recursos financers que possibiliten les inversions necessàries per fer els productes i els serveis que volem *marquetejar*. Que el màrqueting intenta vendre fum. Que el màrqueting és propaganda. Que el màrqueting és bla, bla, bla...

Podria passar-me línies i pàgines escrivint al voltant d'aquesta manera de pensar. Però no penso dedicar-hi ni una línia més. Tot això són bajanades, almenys ho són quan, de debò, expliquem què és el màrqueting en majúscules. Abans de fer-ho, però (com a contrapartida a la flagel·lació gratuïta que m'acabo de fer), deixeu-me, també, fer unes quantes preguntes que poden semblar retòriques però que no ho són. Són, en tot cas, capcioses.

Un producte o un servei, pel fet de ser-ho, té garantit un mercat? La innovació neix *from scratch* o parteix d'alguna idea prèvia? Els recursos financers són garantia d'èxit empresarial? Les operacions, les màquines, els robots i les línies hipermodernes de fabricació aporten cap valor per si mateixos?

No cal que m'escarrassi gaire a contestar-me totes aquestes preguntes. La resposta és, sempre, no. Un no tan rotund com el que ens va donar el Govern espanyol a la petició del pacte fiscal. La resposta és no perquè no tenen en compte una cosa que és prèvia a tot plegat: el consumidor o el client.

El màrqueting és la disciplina (pseudociència, si voleu) que analitza les necessitats dels consumidors per construir una proposta de valor que les satisfaci plenament. Si les necessitats són evidents, ocultes, inesperades, angoixants o inútils no hi té res a veure. Cap producte i cap servei triomfa si no acompleix aquesta màxima. Hi haurà qui argumentarà (no seré pas jo) que hi ha productes d'èxit que s'han inventat necessitats o que no en satisfan cap. Tant als uns com als altres els diré que la ignorància els fa atrevits.

Deixeu-me que exposi dos casos extrems. En el cas de la telefonia mòbil, ningú no tenia la necessitat prèvia de fer fotos digitals amb els mòbils. Pràcticament tothom qui avui té un *smartphone* amb càmera havia tingut abans una càmera rèflex o digital. I és ben cert que avui ningú no voldria tenir un telèfon mòbil que no tingués càmera incorporada. Segons alguns això voldria dir que ens hem inventat una necessitat: els telèfons amb càmera incorporada. Hem esclavitzat els consumidors fent necessària una cosa que era innecessària. Aquests d'Apple, de Nokia o de Samsung són uns negrers que utilitzen sibil·linament el consumisme, la societat de consum, per alienar-nos. Doncs, bé, això és una mentida i una mala interpretació alhora. El que la gent realment necessitava (i per això han triomfat els *smartphones*) era un aparell que englobés diverses funcions que satisfessin necessitats reals (estem d'acord que molta gent *necessita* fer fotos, oi?) i que facilitessin l'ús i la immediatesa. Efectivament, fer una foto amb el mòbil (que sempre portem a sobre) i poder compartir-la de manera immediata per WhatsApp o per correu electrònic satisfà una necessitat de comunicació que existeix des que l'home és l'home. Quan l'*Homo sapiens* de fa quinze mil anys dibuixava bous i cérvols a les coves d'Altamira, ho feia perquè volia comunicar-se i volia expressar-se socialment. Imagineu-vos un home d'aquella èpoques amb un *smartphone*. No l'hauria utilitzat?

L'empresari que va tenir la visió d'entendre que el telèfon mòbil havia de ser un instrument de comunicació i diversió i no un *simple telèfon mòbil* va ser, de nou, Steve Jobs. Amb la seva visió va percebre una necessitat oculta (i no inventada) de la humanitat occidental i va triomfar llançant l'iPhone.

Seguint amb l'exemple de la telefonia mòbil, posaré el segon exemple que desmenteix aquella afirmació del descregut del màrqueting que considera que hi ha productes d'èxit que en el fons no satisfan cap necessitat. Avui molts depenem físicament i psicològicament dels Angry Birds. No podem viure sense ells. I he de reconèixer que també jo era feliç quan no existien. Ara veig ocells que es multipliquen i gallines que caguen bombes pertot arreu. Busco tiradors i traço paràboles que milloren la meva efectivitat i mato sense pietat porcs de color verd que em miren amb cara trista mentre camino pel carrer... Però ben pensat, els Angry Birds i milers d'aplicacions per a mòbil que han fet immensament rics els seus creadors (i Steve Jobs, que en pau descansi, que s'enduu un 30% cap a la seva casa celestial), satisfan una necessitat molt primària, una que tan sols es troba entre el segon i el tercer graó de la piràmide de Maslow: és la necessitat de divertir-se i de compartir.

De totes maneres, amb l'ànim de ser una mica relativista i per disminuir el toc mitòman dels últims dos exemples, pensem que un iPhone té 264 vegades més capacitat de memòria que l'*Apollo 12*, i malgrat tot aquest va arribar (i en va tornar) a la Lluna i amb l'iPhone matem porcs amb ocellets.

No tingueu cap mena de dubte que quan inventeu, creeu o importeu un producte que satisfà una necessitat, triomfarà. Ho aconseguireu si sou els primers o els únics que ho feu o si ho feu amb la millor relació qualitat-preu del mercat.

També és cert que satisfer una necessitat és una condició *sine qua non* però no una condició suficient. Hi ha productes i serveis que satisfan necessitats, fins i tot grans necessitats, però que un altre quocient, el de preu-necessitat, dóna una ràtio massa elevada que els fa invendibles. Tots tenim necessitat de viatjar i conèixer Austràlia, però, a tres mil euros el bitllet, hi ha poca demanda.

O, encara més exagerat, a tots ens satisfaria navegar per Internet (aquí satisfer implica que ens semblaria fantàstic perdre només uns quants segons per baixar-nos música o pel·lícules) a 300 MB de velocitat real. Però la tecnologia que permetria navegar a 300 MB és encara massa cara perquè cap empresari cregui convenient comercialitzar-la. Canviant, de nou, de mercat de referència, tots sabem que per sortir de la crisi és necessari que ens aprimem, però potser caldria no acabar amb problemes d'anorèxia.

Amb tot aquest discurs, el que vull és assentar les bases del que avui es coneix com a màrqueting modern. Màrqueting no és només comunicació, que també, no és només *branding*, que també, no és tan sols publicitat, que també, no és tan sols *packaging* i logos, que també. Màrqueting és molt més. És, com deia abans, la disciplina que investiga els clients i els mercats i, en funció de les diferents disciplines que l'integren, concreta una proposta de valor atractiva per als consumidors.

He volgut començar per aquest prefaci per advertir que l'anàlisi de mercat, el DAFO, el mercat de referència, la missió, la visió i els objectius estratègics són màrqueting en estat pur. A partir d'ara, malgrat que al començament d'aquest nou capítol que de seguida encetarem encara ens mourem dins de l'àmbit del màrqueting estratègic, tot us sonarà molt més.

La primera part d'aquest apartat encara tindrà fortes connotacions estratègiques i de negoci. S'anomena estratègia de posicionament. Aquí començarem a parlar de marca i de producte, de valors tangibles i intangibles d'aquesta marca i d'aquest producte que es diu Catalunya. Quan hàgim definit aquesta *nova proposta de posicionament*, seguirem amb la part sovint més amable del màrqueting: parlarem de l'estratègia de les 4 P, de *brand management*, d'arquitectura de marques, de comunicació, d'estratègia de producte i fins i tot del que avui sona com a més nou, que no és sinó el màrqueting digital i el món del 2.0.

Abans de tot això, una última advertència. De manera desacomplexada i voluntària veureu que els meus textos estaran farcits d'anglicismes i de paraules i terminologia marquetiniana universal. No ho faig per pretenciositat ni perquè no existeixin alguns termes que tinguin traducció al català. Ho faig per millorar la comprensió. Perquè disposem de la terminologia que ens permeti fer recerques a la xarxa utilitzant els mateixos tòpics i, per què no, per donar certa modernitat a aquest llibre. Sense modernitat, amplitud de mires i visió cosmopolita, serà impossible sortir de l'atzucac en què es troba Catalunya.

Proposta de posicionament per a la marca Catalunya

A partir d'aquest punt utilitzaré pràcticament de manera sinònima els termes *producte*, *marca* i *empresa*. Quan vulgui fer èmfasi en el *producte tècnic* de Catalunya ja ho advertiré, però mentre no ho faci, *producte*, *empresa* i *Catalunya* són sinònims de *marca* i seran la mateixa cosa. Això és així perquè la teoria del posicionament estratègic es treballa de manera teòrica i pràctica dins d'una subdisciplina del màrqueting que cada cop té més importància. Una disciplina que s'anomena *brand management* i que parla de com gestionar marques producte, sense diferenciar-les substantivament, de manera estratègica i a llarg termini.

Una proposta de posicionament és exactament això, una proposta. Que sigui una proposta i no pas un fet consumat és molt rellevant i digne de ser explicat. El que fem els que ens dediquem a això, ho tenim molt clar: un cop hem detectat quins són els nostres consumidors *target* i hem analitzat a fons quines són les seves necessitats (físiques i psíquiques) els llancem una proposta. Només en el cas que els consumidors l'acceptin, la proposta es consolida. Dit d'una altra manera: la proposta de posicionament és l'ham amb l'esquer, i aquest esquer pot ser diferent encara que el producte físic sigui el mateix. Us poso un exemple que ens demostrarà com una proposta de posicionament pot tenir dos esquers molt diferents encara que utilitzin el mateix ham (un producte molt similar).

El Mini és un cotxe petit, tècnicament molt fiable perquè té motors BMW, que és, a més, la reedició del famós Mini anglès dels anys seixanta, raó per la qual té una estètica *vintage* o retro que construeix gran part de la seva proposta de valor. Quan BMW va llançar el cotxe, podria haver presentat la marca Mini com una marca nostàlgica, orientada cap a un consumidor conscienciat amb el consum urbà i el medi ambient i, per les seves pròpies característiques tècniques, molt adient per a un consumidor de *target* femení d'àrea urbana.

De fet, aquesta última definició és pràcticament idèntica a la que va fer Volkswagen amb el seu New Beetle, al seu torn la reedició de l'escarabat que Hitler va batejar com el «primer cotxe per al poble». Però Mini (BMW) no va fer res de tot això: va presentar el producte com una marca renovada potent, agressiva, singular i per a una tipologia de conductor, també urbà, però de perfil marcadament masculí.

No cal dir que ambdues estratègies (la del Mini i la del New Beetle) han estat estratègies d'èxit perquè s'han basat en propostes de posicionament que el consumidor *ha comprat*. Però la pregunta que vull fer-vos és: si sent els dos productes pràcticament idèntics (reedicions *vintage* d'automòbils mítics de condició urbana) haguessin utilitzat aquestes dues propostes de manera creuada, també haurien tingut èxit? És a dir, avui seria concebible que el Beetle el conduïssin homes amb pèl al pit i ulleres Ray-Ban i el Mini dones romàntiques *neohippies* amb ulleres rodones a l'estil de John Lennon?

Hi ha qui em dirà que el Beetle no té res a veure tècnicament amb el Mini. Però jo puc afirmar-vos que els dos cotxes bàsics de les dues marques són pràcticament idèntics. El fet que avui Mini disposi en el seu catàleg de models esportius anomenats Roadster, John Cooper Works o GT és posterior, i no previ, a aquesta estratègia que acabo de definir. El Mini bàsic té les mateixes prestacions tècniques que el Beetle bàsic.

Per concloure: el mateix producte pots posicionar-lo en el món de l'automòbil com a *amable i amb consciència* o *agressiu i individualista*. Dependrà de la visió i de la proposta de posicionament que l'una o l'altra acabi triomfant. I el que és més important, a vegades això no depèn determinísticament del producte que tens a les mans.

Que això és així i no admet discussió us ho certificaré amb un altre exemple molt més pròxim al nostre mercat de referència. La marca Qatar versus la marca Dubai. Ambdues marques representen productes molt similars: petits estats enriquits de manera extraordinària gràcies a la riquesa de recursos. Països autocràtics i mig occidentalitzats malgrat que arrosseguen una forta càrrega de messianisme islàmic. Països amb unes elits milionàries que necessiten i necessiten cada vegada més inversions foranes per evitar l'excessiva dependència que tenen del petroli (aquest, tard o d'hora, s'acabarà). Països, tots dos, que comunicativament parlant necessiten netejar la seva imatge perquè aquelles inversions de què parlàvem puguin justificar-se a Occident, encara que sigui d'una manera un punt farisea (recordem que els diners tenen de tot menys ètica).

Tenint dos productes gairebé idèntics, les propostes de valor que han sabut construir cadascun són força diferents. Un ha apostat per fer *cobranding* amb el Barça i aprofitar-se dels valors d'excel·lència que aquest club representa, a més de desenvolupar una línia aèria amb la qual tots nosaltres ens agradaria viatjar. Ha sabut també donar valor a una marca global que avui és capaç de competir amb la totpoderosa CNN, Al Jazeera.

L'altra marca, en canvi, no ha sabut construir una proposta de valor tan atractiva: la marca Dubai va estar en boca de tothom amb una crisi financera i immobiliària que gairebé la porta a la fallida. I això va ser perquè va bolcar tota la seva proposta en un projecte, el Dubai World (recordeu aquelles illes en forma de palmera?), que avui forma part del catàleg de desgràcies que exemplifiquen la crisi financera global. Ha estat notícia reiterada també per la mala praxi que empren en matèria laboral amb els seus jornalers d'origen pakistanès i indi.

Ja ho veiem: dos productes gairebé idèntics, amb necessitats de mercat molt similars. I ambdues propostes de valor poc menys que antagòniques. Una està triomfant i l'altra no. I per acabar-ho de rematar, aquest any la samarreta del Barça abandona el logo de Qatar Foundation pel de Qatar Airways.

És per tot plegat que la proposta de posicionament és una de les parts més essencials de qualsevol procés de revisió de màrqueting estratègic i de construcció de marca a qualsevol empresa. No només ha de ser compatible amb la visió, la missió i els objectius estratègics, sinó que te l'ha de comprar el consumidor. En el cas que no ho faci, només hi ha tres possibilitats: que la proposta no estigui ben treballada, que la visió sigui una al·lucinació o que la missió en sigui una de suïcida. Cal dir que això també passa. N'hi ha molts, d'il·luminats i de suïcides fent voltes pel món.

En el cas de la nostra empresa i de les seves marques, començar a definir una proposta de posicionament il·lusionadora capaç de mobilitzar els consumidors implica, en primer lloc, començar per definir quins són els seus atributs (adjectius qualificatius) i, sobretot, quins són els valors de marca que més voldríem destacar a l'hora de definir un pla d'acció que, entre d'altres coses, inclogués un pla de comunicació en tota regla.

El tema dels atributs i els valors de marca han generat tradicionalment molta literatura. D'atributs tots en tenim moltíssims, es tracta de destacar els que defineixen més bé no tant el que som sinó el que voldríem ser. Ha de quedar clar que aquest és un procés de definició estratègica que mira cap al futur i que tracta de capgirar la inèrcia d'una empresa que ha estat a punt de fer fallida. Si insistim de nou en els vells atributs de marca i de producte que ens han portat fins on som ara, només estaríem reescrivint una estratègia de fracàs.

Concretar una proposta de posicionament per a Catalunya farcida d'atributs i valors de producte i marca es fonamenta en una sèrie de procediments creatius que han de fer aflorar el millor o el més destacable. El *brainstorming* creatiu sol ser una d'aquestes tècniques o procediments, però no és pas l'única. N'hi ha moltes altres, però gairebé sempre es basen en la recerca del pensament lateral. El pensament lateral és el que no ataca el problema de manera tradicional.

D'això els anglosaxons en diuen pensar *out of the box*. Els teòrics de la sociologia parlen, en canvi, de l'alteritat. Conèixer l'alteritat, conèixer els altres, tenir l'empatia per intentar comprendre el que pensen i diuen els altres, és una eina imprescindible per a la comprensió, que, com diria de nou Jorge Wagensberg, és molt més que l'aprenentatge. Comprendre és aprendre amb empatia.

Totes aquestes tècniques, al camp del món empresarial i al nostre, el que hem acotat per a Catalunya, només tenen una única direcció: comprendre el client. Tenir empatia amb el que vol o desitja el consumidor. Indagar, treure *insights*, de l'alteritat. Els altres són els que no formen part de l'empresa. No pensem només des de dintre i amb la lògica dels de dintre. Sortim fora i pensem com els de fora.

En una sessió típica de *brainstorming* que hagués de treballar per començar a aflorar atributs i valors de la marca de Catalunya, haurien de participar-hi persones de tots els àmbits. De dins i de fora de l'empresa. Polítics i empresaris. Treballadors, votants tradicionals i immigrants. Si fóssim arriscats no seria cap idea descabellada incloure-hi algun radical *antitarget*: com veuríeu Pedro J. Ramírez? Això sí que seria fer cas de l'alteritat.

I la conseqüència d'aquest procés, emparat per la missió i la visió de l'empresa que ja haurien estat prèviament validades, seria la confecció d'una llista interminable d'atributs que caldria revisar críticament. No només en descartaríem alguns, sinó que també els classificaríem. Veuríem quins són atributs funcionals i quins són emocionals. Analitzaríem quins se sobreposen i quins no tenen el consens necessari.

A partir d'aquest moment faré una simulació d'aquest exercici amb l'únic propòsit d'il·lustrar el procés, sense pretendre en cap cas donar la recepta exacta de la que hauria de ser la nostra proposta final de posicionament.

Aquesta llista podria agafar noms com aquests, tots referits a Catalunya i barrejant, deliberadament, atributs funcionals i emocionals. Catalunya, als ulls de molta gent seria:

- Innovadora
- Creativa
- Treballadora
- *Premium*
- Amb sentit de pertinença
- Romàntica
- Respectuosa amb la tradició
- ...

En un exercici d'aquest tipus, com més fóssim, més riuríem, i acabaríem, segur, astorats de quantes visions acabaríem configurant d'un producte tan polièdric com un país.

Però en aquest cas caldria conduir aquest exercici cap a un objectiu primigeni: destacar els atributs essencials que aquesta marca hauria de tenir per fer factible la missió i la visió que ens hauríem marcat. Quan ho féssim, veuríem que el camp de definició s'acotaria. Ja no valdria tot.

Sempre explico que posicionar-se sembla molt divertit, però sempre explico també que té molt de risc. Posicionar-te implica renunciar. Implica descartar opcions i concentrar-se en d'altres. Si decideixo ser enginyer mai no seré arquitecte. Si Mini vol ser una marca agressiva no podrà llançar models romàntics (podrà fer-ho però serà inconsistent i la marca se'n ressentirà). Si Apple aposta per la funcionalitat, el disseny i la tecnologia *state of the art* no podrà llançar (no hauria de llançar) productes per competir dins de la banda baixa de la categoria malgrat que puguin robar-li quota de mercat. Si Moritz vol ser una cervesa amb ànima catalana no podrà aterrar a Madrid com una cervesa transvestida d'espanyolitat per guanyar quatre litres mal comptats. Això la perjudicaria en el seu mercat natural de la mateixa manera que un iPhone de cent euros trauria validesa a una marca icònica per excel·lència (mentre redacto aquestes línies sóc plenament conscient que Apple està treballant en un producte d'aquesta mena. No sé si farien el mateix en el cas que el seu fundador fos viu).

Normalment per aquesta raó l'exercici dur i rigorós que implica fer la reflexió estratègica del posicionament moltes vegades no es fa. Als empresaris (però sobretot als mals empresaris que gestionen algunes empreses) els costa molt posicionar-se perquè *a priori* no volen renunciar a res. Creuen que d'aquesta manera poden mantenir més opcions per al futur. S'equivoquen, això només és una il·lusió i una fal·làcia.

No posicionar-se significa no existir. Entendríem que el nostre fill mai acabés de posar l'ou al voltant de si vol ser metge o arquitecte i per aquest dubte existencial mai es matriculés a cap carrera? No ho entendríem, però això és el que fem molts de nosaltres amb les nostres empreses i amb les nostres marques. No volem que passi això amb Catalunya.

Segons això, si és veritat que la nostra missió és:

> aconseguir la **felicitat** de la gran **majoria** de catalans a través del desenvolupament d'eines i iniciatives polítiques i econòmiques que garantiran la satisfacció de les seves **necessitats bàsiques i de seguretat econòmica, de treball, de salut i de propietat** com a preludi indispensable per a l'assoliment de les fites necessàries que els faran sentir plens en termes d'**afiliació mútua i germanor nacional**, **reconeixement** internacional i **autorealització** personal i col·lectiva

i la nostra missió és:

> Catalunya serà un país feliç i **competitiu** que, respectant escrupolosament les regles **democràtiques** i des de la plena **sobirania**, contribuirà amb èxit al desenvolupament occidental, mantenint la seva singularitat històrica i idiosincràtica i exportant els **valors** culturals i socials que la caracteritzen

el que hauríem de fer és destacar quins valors es destil·len d'ambdues definicions. És per això que destaco en negreta les paraules clau: felicitat, majoria, riquesa econòmica, sentiment de pertinença, reconeixement, autorealització, competitivitat, democràcia i sobirania.

Segons això, la marca Catalunya serà un país feliç, amb riquesa econòmica, on la gent s'enorgullirà formant-ne part, rebrà reconeixement internacional per la seva feina i se sentirà a gust fent-la. I això ho farem des del respecte democràtic i amb sobirania plena.

Convé començar pel final: Catalunya només podrà assolir aquestes fites des de la sobirania plena i voldrà fer-ho democràticament de manera compartida i sense imposicions. Aquesta part de la visió implica, al meu entendre, una característica crítica: la marca Catalunya haurà de ser aspiracional.

Que una marca sigui aspiracional, s'entén força ràpid: és la marca que t'agradaria consumir tot i que encara no l'has comprada mai. Normalment perquè és massa cara i no la tens a l'abast. Ferrari és una marca aspiracional. Però també ho és Apple. Les marques aspiracionals ho són més pels atributs emocionals que no pas pels racionals.

En el fons, el que esperem d'un Ferrari no són els seus quatre-cents cavalls de potència sinó l'efecte extern que conduir aquest vehicle implica. Quan condueixes un Ferrari creus que portes un cartell a la mà que diu: «He tingut èxit». És això el que ens agrada d'un Ferrari, i no pas els seus cavalls. Quan obres el teu portàtil *ultraslim* d'Apple en un bar creus de nou que portes un cartell a la mà que diu: «Ei, nois, sóc un paio modern i innovador!».

Doncs bé, perquè la marca Catalunya sigui una marca aspiracional que aconsegueixi que tothom estigui orgullós de compartir-la i de treballar-hi, quins atributs de marca ens farien falta? Segurament molts, però jo en proposo un de concret: Catalunya és Europa. Catalunya s'emmiralla en Europa, s'inspira en Europa i pensa en Europa... Però encara més: és Europa i forma part integral d'Europa. Catalunya és una marca europea.

És ben cert que la marca Europa no ven tant últimament com solia fer-ho uns anys enrere. Darrerament ha patit força entrebancs i ja no és tan competitiva en el món global. Però també és cert que la marca Europa (i la realitat europea) segueix transmetent, per tots nosaltres, una imatge de modernitat, cultura i progrés de primer ordre.

No toca encara parlar de *co-branding*, però atribuint-nos el mot *Europa* dins del nostre posicionament més íntim, estem fent exactament això: apropiar-nos, per simpatia i simbiosi, dels valors que representa una altra marca. És evident que això no pots fer-ho si no hi ha una base certa. Catalunya és i ha estat Europa des de fa molts segles, de la mateixa manera que Moritz es vincula amb la marca de Barcelona perquè ha estat una cervesa nascuda, renascuda i gestionada des de la ciutat. De la mateixa manera també, Guinness és irlandesa i fa bandera d'aquesta realitat.

El que ja és una altra cosa (és opcional i forma part del posicionament de les marques) és que aquesta realitat la vulguis explotar o no. En el cas de Catalunya amb Europa i en el de Moritz amb Barcelona, és evident que sí. En el cas de Guinness, aquesta voluntat d'identificació arriba quasi fins al paroxisme. No sé si heu tingut ocasió de visitar la Guinness Storehouse a Dublín, però només em cal recordar que és una fàbrica museu més visitada que el Trinity College, la principal atracció turística de la capital d'Irlanda.

Ja tenim, doncs, un atribut de posicionament fixat per a la nostra proposta definitiva: Catalunya és una marca i un producte genuïnament europeus i amb voluntat de ser-ho.

Veureu més endavant que fixar un atribut en la proposta definitiva de posicionament no és pura retòrica. Implica treballar i fer moltes coses que demostrin que l'afirmació és molt més que un lema propagandístic. Es tracta de treballar l'atribut europeista de manera sistemàtica amb vista al futur.

Seguim avançant en la construcció de la nostra proposta de posicionament.

Si volem que Catalunya sigui una marca aspiracional i, per tant, compartida per la majoria i capaç d'atraure la majoria, haurem de buscar atributs transversals que la facin compatible i digerible per a gairebé tothom (de dins, s'entén). I la veritat és que això és difícil: Catalunya és un país divers, amb força contrast entre la seva capital i la resta del territori, amb diferències evidents entre la costa i l'interior, entre la vida urbana i la no urbana. El consens total és impossible.

No es tracta de buscar unanimitat però sí transversalitat. Atributs que compartim totes les classes socials, tots els estrats demogràfics i la majoria dels partits polítics. D'aquestes coses que podríem fàcilment compartir en destaco una altra: l'orgull dels catalans per la seva història i el seu passat.

Els catalans som gent normal que destaquem (sobretot dins la Península) per tenir un orgull profund pel nostre passat. Probablement si haguéssim estat un país normal, això no seria pas així. Però no hem estat mai un país normal.

La transversalitat d'aquest ingredient em sembla força evident i és per això que el destaco: orgull per la història i les tradicions. Fins i tot en els moments en què la tempesta de la dictadura s'arremolinava, cap als quaranta i els cinquanta, el fet diferencial català era capaç de sobreviure. L'excepcionalitat catalana ha estat percebuda, en positiu i en negatiu, per gairebé tothom. Perdre-la en aquest exercici de destil·lació de marca seria, crec, pervers.

Seguim.

Que Catalunya, com a marca, és catalana i parla català, és una evidència que fins i tot em fa sentir incòmode d'escriure-ho. No vull descobrir la sopa d'all. Si ho destaco aquí és per fer, en aquest procés de construcció, una exclusió. La catalanitat lingüística no és un fet tan transversal i s'explica més bé dins del valor de l'*excepcionalitat catalana* que acabo de descriure en el punt anterior. No convé posar-ho a la proposta, perquè aquesta, no ens n'oblidem, el que busca és la màxima capacitat de venda.

La catalanitat lingüística de Catalunya, sense menystenir la importància que la llengua té per construir un imaginari propi i una manera diferent d'entendre el món, ha de ser la conseqüència i no pas la causa del triomf de la proposta catalana. El català s'imposarà en una Catalunya sobirana per lògica cartesiana: els països parlen la llengua del poder. Contràriament, la imposició normativa prèvia, en un moment de redefinició del nostre mercat de referència, en un moment en què el que volem és convertir-nos en l'opció *mainstream* del mercat, pot ser percebuda com una amenaça per a molts clients potencials. I treure-li l'aspiracionalitat necessària.

En aquest procés de destil·lació és necessari fer una altra exclusió. Si hi ha una cosa que ha quedat clara en la meva exposició és que Catalunya no és Espanya. Són dues marques que, en el millor dels casos, poden complementar-se, però que en cap cas poden solapar-se de manera natural. Malgrat això, identificar la *no-espanyolitat* de Catalunya com a atribut és una cosa que no s'ha de fer mai. La proposta de posicionament s'ha de fer en positiu. No valen les propostes de posicionament que de manera explícita es defineixen per la negació. La negació està implícita en la resta d'atributs.

Després de dues exclusions justificades, toca destacar un altre atribut en positiu. Compartir la missió i el futur de la marca implica treballar en societat. Mai podràs formar part d'un club si no vols formar-ne part.

Catalunya ha de ser socialment activa, molt més que altres marques país que coneixem. De fet, el moviment associatiu és un fet diferencial de Catalunya que reconeixen fins i tot els que no ens tenen gaire estima. Quan la premsa de Madrid critica Catalunya, ho fa ponderant, en negatiu, la nostra capacitat associativa. Ells, òbviament, no ho expressen d'aquesta manera. Parlen de l'oasi català, de la tribu, d'actuar conjuntament com un ramat de xais obedients. Van criticar (i de quina manera) l'editorial conjunt de la premsa catalana en contra de la retallada de l'Estatut de la mateixa manera que ens ataquen sistemàticament per identificar el Barça amb Catalunya. I ho critiquen perquè saben (no són imbècils) que aquest és un dels punts forts de Catalunya: la transversalitat associativa del país.

Un sentiment i una actitud que es mostren de mil i una maneres, com, per exemple, amb la quasi unanimitat que hi ha al darrere de les polítiques d'immersió lingüística o al voltant d'institucions com Òmnium Cultural i l'Assemblea Nacional Catalana. Posem-la, doncs, a la llista de valors que construeixen el nostre posicionament: Catalunya serà una marca que treballa en xarxa associativa.

Passem a la part més crematística de la missió, la que afirma que serem rics. Catalunya serà rica i plena, com canta el nostre himne. De butxaca i d'esperit. Però, per ser-ho, haurem de ser competitius. Ningú no regala res en els mercats internacionals. No cal que us recordi que als catalans ens han qualificat (positivament en aquest cas) de treballadors. Aprofitem-ho. Catalunya serà un país treballador.

Però en el segle XXI no n'hi ha prou de ser treballador, has de ser un treballador que aporta valor afegit. El valor afegit és el que dóna la riquesa, i el valor afegit només pot provenir de la innovació i la creativitat. Catalunya, doncs, hauria de ser un país que destaqués per la seva capacitat de treball des de la innovació i la creativitat.

Comencem a construir el robot de la nostra proposta de posicionament:

- Catalunya és Europa (europeisme)
- Catalunya és un país orgullós de la seva herència històrica (*heritage*)
- Catalunya és associativa (xarxa)
- Catalunya és innovadora i creativa (competitiva internacionalment)

Catalunya té una capital que es diu Barcelona. A Barcelona se l'ha qualificat moltes vegades com la capital del sud d'Europa i fins i tot com la capital del Mediterrani. Catalunya ha de capitalitzar d'alguna manera Barcelona. Però això encara no toca. Amb el que vull quedar-me és amb el concepte *sud d'Europa.*

Aquest concepte, més que geogràfic, té una accepció un punt pejorativa. El sud (no em pregunteu per què) sempre ha aparegut en l'imaginari de la gent com la part pobra, vaga i subsidiada de molts països... Pensem en el sud d'Espanya, en el sud d'Itàlia o en el sud dels Estats Units. També en el sud de França.

Malgrat tot, a Alemanya i a Anglaterra aquesta regla no es compleix. El sud d'Alemanya té un dels länders més poderosos de tot el seu estat federal, Baviera, un länder que concentra bona part de la indústria automobilística i farmacèutica del món. A Anglaterra, la immensa àrea metropolitana de Londres es troba al sud-est de l'illa i no cal que us ponderi la importància econòmica d'aquest immens *hub*.

Als Estats Units, hi ha una altra frontera més enllà de la del sud i de la del nord: la de l'est i la de l'oest (la mateixa que, per raons històriques, impera a Alemanya). Quedem-nos amb el cas dels Estats Units. Ningú no dubta que el poder financer, econòmic i polític és a l'est dels Estats Units, en concret al triangle de Nova York, Boston i Washington. Però ningú dubta, tampoc, que el pol empresarial creatiu, d'innovació i d'excel·lència és a l'oest, a Califòrnia. Parlar de Silicon Valley i de la indústria del Nasdaq no ens retorna tan sols la imatge del Golden Gate i les lletres al turó de Hollywood a Los Angeles. Parlar de Silicon Valley és parlar de Microsoft, d'Apple i de les indústries més creatives i més innovadores del món (entre d'altres, la cinematogràfica).

I si Catalunya lluités per ser la Califòrnia d'Europa? I si Catalunya es posicionés (i treballés) per ser el Silicon Valley del Mediterrani?

Convertir el sud d'Europa en una equivalència de l'oest dels Estats Units té prou força des d'un punt de vista creatiu, però també té força arguments que ho justifiquen. El sud d'Europa inclou, entre d'altres, Espanya, Portugal, Itàlia i Grècia. Deixant de banda Portugal i Grècia (la crisi que viuen pot acabar definitivament amb aquests països), és indubtable que Espanya i Itàlia tenen coses a aportar a Europa. I al món.

D'Itàlia no cal que us aporti gaire informació: és un país creatiu i potent que és líder en sectors tan estratègics com els de l'automobilisme, la moda i la gastronomia. És, permeteu-me, el regne mundial del luxe democràtic. Hi ha centenars de marques italianes que competeixen mundialment en el mercat *premium* i creen un munt de riquesa: el Parmigiano Reggiano, el vinagre de Mòdena i els vins italians són exemples de la indústria gastronòmica. Ferrari, Lamborghini i Maserati ho són de la indústria de l'automòbil de luxe. I la llista de marques italianes del sector de la moda i els complements seria tan llarga que acabaria amb aquest llibre.

D'Espanya en podríem destacar moltes menys coses, però de la seva part més oriental, i sobretot de la que és objecte d'anàlisi d'aquest llibre, hi ha dotzenes de marques que competeixen exitosament dins de la indústria global del disseny gràfic, de la tecnologia mèdica, del turisme de nivell i de la moda *mass luxury*.

Si Catalunya s'esforça, des del sud d'Europa, cooperativament amb Espanya i Itàlia, per liderar una nova visió i un nou paradigma d'aquesta part del continent, tots en podríem sortir beneficiats.

Molts, en aquest punt, em titllareu de somiatruites, de venedor de fum. Però haureu de reconèixer que és impossible aconseguir una fita si no la somies. Catalunya, la Califòrnia d'Europa... Sona bé. Però és factible?

Quan Artur Mas va dir que hauríem de ser la Massachusetts d'Europa, no l'encertava gaire des d'un punt de vista de màrqueting estratègic. No es justifica en cap dels valors que Catalunya pot realment desenvolupar. Catalunya no té la capacitat de ser el motor econòmic i financer d'Europa que Massachusetts té per als Estats Units. Com a màxim, tenim universitats i centres formatius a l'altura del MIT (Massachusetts Institute of Technology), malgrat que a ESADE, IESE i EADA destaquen més per la seva excel·lència en màrqueting que no pas per la seva innovació tecnològica. Massachusetts és veïna de Nova York i orbita directament al seu influx.

No crec que aquesta visió es correspongui amb les capacitats reals del nostre país i, com abans afirmava, el que és més important de qualsevol visió és que pugui ser assolible. Per triomfar a la vida s'ha de somiar, però no es pot ser un somiatruites.

Deixem-ho aquí, però permeteu-me abans avançar algunes estratègies. Si és cert que les condicions climàtiques i la bellesa intrínseca de Catalunya i de la seva capital, Barcelona, són envejades arreu d'Europa, no creieu que en el cas que Catalunya fos capaç d'atreure el millor talent (creatiu, emprenedor, d'innovació i tecnològic) d'arreu del món, la promesa de la Catalunya californiana no començaria a ser una realitat? I que consti que volem ser Califòrnia, no Miami (sort que Adelson va decidir finalment anar-se'n a Madrid).

Catalunya, el pols creatiu d'Europa. Catalunya ha de posicionar-se i treballar per ser un *hub* de la creativitat i la innovació a Europa. Això no només és aspiracional, sinó que començaria a ser la base perquè les dues darreres parts de la visió acabin tenint sentit: reconeixement i autorealització. Però per sobre de tot, ser el pols creatiu d'Europa garantiria la necessitat que Catalunya triomfés econòmicament i permetés una riquesa que avui és escadussera.

Encara ens manca una part de l'equació, la que diu que Catalunya ho aconseguirà amb sobirania plena. Ja he insistit per activa i per passiva que la sobirania no és un objectiu sinó un mitjà per assolir la missió que ens proposem.

Però el que és ben cert és que, en les condicions actuals i futures, obtenir la sobirania necessària implicarà tenir la voluntat per aconseguir-la i la capacitat per exercir-la en el futur. De la capacitat no vull parlar-ne perquè és com allò del valor en el soldat, que diuen que se li suposa. Però de la voluntat n'hem de discutir. Voler la sobirania, aconseguir una sobirania que avui no tenim, implica haver de robar-la a algú altre. A França o a Anglaterra no parlen de sobirania perquè és seva des que França és França i Anglaterra és Anglaterra.

Si ens cal aconseguir la sobirania per poder posar en marxa la nostra visió, ens falta l'atribut final que completa la nova proposta de posicionament de Catalunya: la valentia i el compromís. Ser valent implica no tenir por, això és obvi. Però per perdre la por cal tenir molt clar el que es vol. El dubte, existencial o no, és un verí que ha matat moltes nacions al llarg de la història. La millor manera de no dubtar és tenir un compromís ferm amb el país i amb el que representa. D'alguna manera, el compromís és l'altra cara de la moneda de la valentia.

El tactisme, enemic del compromís a llarg termini, ha estat un atribut que alguns amb ànim de veure coses positives (per qualificar-los d'una manera generosa) on només n'hi ha de negatives han ponderat com una cosa extraordinària del que és i representa Catalunya. Com sempre en aquests casos cal parar l'orella al que diuen més enllà de l'Ebre. Quan hi lloen la nostra capacitat de pacte, de construir ponts, la nostra històrica voluntat de buscar consensos, cal estar, com a mínim, a l'aguait. Que la prudència no ens faci traïdors és el més suau que se m'acut dir.

Després d'aquesta llarga digressió sobre la construcció de valors que construeixin la nova proposta de posicionament de Catalunya ens queda l'esquema següent:

- Catalunya és Europa
- Catalunya té orgull del seu passat
- Catalunya és associativa
- Catalunya és innovadora i creativa
- Catalunya és la Califòrnia d'Europa
- Catalunya és valenta i compromesa

Voldríeu comprar la marca Catalunya si tingués aquests atributs? Probablement sí, però encara ens faltaria un eslògan. No hauria ser un eslògan publicitari (més tard en parlarem) però sí una descripció ràpida i curta que expliqués el que volem ser. Un eslògan (*claim*, en diuen en anglès) que descrigués la nostra visió prou clarament perquè fos capaç d'entendre-la fins i tot la nostra àvia. És una recepta casolana que, si funciona de debò, significa que el que funciona és la proposta. Quan ho hàgim fet, haurem llançat la nostra proposta de posicionament.

M'arriscaré de nou: **Catalunya, la síntesi de la vella i la nova Europa.** Catalunya serà el nou país, que, des de la sobirania plena, la valentia i el compromís, representarà l'equilibri entre la vella i la nova Europa que donarà prosperitat al món.

En aquesta definició, dues paraules engloben, com en una cartera de significats, molts matisos, matisos que defineixen els atributs que hem concretat més amunt: l'Europa moderna i la vella Europa.

Per a un americà, *la vella Europa* té un punt de displicència i una concepció essencialment pejorativa. Significa, per a ell, el fracàs d'un ideal. D'un ideal de solidaritat i socialisme que els Estats Units mai han volgut abraçar de manera decidida. Significa també una imatge polièdrica i mai gaire ben entesa de diferents nacionalitats, llengües i cultures que estan als antípodes de la realitat americana.

Tanmateix, no és del tot correcte afirmar que aquest ideal que esmentava més amunt, el que parla de solidaritat i de compromís social i polític, no s'hagi aconseguit del tot. Europa és sinònim de socialdemocràcia i estat del benestar. Encara.

La nova Europa ha de significar el blindatge d'aquell ideal quan, en competència amb aquest, hi afegim uns quants ingredients més: excel·lència, competitivitat i gana. La nova Europa és la que arrisca, que innova, que treballa... sense perdre la seva identitat. És, en si mateixa, la concreció d'una tercera via entre el model liberal que tan bé encarnen els Estats Units i els models d'arrel comunista i socialista que, l'un darrere l'altre, han fracassat estrepitosament.

La síntesi entre alguns dels principis bàsics de la socialdemocràcia i algunes de les idees força del liberalisme econòmic, sobretot les que parlen de l'esforç, l'excel·lència i la competitivitat, és la recepta màgica que farà que Europa segueixi sent Europa. L'abandonament de la vella Europa implica renunciar a alguns principis que fins fa poc semblaven intocables: l'estat no pot ser el garant del benestar de la gent de manera autònoma i acrítica. L'estat no té força si no té recursos. I els recursos no poden generar-se si els països no són competitius.

L'equilibri entre la competitivitat i la protecció social, com en qualsevol indústria dominada per l'oferta i la demanda, ha de creuar-se en el punt just en què es maximitzen ambdós objectius. Ni Espanya (ni tampoc Catalunya) pot garantir la protecció social de Suècia perquè senzillament la renda per capita espanyola (i catalana) no té el nivell de la dels nòrdics.

La nova Europa renaixerà si renunciem a la sobirania exclusiva i excloent dels estats europeus que la formen. Sense polítiques coordinades (en matèria legislativa, fiscal i econòmica) Europa està predestinada a desaparèixer. La nova Europa ha de rescatar el que és essencial, el que porta a l'ADN, però, alhora, ha de desprendre's de tot el que la llasta.

Identitat dins de la globalitat és un concepte que no només m'agrada sinó que el considero paradigmàtic. Europa és això: un mosaic de cultures que per tradició històrica i per voluntat decideixen configurar un ens superior que els permeti ser competitius dins de la selva de la globalització, preservant, alhora, les seves respectives identitats nacionals.

Catalunya, des de dins i des de fora, ha de ser percebuda com el petit país europeu que ha sabut fer els deures de la modernitat sense oblidar els seus orígens ni la seva idiosincràsia. Ha de ser un mirall d'Europa i no un vagó de cua. Ha de ser un petit país socialment solidari però rabiosament competitiu. El territori de frontera entre l'Europa del sud i la del nord, en la qual és possible l'equilibri entre la de la qualitat de vida i la de l'exigència de l'excel·lència. Sobirana però, alhora, corresponsable amb Europa i els seus veïns. El territori que lidera Europa i no se n'aprofita. Que assoleix les seves fites perquè és valenta i arriscada.

No voldríeu viure en un país així? No la compraríeu, aquesta marca? Doncs ara ve el que és més difícil: comunicar-ho i, sobretot, fer-ho. Com veureu més endavant, tinc un lema que repeteixo cada vegada que puc: les marques no són el que diuen sinó el que realment fan. Com afirmen els castellans, «obras son amores y no buenas razones».

Si fem que Catalunya sigui com la que acabem de descriure, tothom parlarà de nosaltres. I acabaran sent els altres els que ens descriuran com som. I no serem de cap altra manera que com voldrem ser.

Molècula de marca

Un cop hem fixat una proposta de posicionament per a Catalunya, ens caldria encara una destil·lació més selectiva. D'això en diem *molècula de la marca* i, com en els millors *whiskies* de triple destil·lació, s'extreu el que és més genuí de la proposta de posicionament. Fer això és entrar decididament en el món del *branding* més pur i més modern. La molècula de marca de Catalunya hauria de tenir aquests tres ingredients:

- Una marca que destil·la tradició i modernitat
- Una marca social i solidària
- Una marca valenta i sense aversió al risc

La marca Catalunya lidera la concepció antiga i moderna d'Europa, la que posa l'accent en l'orgull nacional i la tradició històrica, el respecte per la diversitat i l'equilibri social. Catalunya no només està orgullosa de ser una part central d'Europa, sinó que treballa per tirar Europa endavant i perquè recuperi el lideratge tècnic i moral d'Occident. Ho fa des del sud d'Europa mirant cap al nord, tal com la seva configuració geoestratègica suggereix, i ho fa amb la participació activa dels seus ciutadans i amb el grau de compromís i valentia extraordinari que aquest lideratge exigeix.

El pla de negoci

La part més feixuga de la feina ja està feta. Hem analitzat a fons el nostre mercat de referència, hem definit i identificat competidors, productes alternatius i amenaces de l'entorn. Ens hem radiografiat a consciència, destacant el que és bo i el que és dolent de la nostra realitat. D'acord amb tot plegat hem definit una proposta de posicionament i una molècula de marca que ens serveixi de *roadmap* per al futur.

De la mateixa manera que quan els emprenedors busquen fonts de finançament als bancs, a empreses de capital risc i a possibles inversors individuals, porten sempre un Powerpoint sota el braç (o dins el portàtil) en el qual es descriu amb detall el *business plan* del seu negoci, a Catalunya hauríem de ser capaços de fer el mateix. No tant per buscar fonts de finançament (en els països aquestes coses funcionen de manera diferent) com per buscar nous compradors de la nostra proposta.

Fer un *business plan*, a hores d'ara, tal com el solen fer els emprenedors, és massa difícil. Aquest instrument sol incloure una descripció detallada del negoci, una anàlisi exhaustiva de possibles competidors i unes treballades hipòtesis de venda. Al final de qualsevol d'aquests exercicis s'hi annexen uns quants Excel amb comptes d'explotació provisionals, un pressupost de tresoreria i un balanç orientatiu.

El *business plan* que ara us proposaré no és d'aquesta mena. És un avantprojecte de l'estratègia que amb posterioritat descriurem. És un exercici que descriu més el model de negoci que no pas el pla de negoci. Quan parlem de model de negoci, en contraposició a un pla de negoci, posem molt més èmfasi en el que ens diferencia de la nostra competència i en el que ens fa únics. Descriu quins són els punts en què podrem concretar una proposta diferent que triomfi al mercat.

Per fer-ho, s'analitzen els nou elements clau de qualsevol negoci, que són aquests:

- Segments de mercat
- Proposta de valor
- Relació amb els clients
- Activitats clau
- Aliances estratègiques
- Recursos clau
- Estructura de costos
- Canals de distribució
- Fonts d'ingressos

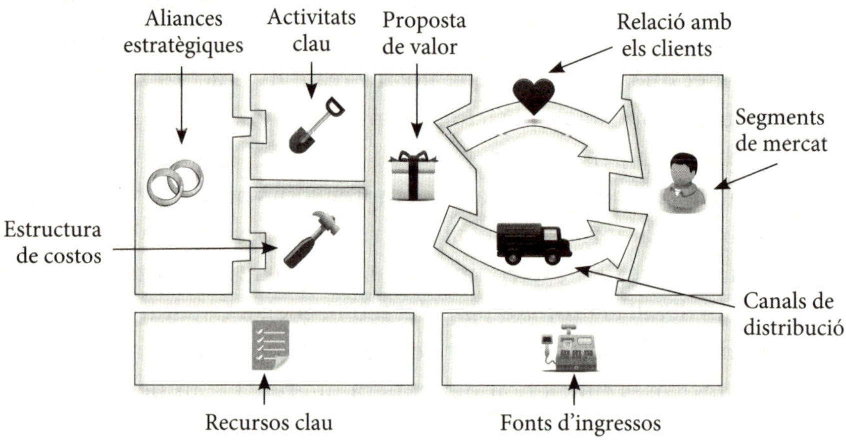

Per a l'elaboració d'aquesta anàlisi he utilitzat un model patentat que proposa un llibre de gran valor per a tots els que treballem en la indústria de la creació de valor. No és un llibre per a marquetinians ni un llibre per a financers. És un llibre per a emprenedors. S'anomena *Business Model Generation.* Us n'he parlat al primer capítol. És un llibre que fa una reflexió crítica respecte al que fa que certs negocis tinguin èxit. Explicita que la majoria de negocis i marques que triomfen ho fan perquè excel·leixen en un o més d'un d'aquests nou elements que acabo de llistar.

Prefereixo oferir-vos una mirada ràpida a les nou forces esmentades abans d'entrar en detall en cadascuna d'elles, amb exemples que espero que siguin prou significatius.

Hi ha marques i negocis que triomfen perquè han sabut segmentar els seus consumidors de manera diferent. Inditex n'és un bon exemple. Va veure, anticipant-se a tothom, que la moda era molt més transversal del que semblava. Va trobar nous consumidors (i en va reciclar molts d'altres) amb una xarxa molt àmplia de marques que satisfeien necessitats diferents. Zara, Bershka, Stradivarius...

Hi ha marques que triomfem perquè han fet (o han canviat, com en el nostre cas) una proposta de valor que ja estava mig esgotada al mercat. Un exemple clàssic és el de les empreses aèries de baix cost, que van saber veure, abans que ningú, que hi ha molta més gent a qui li agrada viatjar que gent a qui li apassioni volar. Posar en valor el destí per sobre del viatge és una experiència de màrqueting que sempre m'ha impressionat. Prendre una Coca-Cola i uns cacauets gratuïts feia impossible la democratització del turisme aeri. Ryanair s'ho va carregar. Paga poc i pren-te cinc o sis quilos de cacauets quan arribis a Roma, si vols. Compareu aquesta visió amb la que ens transmet la sèrie *Pan Am* de TV3: tot el glamur del món de les companyies de bandera, amb hostesses de vol magnífiques i capitans galans que enalteixen l'experiència dels vols aeris. No és casual, però, que Pan Am, la línia aèria protagonista de la sèrie, faci dècades que va desaparèixer.

Altres negocis destaquen per haver estructurat una innovadora manera de relacionar-se amb els clients. Les empreses del món *on-line* en són el paradigma. Ja no anem a cap agència de viatges quan ens pica el cuc de les vacances. Ens connectem a eDreams o a Lastminute i ens creem el viatge a mida. No sol fallar res: les reserves funcionen i el servei postvenda també. I tots contents perquè la comissió la paguen els majoristes, no pas nosaltres.

N'hi ha molts que fonamenten la seva diferència destacant, per sobre de la resta, en una activitat clau. Ningú millor que Ikea per fabricar mobles de disseny a preu de *mercadillo*.

També hi ha negocis que s'han revolucionat per haver estructurat una relació de *partnership* innovadora. D'aquests n'hi ha molts exemples, però a mi m'agrada destacar el que va saber fer Nestlé amb Nespresso, conjuntament amb el fabricant de cafeteres *premium* Krups. O la que va fer la mateixa Nestlé amb Coca-Cola per inventar-se el Nestea.

Alguns negocis triomfen perquè controlen, millor que cap altre, un recurs clau. Que l'hi preguntin a De Beers, que quasi monopolitza el mercat internacional de diamants.

Altres han hagut de capgirar la tradicional estructura de costos per ser competitius. Això és el que va fer el famós (almenys ho era quan jo estudiava) López de Arriortúa quan va advertir que les empreses del sector de l'automòbil havien de collar molt més les empreses fabricants de components perquè el preu de venda del cotxe havia deixat de ser una variable controlable per part de les marques per passar a ser una exigència de la demanda. Si per un cotxe el mercat només està disposat a pagar quinze mil euros, el fabricant se les haurà d'enginyar per reduir costos fins que siguin, a més del marge de benefici, iguals al preu de venda.

Hi ha indústries, empreses i marques que han sabut revolucionar-se per innovar en la consecució de noves fonts de finançament. Empreses que, per exemple, han utilitzat el *crowdfunding* per poder llançar-se al mercat. Us recomano investigar molt més sobre aquesta tècnica, clau per a molts emprenedors que no tenim ni un duro per invertir. Kickstarter és una d'aquestes companyies especialitzades en *crowdfunding* tecnològic que sorprèn per la quantitat i qualitat de projectes que disposen en cartera, de qualsevol part del món.

I moltes altres, sorprenentment, han trencat el model de negoci tradicional trobant noves fonts d'ingressos abans inimaginables. És el cas d'Amazon, una empresa que guanya quasi tants diners en la seva activitat tradicional de venda *on-line* de llibres com llogant capacitat sobrant dels seus superservidors informàtics que necessiten per a la seva infraestructura tecnològica, llogant-lo a terceres empreses.

A partir d'ara descriurem aquests nou punts en el cas de la nova proposta catalana. Veureu la importància capital que tenen dos d'aquests nou punts, els que fan referència a la proposta de valor i els que fan referència a la segmentació de clients.

Segments de mercat

Abans ja hem suggerit quins eren els grups de consumidors o *targets* que havien de dirigir l'estratègia de la nostra empresa. Més endavant us presentaré un capítol en què, a col·lació de l'estratègia de màrqueting, analitzarem a fons les tàctiques possibles per atreure els segments estratègics que ens faran triomfar. En aquest apartat, però, només vull fer èmfasi en el fet que el producte de Catalunya ha de ser venut (i comprat) al mercat de masses. Estem parlant d'un producte *mainstream* líder, no d'un producte nínxol.

Una cosa és que estudiem els diferents *targets* que formen el mercat global per afinar els missatges i el disseny del producte, i una altra és no entendre que, només en el cas que una gran majoria de catalans accepti la proposta de valor, aquesta podrà triomfar.

La proposta de valor d'aquesta nova estratègia només pot tenir probabilitats d'èxit en un escenari en què tothom que ho vulgui pugui participar-hi. Perquè és la participació la que garanteix que la proposta de valor tingui, realment, valor.

Per aconseguir-ho, la proposta de valor catalana s'haurà de democratitzar. En les meves conferències sempre parlo del concepte de *democratització*, que en el meu argot significa la suma de l'assequibilitat i de l'accessibilitat. La proposta catalana també ho haurà de ser. Haurà de ser pertot arreu i haurà de ser fàcil de comprar. Quan desenvolupem l'estratègia de comunicació, veurem com.

Proposta de valor

La proposta de valor és essencialment el que nosaltres venem. I recordeu que no venem productes, venem promeses de felicitat. Això no ho ha de fer només Catalunya, això ho fan totes les empreses d'èxit.

Penseu amb BMW. Ven cotxes? O ven il·lusions? Recordeu la campanya *T'agrada conduir?* No recordo que les campanyes publicitàries al voltant d'aquest tema mostressin cap producte. El producte només s'intuïa a través de la finestreta de la qual sortia una mà que cavalcava en l'aire mentre el cotxe es desplaçava. Venia la idea de felicitat del temps lliure gaudit quan saps que ets un guanyador. Quan la teva preocupació és simplement conduir i deixar volar la teva imaginació és que has triomfat a la vida. Ets feliç i, de nou, ets al capdamunt de la piràmide de Maslow. Tinguis o no calés.

Aquesta és la idea. I aquesta és la proposta de valor que ven BMW. La proposta de valor de Catalunya, el que nosaltres hem de vendre, és la il·lusió de pertànyer a Catalunya. A una Catalunya que es defineix i es posiciona de manera clara i amb un horitzó lluminós. Hem de vendre un país des del qual tindràs l'oportunitat de liderar Europa respectant i valorant la teva identitat. Si ets un fan d'Europa, si ets un fan de Catalunya, compraràs aquest producte.

Ara em ve al cap aquell eslògan brillant (per bé que no m'agrada gaire el producte que ven) que deia, «*Ser español es una responsabilidad*». Era aquell anunci (crec que de San Miguel) en què es veia Pau Gasol molt concentrat i vestit amb la samarreta de la selecció espanyola abans de començar un partit que, se suposava, era decisiu. Què ens venien aquells publicitaris? L'Espanya del toro, l'Espanya de la festa i l'Espanya de la pandereta? No! Ens venien una

Espanya que lluita per triomfar, que es treu estigmes respecte a molts dels seus defectes.

Una altra cosa (i és aquí on hi ha la crítica) és que les marques són el que fan i no el que diuen que són, com ja us he advertit força vegades. Espanya no és Gasol, els valors reals d'Espanya disten molt dels que representa Pau Gasol. El que és ben cert és que San Miguel fa un exercici diàfan d'apadrinament amb Espanya (de *co-branding*, en diríem els més tècnics). Si no us encaixa, només heu de recordar una altre spot, aquell del *Paquito el chocolatero*.

«*Potencia sin control no sirve de nada*» era l'eslògan exquisit de Pirelli en què advertia de la falta de consistència d'un cotxe mal calçat. I un missatge sense el suport de la realitat, tampoc serveix de res. D'això se'n diu ser un gegant amb peus de fang. La proposta de valor de la marca Catalunya ha de quedar blindada si la marca (el país) actua amb coherència i consistència amb la proposta de valor que defensa.

També es pot analitzar la proposta de valor que fem des d'una altra perspectiva: la d'analitzar quin valor afegit real aporta, exactament de la mateixa manera que abans hem fet amb Espanya (comoditat i conveniència).

Aquest valor afegit, segons les teories de màrqueting més modernes, pot provenir de deu possibles vectors clarament diferenciats: pot aportar una novetat, una millora del rendiment, una personalització de l'oferta, una promesa d'excel·lència, un producte de disseny, una nova marca, una reducció de costos, una reducció de risc, més accessibilitat o una utilitat i comoditat més grans.

Comencem pel principi, doncs: estem venent una novetat? En part sí i en part no; la necessitat de Catalunya de definir un pla de ruta i de forçar la reflexió estratègica respecte a on anem i d'on venim, té almenys tres-cents anys. La nostra proposta, que hem definit abans, és una novetat en la forma, però no en el fons.

És una novetat perquè, per primera vegada, podríem fer una proposta de futur que es fonamentés en la sobirania plena i amb una màxima exigència d'excel·lència. En la no-dependència ni submissió a un projecte encotillat. No ens oblidem (ni volem fer-ho) de la interdependència que obligatòriament haurem de mantenir amb Europa, però és força evident que no significa el mateix dependència que interdependència.

La segona opció és preguntar-nos si la nostra proposta de valor ven o no una millora de rendiment. No cal ser gaire agosarat per afirmar que la millora de rendiment és un objectiu implícit en l'esforç estratègic que estem fent.

Una millora de rendiment que ha de palpar-se físicament i emocionalment. Físicament perquè ja hem exterioritzat la necessitat d'augmentar la riquesa neta del nostre país. Sense recursos és impossible construir una proposta de valor atractiva. I emocionalment també s'ha de veure com una millora perquè ens esglaiarem el dia que siguem capaços de comptabilitzar la riuada d'energia malmesa que ens ha suposat un enfrontament estèril que ja fa segles que dura. La ineficiència de tant argumentari, per part de gent extraordinàriament valuosa, a l'hora de justificar posicions que se justifiquen soles, no tan sols ha estat un malbaratament en temps, sinó també en energia emocional, que ha esgotat parcialment la capacitat creativa necessària per a temes molt més importants per al país.

La tercera opció de catalogació de la proposta de valor és preguntar-nos si aquesta serà millor perquè serà més personalitzada. La resposta és unívoca. Sense personalització és impossible el compromís individual i comunitari que necessitem per tirar-la endavant. Personalitzar la proposta significa acostar-se al consumidor. Entendre'l i fer-li un vestit a mida.

La quarta font de diferenciació de la proposta de valor parla de l'excel·lència. Serà excel·lent la nostra nova proposta? I tant que sí! Però, un producte de masses pot ser un producte d'excel·lència? Hi ha molts exemples a la vida empresarial que així ens ho demostren. Sense anar més lluny tenim el cas d'Ikea i, de nou, el d'Apple. Productes que no han renunciat a la perfecció, tot i que aporten un valor tan alt que els fan accessibles i assequibles a la majoria de la classe mitjana.

Cinquena reflexió: estem venent un producte de disseny? Sí. Hem d'entendre el disseny com la qualitat que millora l'ús i l'experiència del producte. Evidentment que no ha de ser un producte proposta de valor amb disseny superflu. No hem d'emmascarar l'oferta. Però serà un producte pensat per maximitzar la felicitat amb el seu ús, cosa que implica, invariablement, un disseny molt ben pensat.

La sisena possible font de diferenciació de la proposta de valor ens pregunta si venem, també, un producte *de marca* que genera estatus. També és cert. No és l'única raó, però abans explicàvem que la necessitat de compromís es fonamenta en el sentit de pertinença i en l'orgull d'anar pel món amb aquesta marca a sobre. Formar part de la nova Catalunya ha de ser com portar un Rolex o conduir un Jaguar.

Entrem a la part més crematística. La nova proposta suposa una reducció de costos? Si la proposta que estem construint des de fa moltes pàgines fos un cotxe i no un país, el cotxe, a més de ser més bo i més maco que l'anterior, hauria de consumir menys.

És evident que una de les raons per les quals som on som és la situació financera asfixiant que ens ha provocat la crisi econòmica global. També és evident que la fatxenderia del Govern espanyol en negar-nos els recursos que nosaltres mateixos generem és una altra de les causes.

El nou producte, la nova proposta, gastarà menys recursos perquè senzillament no els malbaratarà. En això també consisteix l'excel·lència. No es tractarà de retallar en despesa i inversions. Es tractarà, tan sols, de racionalitzar-les. Si em permeteu, Catalunya és una llar que, en els últims trenta hiverns, ha encès la calefacció amb les finestres obertes. Davant de la crisi, del que es tracta no és de suprimir la calefacció sinó de tancar les finestres. Doncs això, més racionalitat i més inversió social allà on calgui.

La vuitena possibilitat gira al voltant d'analitzar si la proposta de valor implica, a més, una reducció de riscos. La resposta és no a curt termini i sí a llarg termini. És evident que a curt termini les turbulències seran màximes i la imprevisibilitat important. La crisi, el canvi d'estatus, la reacció de la competència, impliquen un cert risc. Qui no entengui, però, que el canvi comporta risc, no cal que pugi al vaixell.

Probablement encara viuríem a l'edat de pedra si la humanitat no s'hagués arriscat. Ho va fer quan va decidir baixar dels arbres, ho va fer quan va descobrir Amèrica i ho va fer també quan va arribar a la Lluna. Però hem de tenir l'esperança (i el convenciment) que la proposta minimitzarà els riscos en el futur, a mitjà termini.

En novena posició hem de preguntar-nos si la nostra proposta tindrà èxit per ser una oferta més accessible, pregunta davant la qual hem de convenir que precisament la clau són la participació i la implicació. La proximitat al centre del poder millora la presa de decisions i afavoreix la capacitat d'influència. No és el mateix tenir el centre de decisions a sis-cents quilòmetres que a cent cinquata. I més quan la distància es multiplica exponencialment a causa de les diferències ideològiques. Un dels avantatges clau que hem de saber vendre als ciutadans és que l'accessibilitat a una Generalitat plenipotenciària farà millorar el dia a dia de la gent. No parlem en termes retòrics, parlem de realitats tangibles.

Finalment, una última reflexió: la nostra oferta triomfarà perquè en el fons és una proposta més còmoda? Facilitar les coses a la gent i fer-les més pràctiques ha estat una de les fonts d'innovació empresarial més comunes.

Pensem en l'iPhone: hi ha res més còmode? Telèfon, música, fotos i vídeo en un sol aparell, amb un sistema operatiu intuïtiu que no requereix manuals d'ús. Sí, l'oferta catalana serà molt més còmoda. Podrem trucar, gravar i fer fotografies quan i com vulguem. Avui, l'única opció còmoda que tenim és Espanya. Però ja hem advertit que aquest és el seu únic avantatge competitiu.

Activitats clau

Quines seran les activitats clau que haurem d'exercir perquè la nostra proposta de valor (la nostra proposta de posicionament) sigui efectiva? D'això en parlarem en tota la part final d'aquest llibre, que es correspon amb el desenvolupament i la implementació de tot el pla estratègic.

No obstant això, ja podem avançar algunes pistes: la primera activitat clau serà exercir la sobirania. I aquí és on reblo el clau: la sobirania no és un objectiu suprem, no és res que tingui a veure amb la missió. I en part tampoc és estrictament *la visió*. La independència i la sobirania són una activitat clau que es reflecteix, només en part, a la visió. És per això que si el que cal és assolir la independència perquè s'identifica amb una activitat clau del nostre *business model*, l'assolirem. Si Espanya accepta posar-se a la nostra cua, també. Res del que estem definint aquí de manera il·lusionadora ho podrem fer amb l'actual relació que tenim amb Espanya.

Només hi ha una alternativa a la inevitable independència: la cocapitalitat de Barcelona. El concepte de cocapitalitat des d'una Catalunya federada amb Espanya per voluntat pròpia podria ser una solució alternativa a la sobirania plena. Però em temo que això és fins i tot menys acceptable per part del Govern espanyol i pels *lobbies* de poder a Madrid que la independència més crua i més unilateral.

La segona activitat clau que hauria de treballar Catalunya té a veure amb la seva condició europea. Ser Europa no és *estar* a Europa. Implica creure en Europa. I creure exigeix mentalitat, mentalitat, mentalitat... A l'estil d'en Juliana. Hem d'aconseguir que el 100% dels nostres ciutadans es creguin i practiquin aquesta màxima. Ser europeu significa treure's l'estigma del sud. No ens dediquem ni al turisme ni als serveis primaris (malgrat que també hàgim de mantenir-los). Ens dediquem a la creació de valor, no a fabricar productes *mainstream* de baix cost i marques blanques.

Si fem rentadores haurem d'aspirar a fer les millors rentadores. Si la mitjana d'inversió estatal a Europa en R+D+I és del 5%, la nostra haurà de ser del 7%. Si els nivells de protecció social són un estàndard a Europa, nosaltres els hem de millorar. Si Europa exporta un 25% del PIB a la resta del món, les nostres exportacions hauran de ser del 30%.

Si hem de demostrar que ser europeu significa respectar la diversitat, la identitat nacional i la cultura, nosaltres hem de defensar la nostra al màxim. A Europa i al món han de saber que som europeus i catalans alhora. La visió exterior de la nostra pertinença espiritual a Europa ens farà forts. La visió exterior que estem orgullosos de ser catalans, també. Que potenciem la nostra llengua i la nostra cultura però que alhora tenim un coneixement de l'anglès (llengua franca europea i universal) equiparable al dels nostres socis europeus.

Penseu que no ens podrem treure l'estigma de la separació d'Espanya durant anys. Que això farà que ens comparin contínuament. Com més gran sigui el *gap* (en positiu) entre la imatge d'Espanya i la nova imatge de Catalunya, millor. Ja sabeu allò de «*La dona del Cèsar no només ha de ser honrada sinó que també ho ha de semblar*»? Doncs això, fets i comunicació dels fets.

Quan explico que les marques són el que fan i no el que diuen que són, ho dic des de la perspectiva publicitària dels fets. No s'ha de menystenir aquest punt. El que hem de fer és publicitat dels fets que defineixen com som. Si em permeteu la broma, fets i no paraules, ja m'enteneu.

La tercera activitat clau es va escrivint sola. Com sol dir en Juliana, que repeteix, com el gall, tres vegades la mateixa paraula, es tracta de publicitat, publicitat, publicitat... O si ho preferiu (jo ho prefereixo) comunicació, comunicació, comunicació... Comunicar és més potent que fer publicitat. I més adient. No es tracta de publicitar eslògans, es tracta de comunicar fets rellevants. De manera creativa, és clar que sí. Però no amb l'estil dels detergents que sempre deixen la roba més blanca que els altres. Ni amb aquell altre de l'estil de «*Murcia, qué hermosa eres*». Això a mi em sona a allò d'una marca de cosmètics que acaba dient: *Porque yo lo valgo*. Així no.

Des d'una altra òptica, quan reflexionem al voltant de les activitats clau de la nostra empresa, dels seus productes i de les seves marques, podríem fer-nos una darrera pregunta: essencialment de què va l'activitat clau que haurà de treballar Catalunya perquè la seva proposta de valor tingui èxit? Va de produir? Va de resoldre problemes? Va de crear una xarxa que incentivi la participació dels clients?

Produir en valor absolut no significa res. Resoldre problemes és més propi d'una consultoria... La resposta, essencialment, és la tercera. La proposta catalana ha de crear plataformes i xarxes a l'estil de les que han sabut crear empreses com eBay, Facebook o Amazon. En aquestes empreses, en la mesura que més i més consumidors entren a les seves xarxes, es milloren els productes i les experiències dels seus usuaris. A eBay com més compradors i venedors hi interactuen, més millora l'experiència, tant si has entrat com a comprador com si ho has fet com a venedor. Quan ho fas des de la posició de venedor, voldràs que milers de compradors potencials licitin per la teva oferta per apujar el preu. Quan ho fas com a comprador, voldràs que gràcies a la teoria del *long tail* hi hagi un sonat com tu a Wisconsin a qui li agradin els soldadets de plom que tu col·lecciones.

Quin sentit tindria entrar a Facebook si, a Catalunya, només hi hagués mil persones registrades? O, més encara, podria ser Amazon el que és sense els milions d'usuaris de què disposa? Gràcies a aquests milions d'usuaris, Amazon té unes economies d'escala brutals en la compra (amb la qual cosa aconsegueix els millors preus del mercat) i gràcies a ells disposa d'una varietat infinita de títols (una altra vegada aquí la teoria del *long tail* és rellevant). I gràcies a ells també, el motor d'afinitats funciona. L'experiència d'Amazon no seria el que és sense la participació activa dels seus consumidors.

Fixeu-vos que en els tres casos la gran activitat clau d'aquestes empreses són els seus webs, les seves xarxes. Han sabut crear unes plataformes de connexió, amb un *design friendly* importantíssim, que estan obligats a desenvolupar i mantenir constantment.

Possiblement ara, en el segle XXI, aquesta és una de les activitats clau en les quals ha de treballar la nova proposta catalana. En la creació d'una xarxa (virtual o real, ara no fa al cas) que permeti sistemàticament la participació ciutadana i que no serveixi en absolut per fer demoscòpia política, sinó per millorar el producte que tots (o gairebé tots) volem que triomfi.

Relacions amb els clients

Queda clar a hores d'ara que els nostres clients són la nostra gent, els nostres ciutadans. Quina relació hem de mantenir entre nosaltres? El de comunicació total. El d'activar la participació ciutadana. Si he argumentat que la proposta catalana pot triomfar, entre altres coses, perquè s'articularà en xarxa en forma de *hubs* que treballaran sobre els temes de valor pel país, hem de fer els esforços necessaris per facilitar la infraestructura *hard* i *soft* que ho facin possible.

Catalunya ha de ser una societat *opensource* i *copyleft*, potser la primera del món. Una societat en què no hi hagi *walled gardens*. *Opensource*, *copyleft*, *walled gardens* són termes que provenen de l'argot informàtic i que expliquen que els processos de creació de valor a les xarxes es basen principalment en els codis oberts (*opensource*, com en el cas de Linux) i en les plataformes sense drets d'autor (*copyleft*). La Wikipedia és l'exemple més paradigmàtic d'aquesta realitat i d'un *not walled garden*, d'un jardí obert al públic que no té cap mena de tanca que impossibiliti que qualsevol persona pugui aportar coneixement al seu producte i fer-lo més ric.

La transparència amb els clients ha de ser una altra relació clau. Catalunya no s'ha de permetre el luxe de tenir ni un sol cas de corrupció més. La corrupció és filla de la foscor, no pas de la llum, i és la principal causa de la desafecció ciutadana vers la política. Aquesta desafecció, a vegades aplaudida estúpidament per alguns polítics de curta volada, és el veritable càncer de la mateixa política. En moments de màxima desafecció ha estat quan els règims més autoritaris i antidemocràtics de la història han entrat a escena.

Llum i taquígrafs és el que necessita Catalunya. Per això parlarem d'un altre tipus de comunicació, que sovint s'oblida, i que no és altra que la comunicació interna. Catalunya i els catalans ens hem d'interconnectar a través d'alguna mena d'intranet conceptual en què els progressos del país es considerin conseqüència dels nostres esforços. No hi ha millor recompensa ni millor estímul que el sentir-te partícip de l'èxit. Se sol dir que l'èxit és individual i el fracàs col·lectiu. A Catalunya això ha de ser a la inversa. La transparència entre l'empresa i els treballadors, o el que és el mateix, la transparència entre govern i governats, serà la qualitat que permetrà blindar el *commitment*: el compromís necessari per construir entre tots un nou futur.

Canals

Com distribuirem el nostre producte, la nostra proposta de valor? A través de quins canals l'hem de vendre? Internament, acabo de descriure-ho. Externament ho hem de fer a través de tot el territori europeu. Si Catalunya és Europa, els carrers europeus han d'estar farcits de les nostres *boutiques*, dels nostres punts de venda. Quan s'ha criticat tan durament i tan deshonestament des de la política espanyola (i també des de dins de casa, no ens oblidem dels botiflers) la inversió (relativament petita) que la Generalitat ha compromès en el que s'anomenen *ambaixades a l'exterior* ens hem de preguntar el perquè.

Ja he advertit en nombroses ocasions que quan la nostra competència critica una pràctica nostra és perquè la pràctica els molesta. O sigui, ens beneficia. Tenir *boutiques* de Catalunya implica tenir molt clar quin producte volem vendre. No es tracta de vendre turisme ni de fer proselitisme de la nostra causa. Es tracta de vendre la nostra proposta de valor. Repassem-la i, un cop la tinguem clara, venem-la.

Però, més enllà de la venda externa, permeteu-me una reflexió addicional: últimament m'he responsabilitzat d'una sèrie de negocis d'hostaleria en què, evidentment, el punt de venda és el rei. En diverses discussions amb el meu equip hem arribat al convenciment que, moltes vegades, el punt de venda en si mateix és el principal canal de comunicació i el més potent de tots.

Ens trenquem es banyes per sortir en guies, perquè ens publiquin crítiques positives al diaris, per repartir *flyers* a la sortida de les universitats i per moltes altres iniciatives d'aquest estil. I no ens adonem que pels nostres centres passen, cada dia, més de tres mil clients. Més d'un milió de clients l'any. No hi ha cap campanya publicitària a l'abast d'aquests negocis als quals em dedico en què es pugui arribar al milió d'impactes. Almenys al milió d'impactes amb la qualitat i la intensitat en què pots fer-ho quan tens el consumidor dins la teva gàbia. En aquell màgic moment, pots fer-ne el que vulguis. Pots impressionar-lo, pots informar-lo, pots demostrar-li mil coses. I a més saps que un client-consumidor satisfet et farà propaganda gratuïta. I si l'impressiones tindràs un venedor que gratuïtament t'anirà fent la feina cada dia de l'any.

Precisament aquest és un dels canals que Catalunya pot explotar: Catalunya rep més de quinze milions de visitants l'any. Vuit d'aquests milions arriben al *flagship store* impressionant que significa Barcelona. Aprofitem que els tenim aquí (a sobre pagant) per vendre'ls Catalunya. Barcelona ja està venuda. No els venguem el territori, ni Montserrat, ni la Costa Brava ni Sant Miquel del Fai. Venem-los el nostre país, la nostra proposta de valor, el nostre posicionament; venem-los, a tots els que ens vulguin escoltar, allò de «Catalunya serà el país valent que busca l'equilibri entre la vella i la nova

Europa». Però venem-los això amb fets, no amb paraules (perdó de nou pel *copyright*, Montilla).

Han de comprovar, perquè nosaltres ho forcem, que no han abandonat Europa quan han vingut a Catalunya. Que vegin que han entrat al cor d'Europa. On els serveis funcionen, on la gent és bilingüe, on la gent és respectuosa amb les seves tradicions i els seus costums. Que descobreixin que estem orgullosos de ser catalans i que vegin que treballem de valent i amb alegria per liderar Europa.

Tornant a la venda interna, hem de considerar, a més, canals alternatius. És ben sabut en la literatura econòmica que els canals de distribució es classifiquen ordinàriament entre propis i aliens. Són canals propis la força de vendes pròpia, les botigues en propietat o franquícia i els webs de venda *on-line*.

Més enllà dels propis, els canals de venda externs solen ser els que es consoliden a través de botigues o venedors de tercers. Són canals aliens també els majoristes, els minoristes i els agents no exclusivistes.

Com volem distribuir la proposta de valor catalana? Amb botigues pròpies o subcontractant-ne la distribució? Ja fa molts anys que, en la meva ocupació professional, em van advertir del perill que suposa deixar en mans de tercers la distribució d'un producte quan és molt estratègic i molt amenaçador per a la competència, sobretot si aquesta és hegemònica. Quan això passa, val més que t'asseguris que ets tu directament el que distribueix el producte. Les empreses terceres, per involucrades que estiguin en el teu negoci, sempre poden ser comprades o subornades en perjudici teu.

I així ho vaig fer: ara fa vuit anys que vam comprar la primera distribuïdora (avui ja en tenim unes quantes) per fer la distribució directa del nostre producte. I no ens està anant pas malament. És una distribució més lenta, més costosa i que ens treu energies per dedicar-les al que realment importa, donar valor a la marca i al producte Moritz. Però és una estratègia segura. El que més ens reconforta és que gràcies a aquesta estratègia podem dormir tranquils. Imagineu-vos que, després de vuit anys de lluitar, bar a bar, per aconseguir que la nostra cervesa sigui una alternativa real a la de la nostra competència, perdéssim el control, tot d'una, de la distribució física del producte. Com podríem recuperar la distribució numèrica de més de deu mil bars en només unes setmanes?

La proposta de valor que fem, la de Catalunya, pot ser venuda a través d'una botiga (o d'una xarxa de botigues) de la competència? Sona força absurd. Però és el que hem estat fent els últims trenta anys.

Fa temps es va generar polèmica quan el Ministeri de Turisme d'Espanya va voler convèncer el Reial Madrid i el Barça de posar publicitat de «*Visit Spain*» als seus estadis. La polèmica va sorgir davant de la negativa del Barça a fer-ho, en contrast amb la decidida determinació del Madrid d'apostar-hi a ulls clucs. Crec que la decisió de Sandro Rosell no va poder ser més idònia. La més idònia si segueix sent cert que el Barça *vol* seguir sent més que un club. A vegades penso que els del Govern d'Espanya pensen sincerament que som estúpids.

Fa poc també, mentre esperava un avió a una capital europea, vaig comprar-me una nova revista que s'anomena *Monocle Mediterranean*. Aquest producte és una derivada d'una altra revista, la revista *Monocle*, mare de totes les revistes de tendències del món. A l'interior d'aquesta nova edició mediterrània, de poques pàgines, n'hi havia una de doble pagada (així ho certificava la capçalera de l'article) directament per la campanya *Visit Spain* del Ministeri de Turisme d'Espanya. S'hi cantaven les excel·lències de vuit destins turístics *fashion* dins de la Pell de Brau. Sabeu quants n'hi havia de Catalunya? Cap: dos de Madrid, dos del País Valencià, dos de les Balears i dos d'Andalusia. I creieu-me que això no té res a veure amb el fet que tres de les quatre comunitats mencionades estiguin governades pel mateix partit que ostenta el Govern d'Espanya i en conseqüència el Ministeri de Turisme. Té a veure amb el fet que, als ulls dels mateixos espanyols, Catalunya no acaba de ser Espanya.

La literatura empresarial i de màrqueting al voltant de les botigues que es converteixen en *flagship stores* de marques molt conegudes és molt abundant. Són botigues que utilitzen les teories de l'*experiential marketing* per vendre valors més que productes. La botiga de Burberry al passeig de Gràcia o la de Ferrari, Bikkembergs, Dolce & Gabbana i Loewe al mateix carrer, no poden ser rendibles de cap manera des d'una òptica estricta de *retail*. Els lloguers que paguen en fan inviable el manteniment.

Per què hi són, doncs? Perquè estan venent valors de marca per sobre de productes. Si la venda d'aquests els compensa directament els costos d'explotació, aleshores *jackpot!* Al passeig de Gràcia n'hi ha unes quantes (no totes) que tenen aquesta possibilitat.

La nova botiga d'Apple a tocar de la plaça Catalunya n'és una altra. L'experiència de compra d'Apple és molt més forta a les mateixes botigues d'Apple que no pas a les zones Mac de la Fnac o del Corte Inglés. I no parlem d'una compra feta al Media Markt o a Miró. Comprar un producte Apple en una Apple Store és una experiència en què tots els valors, que en són molts, de la proposta de posicionament d'Apple hi estan perfectament reflectits. Netedat de disseny, servei exquisit i tecnologia punta al cobrament. Per no dir que el 100% de l'Apple Store de la plaça Catalunya està retolat en català exclusivament. I el seu personal és perfectament trilingüe. Només 200 metres més avall, compareu-lo amb l'experiència Movistar de la botiga que Telefónica té a l'altre costat de la plaça Catalunya. No dic res més, només compareu-ho (encara que crec que des de fa uns mesos aquesta botiga s'ha reconvertit en la seu mundial de la telefonia mòbil d'ençà que ens hem apropiat, intel·ligentment, de la seu del Mobile Congress).

No hem de vendre Catalunya al Corte Inglés ni esperar que les ambaixades espanyoles a l'estranger facin la feina per nosaltres. Ni són *flagship stores* (compareu el Corte Inglés amb les Galeries Lafayette) ni tenen cap mena de ganes de comercialitzar la proposta tal com nosaltres la volem vendre. Ens la tunejaran de tal manera que, com deia aquell, «*no la reconocerá ni la madre que lo parió*». O com deia un altre, «*sin que se note el cuidado*».

No controlar el canal i cometre errors infantils és una cosa més comuna del que sembla. Conec el cas d'un empresari que va rebre la petició d'importar els seus productes a països remots, una petició feta curiosament per una empresa competidora seva en aquells països tan exòtics i que, a sobre, tenia una dimensió infinitament més gran que l'empresa i les marques del meu amic. Aquella petició va resultar ser una estratègia dissenyada pel competidor per bloquejar el creixement de les seves marques en els països on precisament aquest suposat *cavall blanc* n'era un dels líders de mercat.

Però abans que passés això, davant d'aquella estranya petició, el meu amic, agraït i reconfortat perquè una empresa tan potent com aquella s'hagués interessat pels seus productes, no va dubtar a donar carbassa als que, fins a aquell moment n'eren els importadors oficials (aquests eren, de debò, els competidors d'aquella gran multinacional). El resultat de tot plegat va ser que, un cop el meu amic empresari va haver firmat els contractes d'exclusiva amb la nova empresa, uns contractes que regulen el fet que durant tres anys ningú més pot vendre aquelles marques en aquells mercats, la nova empresa, aquella multinacional tan gran, va deixar de comprar-li ni una sola caixa.

D'això, en argot, se'n diu bloquejar un mercat. No és possible lliurar una mercaderia tan preciosa com la de la nostra proposta de valor a través de competidors. Dit d'una altra manera: això no ho podem fer amb Espanya. La distribució de la nostra proposta ha de ser amb mitjans propis.

Dins del model que plantegem, la televisió, més enllà de ser un mitjà de comunicació, és també un canal de venda. La televisió nacional catalana, TV3, ha de ser una televisió al servei del país. No ha de ser tan sols un dinamitzador de la cultura catalana, no ha de ser tan sols una plataforma cultural catalana, no ha de ser tan sols un instrument de socialització dels catalans. Haurà de ser, a més de tota aquesta llista, un agent directe i propi de venda de Catalunya.

Qui no ho vulgui veure d'aquesta manera hauria de desterrar qualsevol prejudici. Això és el que fan totes les televisions nacionals del món. Des de la BBC a la televisió nacional de Somàlia, incloent-hi, evidentment, l'espanyola.

Que als catalans ens perd l'estètica és una frase que ha fet fortuna. Però jo més aviat penso que la frase més exacta és que als catalans ens perd l'ètica. Per què TV3 ha de ser més plural que cap altra televisió nacional del món? Per què ens obliguem a tenir un CAC que a vegades es fa trampes al solitari? Per què ens entestem a donar publicitat de la competència? Que ho fan, això, els altres, per nosaltres?

TV3 és una eina estratègica indispensable per a la Catalunya del futur. Com Catalunya mateixa, ha de ser un compendi de virtuts de la marca Catalunya i no podem permetre'ns que no estigui a l'altura de la proposta de valor que Catalunya vol difondre. Però no ens posem més exigència que aquesta, que ja és prou important i difícil.

Associacions clau

Les associacions clau, en un model de negoci, solen constituir-se per a l'optimització de costos, per a la reducció de riscos o per a l'adquisició de recursos que abans de l'associació no eren disponibles o eren massa cars. Ningú s'associa perquè sí.

En aquest sentit, se sol parlar d'aliances estratègiques quan es consoliden associacions entre empreses que no competeixen mútuament. Aquestes són les més comunes. Contràriament, se sol parlar de *coopetició* quan l'aliança es dóna entre empreses que sí que són competidores (la *coopetició* al nostre mercat és un fals mite, sobretot si és prèvia a la sobirania, com veurem més endavant). Finalment, parlem de *joint ventures* quan el que es vol és una aliança que possibiliti la creació de nous productes i relacions estratègiques entre client i proveïdor per assegurar-se recursos vitals per a l'empresa.

Es pot explorar alguna d'aquestes associacions per a la nova estratègia de Catalunya? En el territori de les aliances és clau, i ja ho he comentat anteriorment, la que hem d'establir amb la Unió Europea. En aquest punt es veu clar que, malgrat que en certs aspectes pugui ser considerada un competidor, és necessari l'establiment d'una relació de cooperació amb Europa.

Què aporta Catalunya a Europa i què aporta Europa a Catalunya?

La primera pot aportar, sens dubte, riquesa i un bon mercat per als membres de la Unió Europea. Se sol dir, amb més voluntarisme que cap altra cosa, que Europa necessita una Catalunya pròspera. Parlo de voluntarisme perquè no hi ha res de messiànic ni de providencial en aquesta afirmació: Europa vol mercats amb els quals comerciar i amb els quals fer pinya per competir amb els seus grans rivals: els Estats Units, la Xina i els tigres asiàtics. I és evident també que Catalunya, en la seva posició central europea, des d'un punt de vista geoestratègic, no podrà ser considerada mai com una ínsula Barataria qualsevol (aquella illa inexistent que ens retrata *El Quixot*). És a la frontera entre dos socis europeus potents (un molt més que l'altre) i se situa al bell mig del que s'anomena eix mediterrani del sud d'Europa, i connecta quatre ports tan importants com el d'Algesires, València, Barcelona i Marsella.

D'altra banda, falta demostrar què aporta Europa a Catalunya. Moltes coses. En primer lloc, legitimitat. En segon lloc, prosperitat. I en tercer lloc, referència mundial. Parlar de legitimitat és essencial, ja que Catalunya no podrà ser mai sobirana sense tenir la seguretat que rebrà l'impuls de la Unió Europea. No és que no pugui fer-ho, és que no voldrà, o no hauria de voler fer-ho. Una Catalunya independent fora de la Unió Europea és apostar, com he dit en més d'una ocasió, pel mitjà en lloc de l'objectiu. No volem ser independents i sobirans pel fet de ser-ho sinó perquè això millorarà les nostres vides. Si el futur d'una Catalunya independent ha de ser replicar l'exemple de Corea del Nord o Albània, prefereixo quedar-me on sóc. Almenys conec el mercat i sé el pa que s'hi dóna.

Segonament, Europa serà el mercat en què els catalans haurem de vendre els nostres productes i Europa serà la que ens donarà el mantell de protecció quan ho necessitem. No és exagerat pensar que prop del 70% de les vendes a l'exterior de Catalunya s'hauran de canalitzar a la Unió Europea, sense comptar a Espanya. Fixeu-vos si n'és, de garant de la prosperitat futura.

En tercer i últim lloc, Europa ens aportarà visibilitat al món. Catalunya, com a membre de la Unió Europea, podrà comerciar amb tot el món. Podrà fer-ho amb l'euro, que és una moneda forta i que internacionalment s'accepta com a canvi.

Parlem d'altres possibles socis de la nostra dimensió? De Bèlgica, d'Holanda, de Dinamarca o de Portugal. Són països que, per mida i economia, respiren els mateixos bioritmes que nosaltres, països que tenen una representació a Europa de la mateixa dimensió aproximada que Catalunya. És possible que hàgim de treballar en un *lobby* de pressió a Europa que ens valori enfront de països tan grans com França, Itàlia, Alemanya o Espanya (malgrat que sense Catalunya perdrà un terç de la seva capacitat real).

Parlem més concretament de Portugal. És un país de dimensions similars a les de Catalunya que ha sofert, en positiu i en negatiu, la relació de veïnatge amb Espanya. Portugal no rep boicots d'Espanya perquè la ferida de la seva independència fa quatre-cents anys que és tancada. Parlem-hi i col·laborem-hi per establir una confederació ibèrica que potenciï la Península com un nou centre gravitatori d'Europa.

I parlem, finalment, d'Espanya. Més enllà del procés traumàtic que ens tocarà viure, la racionalitat econòmica obligarà a l'entesa entre Espanya i Catalunya. Per les relacions comercials existents i per les mateixes raons que en el punt anterior explicitava. És ben cert que les ferides que s'obriran durant el procés enterboliran la nostra relació. Però, en aquest cas, caldria posar-hi més seny que rauxa. Pronostico que en poc temps, un cop les parts s'hagin acceptat mútuament, la racionalitat econòmica s'imposarà.

Catalunya i Espanya són països que han mantingut estretes i intenses relacions econòmiques i sentimentals. En un procés de divorci, si les coses es fan com toca, l'antiga parella acaba reconciliant-se, sobretot si tenen fills. I aquests dos països en tenen molts, de fills en comú.

Per començar, perquè hi ha molts espanyols que, amb nacionalitat espanyola, residiran a Catalunya. Perquè, per continuar, tots tenim familiars als dos països. I perquè, per acabar, les dues empreses tenen filials mútues als dos territoris. Haurem, aleshores sí, de construir ponts. Prefereixo una aliança estratègica amb Espanya que una guerra comercial només causada pels sentiments. Alemanya i Anglaterra són un exemple de mala relació històrica que va acabar com va acabar. I d'allò, després de tants anys, encara ens en ressentim a Europa.

Recentment Xavier Sala i Martín ha posat de moda parlar de la teoria de la navalla d'Occam. No hi puc estar més d'acord: la solució més senzilla és la més probable. I el més senzill no pot ser altra cosa que Catalunya i Espanya estiguin condemnades a entendre's.

Recursos clau

En la descripció de qualsevol model de negoci sempre s'han de destacar els recursos que són absolutament vitals i indispensables perquè el negoci prosperi. Els recursos sense els quals la visió i la missió de l'empresa no poden ser executades amb èxit.

La classificació dels recursos necessaris per tirar endavant qualsevol empresa són de quatre tipus: recursos físics, intel·lectuals, humans i econòmics.

En el cas de Catalunya hem de fer exactament el mateix. Analitzar de quins recursos disposem i de quins no. Hauríem d'estudiar com aconseguir els que encara no tenim.

Quant als primers, els físics, tenim l'estructura productiva del nostre país i les infraestructures que constitueixen els nostres hospitals, universitats, presons, col·legis i, en general, tots els béns immobiliaris que possibiliten el nostre estat del benestar. No crec que la dotació actual sigui insuficient per atendre les necessitats del nostre model de negoci, tot i que ja hem posat en evidència diverses ocasions que el dèficit d'infraestructures que innecessàriament pateix el nostre país és la conseqüència d'un dèficit fiscal que fa moltes dècades que ha superat el límit del que pot ser tolerable. Tenim una xarxa correcta quan en podríem haver tingut una d'excel·lent.

Entre els segons, els recursos intel·lectuals, i ho veurem més endavant, n'hi ha un de fonamental: l'actiu de les marques i, més concretament, la fortalesa de la marca Catalunya. Poca gent és conscient que les marques són uns recursos intangibles que, paradoxalment, són tant o més físics i tangibles que un hospital o una línia de muntatge de cotxes. La marca (i tota la feina que hi ha darrere) és l'actiu principal de moltes empreses.

Fa uns mesos, un reconegut cavista que elabora productes *premium* (no és Codorniu ni tampoc Freixenet) m'explicava, d'una manera molt gràfica, la diferència entre un gran cava, un cava singular premiat internacionalment, i qualsevol *champagne* de França. Aquell cava (el seu i els de molts altres bons cavistes de Catalunya), per bo i rodó que fos, donava un marge d'entre tres i cinc vegades inferior al que solia deixar un *champagne* normalet de classe mitjana. Un *champagne* normalet que, organolèpticament parlant, podria ser clarament inferior a algun d'aquests caves que menciono.

Aquest cavista m'explicava, amb passió i indignació gens dissimulada, que la diferència de marges bruts no provenia dels costos, ja que aquests feia anys que eren llegenda (la llegenda explicava que els costos de l'elaboració del raïm i els costos de la mà d'obra francesa eren molt superiors als dels catalans). I que aquesta llegenda era, entre altres arguments, la que permetia mantenir aquest enorme diferencial de preu entre el cava català i el *champagne* francès.

En aquesta perfecta explicació, acabava d'arrodonir la queixa i el greuge quan argumentava que, si les dues indústries tenien els mateixos costos i contràriament els preus de venda del *champagne* doblaven o triplicaven els del cava, s'entenia perfectament un dels fets més rellevants d'aquesta indústria, que no era sinó el fet que els productors francesos podien destinar entre deu i quinze euros per ampolla en comunicació i màrqueting i els caves catalans amb prou feines dos o tres.

Com veieu, aquest és el problema típic de referència circular (aquella que tant ens emprenya de l'Excel). O si ho preferiu, la perfecta metàfora del cercle viciós o del cercle virtuós (en funció de la cara de la moneda que analitzis). En efecte, parlem de cercle virtuós (com l'amic Laporta) quan un preu de venda més alt et permet gastar més en comunicació, i una comunicació més bona i efectiva et permet apujar encara més els preus. La descripció de l'altre cercle, el cercle viciós, que afecta els caves catalans quan es comparen amb els *champagnes*, no cal que us el descrigui. On hi ha la diferència? *¿Dónde está la pelotita?*

La *pelotita* és a la marca, i això és el que no va ser capaç d'acabar de verbalitzar el meu amic. Els *champagnes* francesos tenen molta més marca internacional que no pas els caves catalans. L'argument dels costos és, en el fons, un argument de marca que gravita sobre un dels ingredients fonamentals de la molècula de marca *champagne*: *la qualité superieur*. Tenen, gràcies a la marca, un mercat molt més gran, molt més internacional, i com que la producció de *champagnes* és finita, la demanda global és la que permet la pujada de preus.

Com trencar aquest cercle viciós o, més ben dit, com entrar per la porta gran del cercle virtuós, no és qüestió de màgia. És qüestió d'esforç i intel·ligència (donant per fet, com és el cas, que el producte físic està a l'altura del teu competidor). Esforç i intel·ligència per trobar la fórmula d'incentivar una demanda planetària que el cava mai no ha tingut (ja tenim prou assumit que si els caves catalans han de sobreviure de la demanda nacional espanyola, ho tenen clar).

Necessites uns grams de sort, però també bastants quilos d'art i ciència. Per construir una marca necessites diners (diners que no té el nostre cavista), però sobretot cal una idea. Una idea guanyadora. Una proposta de valor d'èxit. Els calés hi són. Estan esperant que les bones idees apareguin.

En el cas del cava català, la denominació *cava* està cremada internacionalment. *Cava* és sinònim de producte de poca qualitat. D'això ens n'hem de fer responsables tots plegats, però qui se n'ha de responsabilitzar, per sobre de tots, és la mateixa indústria. Quantes males pràctiques, nacionals i internacionals, s'han executat per no tenir més visió que la que et porta a mirar-te el melic?

La mateixa DO cava ha permès que un producte de qualitat elaborat tradicionalment al Penedès, amb unes particularitats organolèptiques concretes i amb un *storytelling* personal i intransferible, s'hagi estès, emparat per la legalitat de la mateixa DO, per les Espanyes a regions tan cavistes i tan històriques com Extremadura o l'Aragó. I això ho han permès ells mateixos! A França, del *champagne* que no és de la regió de la Xampanya (a Reims) en diuen *crémant*. Mireu si ho tenen clar. Hi ha fins i tot *crémants* de zones vitivinícoles tan prestigioses mundialment com la Borgonya. Podria haver estat tan temptador per als mateixos francesos estendre el prestigi del *champagne* a la Borgonya. Però no van ser tan imbècils.

Quantes ampolles de saldo s'han venut a Alemanya i als Estats Units? Quants litres de cava s'han venut en els Cash & Carry de centrals de compra d'arreu del món? Ningú fa la feina per tu. Les empreses acaben rebent les conseqüències de les seves polítiques de màrqueting i comunicació. I d'això se'n deriven males pràctiques comercials. No oblidem que una mala definició en el món del màrqueting estratègic porta irremeiablement a executar una política comercial nefasta.

Rellançar la marca Cava en l'àmbit internacional és pràcticament impossible, com també ho és que els vins espanyols puguin competir exitosament al nivell que ho fan els vins americans o italians (per no parlar dels francesos). Hem venut la marca Espanya (i tot l'imaginari i el folklore barat que suposa) i ara cobrem els nostres productes a preu de quilo en canal de toro de lídia en lloc de cobrar-los a preu d'or. Massa Sangre de Toro i massa pocs Châteaux.

M'agradaria ajudar el meu amic. M'agradaria poder donar-li una recepta màgica perquè els seus increïbles caves (alguns amb no sé quants punts Parker) tinguin presència notòria als mercats internacionals. Ara ho necessitaran més que mai, perquè el boicot dels consumidors espanyols amenaça darrere la porta. Però crec que no podré fer-ho. Només podran fer-ho ells mateixos si s'ajunten i determinen un gir copernicà a les seves estratègies com a clúster.

I molt probablement s'hauran de carregar la marca Cava. Quan una marca es crema, quan una marca es mor, quan una marca se suïcida (aquesta última és la definició més precisa), t'has de reinventar de dalt a baix.

L'exemple del cava és paradigmàtic: tenir un bon producte és una condició necessària però no suficient. Per cert, el meu amic, empresari del cava, es diu Agustí Torelló, i ja està llençant una nova marca de Cava que s'anomena AT Roca.

Catalunya, la proposta de valor de Catalunya, haurà de fer el que encara no ha fet el nostre cavista. Crear una marca internacional potent que convenci els de dins i els de fora. Com veurem, la primera missió d'aquesta marca serà convèncer la nostra gent. Hem de fer pujar el preu de la marca Catalunya primer al nostre territori per després poder fer el mateix a fora.

Perquè sense aquesta marca, sense aquesta marca que il·lusioni i faci tirar endavant la nostra proposta, res del que ve després és possible. Aquest és, avui, el recurs imprescindible que necessitem.

Però la veritat és que la marca Catalunya no està més ben posicionada que la marca Cava. No està cremada perquè pràcticament encara no l'hem venuda. Quan arribem als capítols finals d'aquest llibre proposarem idees per capgirar aquesta situació. El que simplement vull subratllar aquí és una simple obvietat: la marca Catalunya no s'acaba de vendre bé a casa nostra, no es ven en absolut a Espanya i no es coneix al món. De la primera i de la tercera, podrem fer (haurem de fer) moltes coses per capgirar-ho. De la segona, poques. I les que haurem de fer en altres àmbits, anirà a la contra. Repeteixo: posicionar-se és, també, aprendre a renunciar.

Després dels recursos físics i dels recursos intel·lectuals, necessitem un altre recurs fonamental, aquell que té a veure amb els recursos humans. Poca gent reflexiona respecte a la importància que té el capital humà a moltes organitzacions empresarials. Estem massa intoxicats per l'Íbex, les cotitzacions, les opes, els consells d'administració i les seves històries dignes de revistes com l'*Hola*, per adonar-nos que les empreses, en el fons, són les persones.

No, no és *bullshit* el que escric. És la veritat més evident. Hem pensat mai que darrere de les grans empreses d'èxit, més enllà dels CEO mediàtics, més enllà dels directius de més visibilitat, ha d'haver-hi gent molt bona al darrere d'aquestes companyies? Les marques i les empreses no es creen per generació espontània. Són el producte de milions d'hores de treball, investigació i *thinking*. Amb les marques país passa exactament el mateix: són bones o dolentes perquè reflecteixen el que la gent que els habita ha fet de bo o de dolent.

Pensem també en qualsevol empresa farmacèutica internacional. Quan llança un medicament d'èxit pot estar dècades sense fer res més. És ben cert que, abans de llançar-lo, l'empresa haurà d'haver dedicat moltes hores i una quantitat ingent d'euros en investigació (per això estan tan desenvolupades les patents farmacèutiques i per aquesta raó aixeca tanta polèmica la imposició dels medicaments genèrics).

Conec algú que després que el seu pare llancés una marca exitosa de medicaments ha viscut com un rei tota la vida. I això li ha permès dedicar-se als vins de luxe. Aquest medicament es diu Gelocatil. I el Gelocatil, senyors, és simplement paracetamol. Una molècula inventada al segle XIX i comercialitzada des de la dècada dels anys cinquanta als Estats Units. La història d'aquesta empresa és similar a la que han protagonitzat d'altres que van ser prou intel·ligents per importar la fórmula de la Coca-Cola o la recepta dels dònuts. És fàcil comprovar que també es pot viure de renda gràcies a les marques. A la Xina Popular i a Catalunya.

Pensem també en empreses com Google, Apple, Facebook o Amazon. Quants recursos humans hi ha al darrere pensant i desenvolupant els seus negocis? Catalunya, en aquesta fase de rellançament i a la que vindrà després de maduració i manteniment, requerirà grans cervells. Per fer una marca forta, que és el primer que necessitarem, caldran persones que hi pensin i que desenvolupin idees brillants.

Tornant a l'exemple del cavista, el que es necessitarà és que algú, o ell mateix, tingui la idea del segle. Una idea que permeti, a la seva marca i al cava, situar-los en el panorama internacional. No necessitem cavistes que l'única cosa que rumiïn és com descatalanitzar el cava per no perdre les magres vendes que té per les Espanyes. Necessitem gent que pensi i visqui la marca de manera que aquesta es presenti als nostres consumidors i als mercats internacionals com un producte imprescindible.

I a casa nostra necessitarem, entre moltes altres coses, el Dom Pérignon de Catalunya.

Els recursos humans necessaris per tirar endavant la nova proposta de valor de Catalunya, més enllà dels que tenen a veure amb la marca i la comunicació, seran molts. És per això que de manera sistemàtica proposo l'única possibilitat que albiro: la que dins d'aquella filosofia que he mencionat fa moltes pàgines, la que parlava de les xarxes, de l'*opensource* i del *copyleft*, ens permeti crear una autèntica societat del coneixement.

Per assolir-la necessitem instruments precisos, que al meu parer són només dos: educació *state of the art* a tots els nivells de la societat (no només infants i estudiants) i un instrument 2.0 que faciliti la participació i la intel·ligència compartida, com ja he explicat en reiterades ocasions. Des que algú va tenir la brillant idea de crear la Wikipedia, cap enciclopèdia, ni la britànica ni la francesa, no ha pogut fer-li ombra. És tan potent que milions de persones contribueixin en la redacció d'una enciclopèdia que abraci tots els àmbits de la vida que cap iniciativa individual ni empresarial podrà mai superar-la. La Wikipedia és el màxim exemple de capital humà compartit, i un bon *benchmark* que hauria d'utilitzar Catalunya.

I si ens falten recursos humans, importem-los. Aquesta ha estat la gràcia (i l'encert) tradicional dels Estats Units.

I finalment ens queden els recursos econòmics. Últimament no parlem de res més. Però si heu anat seguint el fil del llibre, tornar a argumentar que la sobirania és l'instrument necessari per disposar dels recursos propis que nosaltres mateixos com a societat generem em sembla, com a mínim, redundant. Apunto, doncs, el que ja sabem: sense agència tributària pròpia, estem morts. L'estratègia, sigui aquesta o sigui una altra, és impossible d'executar sense calés.

Estructura de costos

Analitzem quins són els costos econòmics inherents al nostre nou model de negoci. Desenganyem-nos: hi haurà un cost inherent al procés de sobirania amb Espanya. No tinc cap mena de dubte que hi haurà un boicot tècnic i un altre de nacionalista. El tècnic durarà poc, el nacionalista no. Catalunya haurà de minorar aquests costos a partir de la internacionalització de la seva economia. I ho haurà de fer de pressa.

Però no ens equivoquem: la internacionalització no només és conseqüència exclusiva de la força de la voluntat. Només voler no és poder. És sobretot conseqüència de la competitivitat de les empreses. Si fem més bons productes i serveis, si treballem amb excel·lència, si parlem idiomes i si derruïm falsos murs mentals, ens en sortirem aviat.

Si només parlem de boca de la internacionalització, ho tenim magre. És ben cert que la teoria de la pedra a la sabata funciona. La necessitat fa virtut. L'economia catalana ja està parcialment internacionalitzada (les últimes dades del Cercle Català de Negocis mostren que el 33% de l'economia catalana ja s'exporta més enllà d'Espanya), quan encara no ha estat necessari i obligatori fer-ho. Ha estat, fins ara, pura voluntat. A partir del procés de secessió, la pedra a la sabata es farà més grossa i ens obligarà a canviar, a treure'ns-la, innovant i internacionalitzant l'economia si no volem veure reduït el nostre PIB en un 30%.

Haurem d'acceptar, també, que l'excel·lència, que ens permetrà ser competitius en valor arreu del món, requereix inversió i despesa de base. Requereix inversió en recerca i desenvolupament, requereix despesa en formació i educació, i requereix despesa en organització empresarial.

Requereix també, cal no oblidar-ho, un pressupost especial de llançament. Qualsevol nou producte que surt al mercat arrossega una quantitat ingent de recursos invertits en concepte de *promoció de llançament*. D'aquestes despeses se'n solen dir *despeses de primer establiment*, i fins i tot són amortitzables.

Hem dut el compte de tot el que necessitarem? Des d'inversió en ambaixades a inversió en un programa de comunicació internacional. Des de despeses d'honoraris en notaris, advocats i experts, fins a honoraris i *fees* de consultoria estratègica i comunicació. Haurem de muntar punts de venda i fer promocions de llançament. I tot plegat només podrà venir dels ingressos que siguem capaços de generar, que, com veurem després, només podran provenir de l'exportació i dels impostos.

En contraposició a tota aquesta despesa i inversió addicionals, Catalunya no podrà ni haurà de fer despeses de nou-ric. De nou país que, tan sols formalment, entra a la lliga dels estats. A Catalunya no li caldrà, per exemple, cap exèrcit. Tampoc li caldrà vestir-se amb l'arrogància i el dispendi típic de les nacions i els estats decimonònics fundats al segle XIX, uns estats que han heretat unes manies i uns amaneraments que generen despeses desorbitades per les seves arques financeres. No haurem de pagar cap Casa Reial i les ambaixades podrem llogar-les en lloc de comprar-les. Permeteu-me el símil: de la mateixa manera que els empresaris de Silicon Valley han desterrat la corbata, els vestits de milers d'euros i les sabates italianes que tan abunden a la Costa Est dels Estats Units i a la City de Londres, Catalunya pot, perfectament, reaparèixer al món amb sabatilles, texans i *t-shirts*. Exactament de la mateixa manera que ho fan els grans empresaris joves de la nova economia.

Canviem l'estructura de costos d'un estat típic. Deixem de subvencionar el que no hauria de ser subvencionat excepte per raons polítiques. Una anàlisi crítica, metodològica i amb els principis ben establerts pot ser font d'estalvi que alleugereixi l'estructura de costos d'un país petit com Catalunya. No estalviem, però, en el que ens pot fer més forts en el futur. La crisi, abans ho he comentat, no pot ser l'excusa per retallar el que és necessari per al creixement. A cap família amb dificultats se li acut estalviar en la llet dels seus fills.

En uns moments tan crítics com els actuals, en els quals reduir el dèficit no és una opció sinó una obligació, les retallades s'han de fer amb criteris econòmics i no pas amb criteris polítics. Moltes vegades oblidem que els criteris econòmics poden ser compatibles amb els polítics quan aquests últims s'alineen amb la proposta de valor que hem consensuat. Si hem de retallar ho hem de fer tenint en compte la nostra visió i missió.

Fonts d'ingressos

Els ingressos de la nostra proposta provenen, com no pot ser d'una altra manera, dels impostos que paguem i de les divises aconseguides per la internacionalització de la nostra economia. La part dels impostos, com que aquest escrit no és un assaig de teoria de política econòmica, la deixo als experts. No obstant això, crec que el punt intermedi entre la visió liberal i la socialdemòcrata clàssica és l'oportú.

Maximitzar els impostos porta a la paralització de la vida econòmica i la liberalització total ens porta a la irremissible destrucció de l'estat del benestar. Ni l'una ni l'altra formen part de la missió i la visió que proposem per a Catalunya, per la qual cosa, per pragmatisme i coherència, haurien de ser esborrades de la política econòmica del futur.

No puc estar-me, però, de fer una pueril reflexió: el Govern de Catalunya hauria de trobar el punt en què els impostos garanteixin la cobertura social òptima (un punt que sigui totalment coherent amb la proposta de valor que volem vendre) i que alhora no desincentivin la iniciativa privada. Ja sabem que si les empreses deixen d'invertir i de contractar treballadors per efecte d'una tributació desproporcionada, la riquesa general del país decau.

Del que sí que puc parlar amb molta més propietat és de la riquesa neta que generen dues indústries cabdals per augmentar els ingressos del nostre país i que només col·lateralment tenen a veure amb la política fiscal, de la qual em declaro totalment incompetent: l'exportació i el turisme.

La riquesa directa que genera el turisme l'entén fins i tot un nen de primària: si vénen turistes a Catalunya i gasten diners a Catalunya, donaran ingressos a Catalunya. I la derivada d'aquests ingressos implicarà la creació de llocs de treball, que faran augmentar la demanda interna, que al seu torn incentivarà la creació d'empreses, i aquestes noves empreses donaran més feina a l'hostaleria, la reina de totes les indústries turístiques. I tots estarem molt contents. Afavorir el turisme que maximitzi els ingressos i que alhora preservi la nostra identitat és absolutament clau.

Durant l'agost del 2012 va saltar la típica polèmica d'estiu (d'aquestes que donen feina a les redaccions dels diaris en moments de poca substància) que escenifica l'atzucac estratègic que tenim respecte del turisme a Catalunya. La polèmica es va generar a Lloret, capital del turisme escombraria, arran d'un programa per a ni-ni alemanys que feia proselitisme del turisme de borratxera a la capital de la Selva.

Una televisió alemanya, ProSieben, emetia un *reality show* patètic, tan patètic com els que fem aquí, que promocionava aquesta mena de turisme de tan valor afegit que, des del prisma del que és políticament correcte, ens vam llençar tots a criticar. La veu més lúcida i més polèmica del cas que menciono vaig sentir-la precisament de l'empresari alemany de Lloret que hostatjava (n'era el còmplice necessari) aquell *reality*. Amb total desimboltura comentava al *Telenotícies* que no entenia el perquè de la polèmica. Aquesta publicitat els donava clients, i els clients, ingressos per a la seva empresa. I la seva empresa contractava persones del poble i generava riquesa per a Lloret.

A l'altre cantó de la polèmica, un regidor de l'Ajuntament de Lloret denunciava «la intolerable intoxicació del programa de ProSieben». Tot seguit afegia: «No podem tolerar aquesta difamació de la nostra vila, i reclamem un canvi de model». Ell, el regidor, reclamava un canvi de model? I què havia fet ell per canviar-lo? Havia tancat les discoteques que protagonitzen aquests fenòmens? Havia prohibit les majoristes de viatges de la seva vila que promocionen aquests productes? D'això se'n diu ser un fariseu. O el que és pitjor, un incapaç. És clar que s'ha de canviar el model, però per fer-ho necessites una cosa molt fàcil: canviar-lo per un altre. I quin és aquest altre model, senyor regidor?

Una de les aficions que més m'agrada és la de viatjar. Sóc un viatger força urbanita que no para de visitar Londres, París, Nova York i Berlín. Aquests quatre destins intento visitar-los com a mínim cada dos anys. M'agrada saber què passa al món. I el que passa al món passa, essencialment, en aquest tipus de ciutats. No tinc la sort, perquè no m'agraden gaire els avions, de poder conèixer a fons les grans ciutats d'Àsia. I sé, per aquesta raó, que em perdo tendències molt importants que es couen a Tòquio, Hong Kong, Xangai o Pequín.

Però de tant en tant, quan tanta ciutat comença a marejar-me (és com no sortir de Barcelona), també viatjo per conèixer, encara que sigui superficialment, la realitat d'alguns països en la seva globalitat. D'aquests viatges recordo amb especial intensitat el que vaig fer fa quatre anys a Escòcia.

Va ser precisament a Escòcia (però també a França i a Itàlia, que tinc la sort de conèixer a fons) on vaig adonar-me de la importància estratègica del turisme i de com, en alguns països com aquest, li donen rang d'indústria nacional de primer ordre. Exactament al contrari del que fem a Catalunya.

És impossible visitar, amb ulls inquiets, Escòcia i no sortir-ne amarat fins al moll de l'os de la història i del *heritage* d'aquest esplèndid país. La xarxa escocesa de monuments i llocs d'interès de les Lowlands i les Highlands és abassegadora i, per sobre de tot, perfectament coordinada. Us convido a entrar a *www.visitscotland.co.uk* i entendreu, els que no hi hàgiu estat, el que us explico. Descobrireu fàcilment mil i una estratègies i tàctiques que el Govern escocès ha engegat perquè la indústria turística escocesa tingui la potència que té: carnets que són vàlids per visitar tots els castells inimaginables dins el seu territori, rutes del *whisky* escocès perfectament comunicades i coordinades o senyalització històrica exhaustiva harmonitzada a tot el territori. Són tantes les idees que se m'acabaria el paper.

Només cal comparar-ho amb Catalunya per adonar-nos de l'abisme en qualitat (per descomptat que no en quantitat) que el model escocès representa per sobre del català. Fa poc vaig visitar la ruta del Cister: tres monestirs impagables de l'art romànic català perfectament descoordinats; sense entrades conjuntes, sense comunicació conjunta i sense una senyalització potent que et convidi a voler-ne descobrir més. Per descomptat, res, o pràcticament res, senyalitzat en anglès. Fa més anys, vaig fer la mateixa visita a algunes esglésies cabdals de l'art romànic del Pirineu, d'importància universal, i vaig sentir la mateixa desolació.

Només la ciutat de Barcelona ha fet els deures. Conec a fons el Consorci Turisme de Barcelona. Sé que passen per dificultats econòmiques, com gairebé tothom, però la seva tasca de modernització i promoció de la proposta turística de Barcelona està a anys llum de la de Catalunya. Ja ho veieu, a vegades no cal viatjar a Escòcia per trobar el *benchmark* que ens porti a l'excel·lència.

Invertir en turisme és invertir en futur. I invertir en turisme de qualitat és estratègic. Cal tenir recursos, cal tenir idees i cal tenir un producte per vendre. Però per sobre de tot, com sempre, les idees són més escadusseres que els diners. I del producte no cal ni parlar-ne: ja he apuntat a l'inici de la introducció, en els punts forts de Catalunya, l'extraordinària dotació monumental, paisatgística i històrica del nostre país.

La tercera font d'ingressos, la més important, és la que prové de la internacionalització de la nostra economia. Suïssa, Holanda, Dinamarca, Finlàndia són riques perquè exporten. Portugal, Grècia, Espanya, Malta són pobres perquè no ho fan.

Catalunya ha de fer una reflexió estratègica molt profunda que desenvolupi un model d'exportació basat en alguna idea. Quan pensem en Itàlia pensem en disseny, moda i gastronomia. Quan pensem en Alemanya, tecnologia i innovació. Quan ho fem en Anglaterra, en creativitat extrema i innovació financera permanent. En què hem de pensar, o més ben dit, en què han de pensar els nostres possibles importadors quan pensin en Catalunya?

Em consta que la Generalitat està fent esforços per desenvolupar clústers competitius en el pla internacional. Em consta també que ja se n'han identificat uns quants i en els darrers anys s'han dissenyat plans per potenciar-los i desenvolupar-los. I em consta perquè la meva empresa participa en un d'aquests.

Però també em consta que estem encara massa lluny. La llunyania prové de la tesi d'aquest llibre: ens falta consolidar una proposta de valor identificable, creïble i de futur. L'extensa xarxa de pimes de Catalunya és una base necessària per a aquests propòsits. Altres països no poden ni tan sols plantejar-s'ho perquè els falta la matèria primera necessària. Però de nou ens falta encara el *mindset* necessari per entendre que sense internacionalització no hi ha paradís. Ni tetes. Ni futur.

Tota aquesta extensa reflexió al voltant del nou model de negoci que ha de plantejar Catalunya és com una mena d'avantprojecte del pla estratègic. El que hem fet fins aquí, desmarcant-nos una mica del fil tradicional de planificació estratègica, és alçar una mica la vista per evitar que els arbres no ens deixin veure el bosc. He tractat d'exposar quin ha de ser el model de negoci de Catalunya, perquè, en el fons, si no tenim clar que Catalunya ha de ser un negoci, difícilment podrem aplicar-li receptes d'estratègia empresarial.

L'estratègia i el pla

Fins a aquest punt hem reflexionat estratègicament al voltant de **com** ho hem de fer sense concretar cap mena d'aterratge respecte a **què** hem de fer. S'ha fet també un avantprojecte del pla estratègic que hem volgut anomenar *descripció del model de negoci* i que ens ha ajudat a veure amb perspectiva el marc competitiu de la nostra proposta de valor.

El que tot just ara encetarem és molt més concret perquè comença a donar pistes sobre quines coses són necessàries per tirar endavant l'estratègia en forma de pla. Aquest pla es fonamenta en les quatre àrees següents:

- Estratègia de producte
- Estratègia de preus
- Estratègia de comunicació
- Estratègia de distribució

Quan estructurem el nostre pla seguint els quatre punts que acabo d'enumerar, estem fent el que els anglosaxons anomenen *esquema de les 4 P* (de l'angles, *product*, *price*, *promotion* i *point of sale*). Les decisions que l'empresa, que Catalunya, prengui en aquest esquema en determinaran l'estratègia empresarial i el *performance* comercial.

No cal que us digui que totes i cadascuna de les decisions que afecten aquests quatre àmbits (sense excepció) han de ser coherents i consistents en dues premisses (que en el fons són la mateixa): la proposta de posicionament i la proposta de valor.

Aprofito per destacar aquí per darrera vegada que la diferència entre ambdues propostes és tan sols d'enfocament: la proposta de valor posa més èmfasi en el *business model* (en el negoci) i la proposta de posicionament ho fa, al seu torn, en el territori de la marca. No obstant això, com ja sabeu, producte, negoci i marca són la mateixa cosa dins l'esquema que m'he proposat seguir. No hi negoci sense producte i no hi ha producte sense marca.

Producte

Quines decisions sobre el producte ha de prendre Catalunya per tirar endavant la seva proposta? Quines estratègies ha de seguir perquè el seu producte sigui competitiu? Sabeu que quan parlem de producte ens estem referint, en aquest cas sí, a la part més física (i per tant menys metafísica) del producte marca. És per aquesta raó que quan parlem de producte ens haurem de referir a ingredients, a receptes, a mètodes d'elaboració, a estratègies de *packaging* i, entre altres coses, a usos i moments de consum.

Ingredients

El nou producte Catalunya no ha de canviar essencialment d'ingredients. Entre altres raons perquè canviar els ingredients històrics d'un producte tan complex i ric com el d'un país, ni és fàcil ni, moltes vegades, és possible. Podrà en tot cas millorar-los i afinar-los. El que sí que podrà fer de manera decidida, i, com veurem més endavant, es veurà obligat a fer, és modificar la recepta i canviar el seu *packaging* per modernitzar la part més visible del producte marca i adaptar-la a una nova realitat. Aquests ajustos seran necessaris per ser capaços de sintonitzar amb els gustos dels consumidors del segle XXI i, sobretot, per adaptar-se a la nova proposta de valor i als *targets* que hem definit durant el procés de reflexió estratègica.

Començant pels ingredients, i acceptant que han de ser essencialment els mateixos, aproximem-nos a la indústria del gran consum de l'alimentació per veure com les empreses que hi competeixen tracten aquest tema.

La indústria de l'alimentació de gran consum en sap un munt, d'això. Jo, que fa quinze anys que hi treballo, sé del que parlo: les empreses que competeixen per fer-se un lloc al *lineal del súper* estan constantment obsessionades en la innovació i la renovació dels seus productes per mantenir quota de mercat. I aquesta obsessió té a veure, la majoria de vegades, amb l'anàlisi acurada dels ingredients que empra.

Per exemple, en una de les indústries en què he tingut la sort de treballar, la de les margarines, és força conegut que l'oli vegetal n'és l'ingredient principal. Tant que fins al 80% del producte final és un oli d'un tipus o d'un altre. Del que la gent ja no és tan conscient és que la indústria de la margarina té un origen històric relacionat amb l'escassetat de la mantega (de vaca). Especialment a Espanya, on la postguerra va ser llarga i dura, la producció de mantega d'origen lleter va ser tan escadussera que la indústria va haver d'empescar-se-les per promocionar un nou producte que la substituís. D'aquesta manera la margarina va obtenir un extraordinari èxit comercial que encara avui dura. La margarina no és sinó oli hidrogenat i saturat que conserva l'aparença física i gustativa de la mantega de vaca de tota la vida malgrat que és tres o quatre vegades més barata i molt senzilla de fabricar. Marques com Tulipan o Flora tenen l'origen en aquesta història.

Però el que la gent desconeix completament és que, tot i que avui en dia la majoria de consumidors associen la margarina a un producte elaborat amb greix de tipus vegetal que es percep com un producte molt més saludable que la mantega tradicional, la margarina va començar a produir-se amb greixos animals. I en concret d'animals tan poc habituals però tan extraordinàriament greixosos com les balenes.

Per aquesta raó no és casualitat que durant molts anys la seu d'Unilever a Espanya fos a la ria de Bilbao, a la població costanera de Leioa. Unilever, líder mundial en olis i margarines, va entrar a Espanya comprant (crec que al voltant dels anys seixanta) una empresa local fabricant de margarines d'origen animal que s'anomenava Agra, que aprofitava la possibilitat d'arrossegar balenes mortes fins a la ria per fer-ne les primeres margarines. Aviat, però, les margarines van començar a abandonar els olis provinents dels animals per fer-ho amb olis d'origen vegetal. Avui dia, el 100% de les margarines s'elaboren amb oli de lli, de coco, de soia i, en general, de qualsevol oli vegetal imaginable.

Des de fa uns deu anys, les empreses fabricants de margarines han innovat encara més perfeccionant i evolucionant el seu ingredient principal. Avui en dia no és difícil trobar margarines elaborades amb oli d'oliva i amb olis rics en proteïna omega-3 (que, per una broma del destí, torna a ser un ingredient d'origen animal, en concret, de nou, dels peixos). Veiem com, gràcies a les exigències dels consumidors, la margarina ha passat de ser un producte substitutiu i menyspreable que tan sols es tolerava de mala gana obligats per les conseqüències de l'autarquia i el racionament, a un producte de gran consum i d'èxit comercial que té presència en la majoria de cases com un producte saludable i ideal per donar l'esmorzar als fills. I hem vist també l'enorme *gap* que hi ha entre un greix d'origen dubtós com el d'una balena morta i l'exquisidesa de l'oli d'oliva. Us imagineu un pare donant margarina de greix de balena al seu fill? Seria considerat un bàrbar si no fos que tingués ancestres inuits!

D'exemples com aquest en la indústria de gran consum en trobareu a cabassos. En el cas de Catalunya, aquesta reflexió crítica al voltant dels ingredients del seu producte hauria de passar per analitzar si tots els seus ingredients coneguts són de primera qualitat. Analitzar si compleixen els requisits legals. Analitzar si aporten valor intrínsecament. Si són de quilòmetre 0. Si són de granja. Si són naturals. Si no contenen additius. Si són socialment responsables... I hem de reflexionar permanentment si som prou innovadors i fem els llançaments que cal quan toca. I, evidentment, hem d'analitzar si estem al dia.

Començant pel final de la reflexió anterior, pensem en Danone i en el món del iogurt. Si aquesta empresa ven iogurt, i és el líder indiscutible d'aquesta categoria mundialment, per què fa quinze llançaments nous cada any?

Ja fa molt de temps que Leopoldo Pomés, famós fotògraf, publicista i hostaler de Barcelona, em va donar una lliçó de màrqueting fenomenal que mai oblidaré. Aleshores treballava amb ell l'avantprojecte del que avui és la cerveseria Moritz de la seva antiga fàbrica. Va explicar-me que en un dels restaurants que ell regentava aleshores, el 7 Portes, venia un munt de canelons. De fet, els canelons eren, després dels arrossos, el plat més demanat de la casa. I que ho eren no tan sols perquè eren força bons sinó perquè a la carta els canelons de rostit, els líders indiscutibles, estaven destacats en un capítol en què hi havia tres plats de canelons addicionals: els d'espinacs, els de marisc i els de peix.

Pomés va explicar-me que, pel simple fet de destacar el seu plat estrella dins una categoria especial de canelons, el consumidor pensava immediatament que allò devia ser l'especialitat del restaurant. Pomés va crear un *lineal* extens de productes similars, exactament de la mateixa manera que ho fa Unilever, Sara Lee o Danone amb els seus.

Us explico que va sorprendre'm la idea força de Pomés perquè jo aleshores acabava d'aterrar a la Moritz des d'Unilever, una empresa especialista en aquesta matèria de fer engrandir el lineal. El que la multinacional angloholandesa fa amb excel·lència amb les maioneses i salses Calvé, amb les margarines i amb les galetes, ell m'ho va explicar d'una manera molt més planera amb els deliciosos canelons del 7 Portes: que les empreses de gran consum estan obligades a ser prou dinàmiques per repensar contínuament els seus productes estrella (i aquells altres que, com ja hem vist, s'anomenen *vaques lleteres*) per poder ser competitius. I que moltes d'aquestes innovacions es fonamenten a estirar el lineal tant com puguin amb noves marques i productes similars que bloquegin l'entrada de nous competidors.

És d'aquesta manera que entenem l'estratègia marquetiniana de Danone: no parar de treure nous productes al mercat amb innovacions de tota mena. Aquesta estratègia els permet mantenir el lideratge en el lineal i alhora, blindar la categoria de nous entrants. Del iogurt de tota la vida, de vidre, vam passar als de plàstic, als de gustos, als iogurts amb fruita tallada, als iogurts amb sucre i sense, als Petit Suisse, als Actimel, als Activia, als que porten calci i fins i tot als que porten ingredients actius i funcionals especials. I això és d'aquesta manera perquè tenen la necessitat d'atendre, com a empresa líder que són, tots i cadascun dels segments del mercat. Així s'entén que els productes Danone, en cadascuna de les mil i una variants, poden ser consumits per nadons, per infants, per adolescents, per adults, per malalts i fins i tot pels nostres avis. El lineal de iogurts (a les neveres dels supermercats) no hi ha qui hi entri: Danone mana i gestiona la categoria de manera destacada.

Estar atent al mercat, innovar i millorar no és gaire diferent del que haurà de fer Catalunya si, un cop hagi assolit el lideratge, aspira a conservar-lo. Ni les empreses amb més quota de mercat de la història s'ho poden permetre.

Quan parlem d'ingredients, seguint el fil que abans hem abandonat, és imprescindible tenir sempre en el punt de mira la recerca constant de l'excel·lència. No som al segle XX, en el qual l'únic que importava era el producte final. Els ingredients, al segle XXI, en els mirem amb lupa. El consumidor és molt més crític, molt més exigent i, per què no dir-ho, la competència cada cop ho fa més bé.

La globalització, contràriament al que alguns vaticinaven, no ens porta necessàriament a l'estandardització dels productes. La mundialització de l'economia obre la competència internacional a casa nostra i ens obliga a ser més competitius; ergo, a ser millors. El consumidor del segle XXI ja no accepta ingredients d'origen dubtós. Vol saber el que compra i quins beneficis o perjudicis comporta.

Les lleis, sobretot les europees, exigeixen cada cop més transparència. Les fórmules secretes estan desapareixent. Tan sols quedarà la de la Coca-Cola i per motius de màrqueting que no tenen res a veure amb la realitat. Creieu que en el segle XX, en un segle en el qual el *Curiosity* ha arribat a Mart i en el qual alguns consellers d'Interior, a través de l'anàlisi de l'ADN d'una punta de cigarreta, poden saber el causant d'un foc forestal, no es pot descobrir, en un laboratori de la senyoreta Pepis quina és la fórmula *secreta* de la Coca-Cola? La fórmula secreta de la Coca-Cola és tan sols una llegenda que fa engrandir l'*storytelling* de la marca.

Els ingredients de Catalunya no s'han de canviar però s'han de posar al dia. I sense cap fórmula secreta. Per millorar-los i fer productes més atractius per a la ciutadania i per dissenyar-ne de nous que siguin vendibles a tots els segments de la societat.

És complicat, ho reconec, fer una analogia precisa dels ingredients d'un producte de gran consum amb els *ingredients* de la proposta de valor d'una marca país. Em trobo en un dels punts del llibre en què aquesta analogia general que estic emprant des del principi és més complicada.

Els ingredients d'aquest producte anomenat Catalunya són bàsicament quatre: els de la política, els de les institucions, els de la societat civil i els de la societat en la seva globalitat. Aquests quatre ingredients, o són de primera qualitat o mai tindrem un producte rodó. En màrqueting solem afirmar que tenir un bon producte és una condició necessària però no suficient. Sense un bon producte és impossible qualsevol tipus d'estratègia, per brillant que sigui. Ja he advertit molt al principi que considero que tenim un bon producte, però que del que aquí es tracta és de tenir un producte encara millor.

Aconseguir que la qualitat i el rendiment d'aquests quatre ingredients siguin excel·lents és una necessitat urgent. A l'empresa, quan això es converteix en crític, mobilitza tots els departaments: els de R+D+I, els de fabricació i els de màrqueting. Als de finances no cal avisar-los perquè aquests, com sempre i com és natural, l'únic que els interessa és rebaixar costos. I millorar els ingredients i substituir-los per altres de millors sol costar calés.

Com gairebé sempre també sol passar, els nois del departament de màrqueting són els que avisen: «Nois, no anem bé. Tenim massa sucre a la fórmula i les tendències del consumidor exigeixen menys aportació calòrica. Les últimes investigacions de mercat que hem fet ens ho demostren».

Eliminar greix i sucres de les fórmules s'ha convertit en una obsessió, en general, en la indústria de l'alimentació. El consumidor actual, almenys el més educat i format, sap que la salut depèn de l'equilibri energètic i nutritiu. Animalades que abans eren possibles, avui ja no ho són. Els dònuts ja no són el que eren perquè la quantitat de greix i sucre de la recepta el fan un producte gairebé tòxic. Els sucres i els greixos aporten calories de mala qualitat, no són proteics i no ens vigoritzen.

Quins són els greixos i els sucres de la nostra fórmula que caldria eliminar?

La corrupció política, per exemple, és un greix ultrasaturat i transgènic, directament cancerigen, que malmet qualsevol producte. Afecta les institucions i els polítics principalment.

L'autocomplaença de la societat civil (allò que en deien l'oasi) és, també, un sucre massa dolç que provoca diabetis, una malaltia que et mata lentament sense ni adonar-te'n.

La passivitat i la desafecció de la societat en general és un greix que, per molt d'oliva que sigui, engreixa massa i fa pujar la pressió i el colesterol.

La politiqueria dels polítics és un altre sucre 2.0 que ha de ser eliminat de manera fulgurant: aporta calories i no nodreix en absolut.

I podríem seguir fins a avorrir-nos.

En contrapartida, hem d'aportar ingredients nous a la recepta, i millorar els que ja tenim. Que ens dotin de més fibra i de més proteïnes. La fibra és la resistència, la resiliència, la determinació, el treball dur, la voluntat de ser. Les proteïnes són les ganes de millorar, el vigor, l'alegria i l'atreviment.

Receptes de producte

Per fer la introducció en el món de les receptes permeteu-me un exemple molt prosaic: durant l'estiu del 2012 vaig descobrir que el tradicional Cola Cao que tant li agrada a la meva filla (jo sempre he preferit el Cola Cao al Nesquik, ja que m'encantaven les bombolles de xocolata que quedaven mal dissoltes: aquesta és potser una de les característiques que ha heretat del seu pare) ha llançat al mercat una nova varietat. Es diu Cola Cao Pepitas (una altra digressió: quina mania tenen els anunciants de mantenir els noms comercials en castellà quan fan publicitat en català). D'aquest producte no en direm mai Cola Cao *palletes* de la mateixa manera que mai direm «Perquè m'ho mereixo» en lloc de «*Porque yo lo valgo*»).

Però tornem al Cola Cao: quina necessitat té aquesta marca, líder indiscutible i històrica de la categoria del cacau en pols, de fer aquesta pseudoinnovació? Doncs perquè segurament el seu lideratge està amenaçat. I no precisament per Nesquik, de la multinacional Nestlé, sinó per l'avenç imparable de la marca blanca. En el gran consum (igual que en altres indústries), si no pedaleges, caus de la bici.

Sense saber gaire per què, deia, ha aparegut un nou Cola Cao a la meva cuina. No me'n vaig ni adonar quan el comprava i tan sols la meva filla em va fer veure la diferència. I el més fort és que li encanta. El nou Cola Cao Pepitas no és més que el Cola Cao de tota la vida però al qual, tal com diu l'etiqueta, han afegit un valor de producte addicional al més convencional: «*¡Tómatelo como quieras! ¡Con leche fría tendrás chocolate crujiente en el fondo, con leche caliente encontraràs chocolate derretido en el vaso!*». És a dir, un avenç important per a la humanitat en forma de poca-soltada. Però una poca-soltada que encanta a la meva filla de sis anyets.

Ja he dit que els productes substitutius i les marques blanques són una amenaça a la proposta de valor principal del nostre producte. Quan els consumidors perceben que les marques tradicionals, en el nostre cas el producte Catalunya, no aporta res d'especial a la seva satisfacció com a consumidor i, com a afegitó, pateixen problemes econòmics greus per culpa de la crisi, es bolquen, immediatament, al consum de marques blanques. Catalunya, la nova proposta de Catalunya, ha de tenir això molt en compte: l'abstenció, la desafecció generalitzada, la irrupció de petits partits antisistema i l'aparició de partits populistes de caràcter antidemocràtic són els senyals inequívocs que la política, les empreses polítiques, no estan fent bé la seva feina. Ni innoven, ni milloren els productes, ni canvien la recepta, ni en proposen de nous més atractius. Exactament al contrari del que fa Danone.

Parlem, doncs, de les receptes, una evident font d'innovació en producte: tots aquests ingredients polítics que abans us he definit, un cop afinats i millorats, els barregem en la seva justa dosi? No hi ha encara massa pes de l'ingredient polític i institucional a la nostra fórmula? Jo crec que sí: és el moment que la societat civil i la societat en general agafin el relleu i el lideratge. Els països són el que són per la seva gent. Al final de la jugada, els polítics i les institucions no són més que el reflex de la idiosincràsia de la seva gent. Tenim els polítics que ens mereixem. Ja ho crec. Ara és el torn dels segons. És el moment en què la societat ha de reaccionar i liderar el canvi, per fer-ho, el comitè de direcció haurà de moure fitxa.

Mètodes d'elaboració

I en fer-ho entrem directament a repensar el mètode d'elaboració. Si un producte = ingredients + recepta + mètode d'elaboració, en un país, el mètode d'elaboració són les polítiques que els governs han d'aplicar en matèria social i en matèria d'incentivació. Quins mètodes caldrien per activar una fórmula en què la societat prengués el relleu i el lideratge?

Ja us n'he parlat, però no per això considero tancat el tema: l'educació és vital. És vital que a tots els nivells, no només al segment més jove, l'educació es converteixi en una política activa de canvi. Els adults hem de ser reeducats, el Govern ens ha de facilitar eines perquè la formació permanent no sigui un mite.

Des que tinc coneixement que sento a dir que l'anglès és la llengua franca sense la qual no podrem competir internacionalment. Des de fa dècades que ho sento i seguim exactament on érem. El coneixement de l'anglès (de debò) entre els joves d'aquest país és patètic. Què hem fet per capgirar aquesta situació? Res.

Jo ja entenc que hi ha polítiques difícils i complicades. Que hi ha mesures impopulars que a tots plegats ens costa de prendre de manera directa i decidida. Però ensenyar, de debò, l'anglès a l'escola, què ens costa? Torno a dir-ho, res. Canviar el programa i tenir la voluntat de fer-ho. Imagineu-vos que els nostres fills haguessin rebut un mínim de sis hores d'anglès a la setmana a l'escola. Imagineu-vos que les assignatures d'història, de socials i d'ètica s'haguessin fet, per imposició legal com s'ha fet (i molt bé) amb el català, en anglès. On seríem ara?

El món canvia molt de pressa, cada cop més depressa, i aquesta velocitat, si no estem preparats, ens pot deixar fora de joc. Necessitem nous mètodes i nous instruments per aplicar-los: facilitar eines per a la participació activa de la ciutadania en l'estratègia. N'hem parlat també, però caldrà pensar com i de quina manera. No és fàcil. Necessitem una plataforma útil en què, cada dia, la ciutadania pugui dir la seva per aportar valor.

La cooperació és un valor a l'alça. El professor Cornella, editor i fundador d'Infonomia, ho sap molt bé: a la seva teoria del *co-society* explica que la cooperació és el futur. No parlo de referèndums, que també. Els referèndums són una eina participativa, però, reconeguem-ho, del segle XIX. Hi ha un referèndum cada quatre anys on es dóna la presidència de l'empresa a un govern de gestió que promet respectar en els estatuts la missió, la visió i l'estratègia de la companyia. Aquests són els referèndums principals que hem de defensar.

No ens equivoquem, això no va de demoscòpia, no va de fer enquestes per saber com en som, de macos. Va d'aportar valor. Agafem el cas de la reforma de la Diagonal. En el mètode que jo reclamo, la reforma de la Diagonal hauria tirat endavant. De la manera que es va fer no. Era de postís, de fireta. La participació ciutadana que es va reclamar la vam demanar per justificar i legitimar la reforma que ells ja tenien al cap. Un polític esdevé estadista quan pensa en les pròximes generacions i no en les pròximes eleccions.

Hi ha un altre mètode, més enllà de l'educació i la participació que la nova fórmula de Catalunya hauria d'assajar: la desdogmatització política. El segle XXI ja no accepta dogmes de fe. Ni marxistes ni neoliberals. El segle XXI reclama eficàcia i eficiència. No proposo, com feia Francis Fukuyama, apostar per *la fi de la història*. No demano oblidar la ideologia, perquè la ideologia és necessària i imprescindible. La ideologia és el ciment de la societat, és la cultura corporativa de l'empresa. Però la ideologia no ha de ser dogmàtica. Creure en una idea és positiu sempre que ho siguis.

Hem de fer com amb la ciència, en la qual tot és cert fins que es demostra el contrari. Newton, Einstein i Plató tenien una idea, eren ideòlegs, i no només van defensar-la sinó que van demostrar que les seves idees eren certes. Fins avui ens hem mogut, políticament, com l'Església a l'edat mitjana. Hem cremat bruixes i científics perquè no acceptaven el dogma de fe. Perquè el món no era rodó i no era el centre de l'Univers. Ens hem de treure els dogmes de sobre i actuar amb ideologia però amb coherència estratègica.

Packaging i etiquetatge

Després d'escollir els ingredients adequats, d'afinar la recepta i de millorar el mètode d'elaboració, hem de passar al *packaging*, que, com hem advertit, hem de canviar radicalment. El *packaging* forma part del producte final, sense aquest no podríem vendre res. Ja no es venen productes a granel.

El producte Catalunya encara es ven com es feia al segle XVIII. Encara el venem i encara ens el compren, amb desgana, com a mitjan segle XX. Quan ens comprem un producte d'Apple, ja sigui un ordinador, un iPhone o un iPad, l'experiència comença amb el *packaging*. El *packaging* ja transmet els valors de producte i de marca que Apple ha volgut blindar en l'imaginari de la gent. El tacte, el color, la composició de la caixa són diferents. El llibre d'instruccions, l'organització dels accessoris, la peça petita que s'ha d'utilitzar per introduir la targeta SIM. No només està fet amb gust sinó que està fet estratègicament, deliberadament, per transmetre *branding* des d'un bon començament. I a sobre és funcional. Gràcies al *packaging* d'Apple, que segurament s'escandalla en menys d'un 2% del cost final del producte, els hereus de Steve Jobs són capaços d'apujar un 10% el preu final. Això és valor afegit i la resta tonteries.

Si no ens agraden les pomes, pensem en qualsevol altre producte que fàcilment podem comprar al supermercat. Fixeu-vos que tot està molt estudiat: la forma (a vegades estrambòtica, a vegades ergonòmica, a vegades simplista, a vegades funcional), els colors (de tota mena: brillants, mats, cridaners), les agrupacions de producte (individuals, de sis, de dotze).

En reflexionar sobre la importància tàctica que tenen les agrupacions de producte he recordat una notícia que recentment ha vist la llum pública: els últims estudis afirmen que les empreses de gran consum estan desenvolupant agrupacions de producte cada cop més petites. Agrupacions vàlides per a una sola persona. El motiu d'aquestes decisions empresarials és doble: la tendència que les famílies cada cop són més petites (per no dir unipersonals) i que la crisi provoca que la gent vulgui gastar-se exactament el que consumirà. No vol aconseguir descomptes a canvi d'empitjorar el seu pressupost de tresoreria. Per què hem de comprar un paquet envasat amb cent grams de pernil si amb cinquanta n'hi ha prou?

I pensant també en estratègies d'agrupacions m'ha vingut al cap aquell acudit de l'Eugenio en el qual un client reclamava al dependent d'una merceria paquets de calçotets de dotze unitats en lloc de set. El venedor li apuntava que el paquet de set era el més lògic: dilluns, dimarts, dimecres... La resposta del comprador va ser demolidora perquè també tenia la seva lògica: gener, febrer, març... Les motivacions i els *insights* de la gent, dels consumidors, canvien constantment. Si no estiguéssim atents a aquests canvis seguiríem intentant vendre el vi a petricons. I ens arriscaríem a no vendre'n ni un, de petricó.

Quin és el *packaging* de la Catalunya actual? Amb quins colors, amb quines formes i amb quines agrupacions ens venem al mercat? El lema i leitmotiv del llibre no enganya: Catalunya té un problema de màrqueting i, en conseqüència, també té un problema de *packaging*. El *packaging* tradicional de la marca Catalunya està envellit. Les marques de gran consum canvien de *packaging* cada dos anys perquè la roba es desgasta. Jo no demano el mateix, però sí un canvi radical de fons d'armari. Necessitem un *personal shopper* que ens posi a la moda.

Comencem per la forma. Catalunya s'ha venut principalment a partir d'una idea romàntica i ètnica amb un punt tradicionalista. Si m'ho permeteu, Catalunya s'ha venut amb envasos i colors de nació del segle XIX. Clàssica, amb barret, bastó i levita, quan ha volgut anar al Liceu i folklòrica, amb barretina, faixa i setvetes, quan s'ha anat de festa major. Ja sé que alguns em direu que en faig un gra massa quan ho descric així, però malauradament així és com ens veuen i com ens veiem, moltes vegades, nosaltres mateixos. Patim d'una pulsió burgesocamperola digna de Sigmund Freud. Una pulsió que es transmet al nostre *packaging* i a la moda que vestim. El segment més jove de la societat ja no ens comprèn. I moltes vegades tampoc ens compren.

És cert que recentment, des dels Jocs Olímpics aproximadament, que hem intentat canviar l'estil, però les rèmores del passat encara perduren. La marca Catalunya ha de canviar de forma, de color i d'agrupació. «És possible ser català i ser *fashion*» és una frase, crec que afortunada, que em va sortir de l'ànima un dia en què feia una conferència a propòsit de l'etiquetatge en català a la seu del Cercle d'Economia. La gent va entendre el missatge a la primera. Hem gastat massa porrons, massa barretines i massa folklorisme en general quan hem volgut arreglar-nos per sortir a l'estranger. El que val per vendre als carrers comercials de Camprodon no és vàlid ni s'entén a Oxford Street.

La forma d'aquest *pakaging* ha de ser molt més ergonòmic i modern. L'ergonomia és la ciència que estudia els moviments i que adapta el disseny a la manera com utilitzem els productes.

Penseu en l'aigua mineral. Els fabricants s'esforcen a buscar les formes més ergonòmiques que facilitin el consum de cadascun dels seus formats. Encara més, s'inventen i desenvolupen productes d'innovació pensant en l'ergonomia. Des d'ampolles de plàstic de PET quadrades que encaixen més bé a la nevera fins a ampolles petites amb *grip* per agafar-les quan el que es vol vendre és l'ampolla ideal per beure fent pràctiques esportives. També són un exemple les ampolles amb tap biberó especial per a nadons o les garrafes amb tap dosificador per servir-te el got d'aigua freda directament de la nevera.

Si la forma del *packaging* de Catalunya ha de ser més ergonòmica vol dir que l'hem d'adaptar als usos que en volem fer els ciutadans. Si es vol que Catalunya sigui més propera, que doni força als municipis. Si es vol que la marca Catalunya sigui més còmoda per a la gent, que s'elimini burocràcia. Si el que es vol és que el producte Catalunya es consumeixi fora del seu territori, etiquetem-lo en l'idioma que pertoqui.

Que tinguis un envàs ergonòmic no vol dir que descuidis el detall i el gust en la forma. Ni que perdis la identitat de marca. Tenir-ne no necessàriament implica rigidesa. Fixem-nos en el cas de les aigües amb *grip* per a esportistes. Gairebé totes les marques importants n'han desenvolupat un. Però cadascun d'aquests models, tots amb el *grip* corresponent, mantenen, en part, el gravat i la forma de l'ampolla que identifica cada marca. Recordeu que, amb Catalunya, qualsevol modernitat s'ha de fer respectant la seva identitat.

Respecte als colors del *packaging* de la marca Catalunya, vull fer-vos una reflexió genèrica prèvia per comprendre que moltes decisions empresarials en aquest sentit no són del tot banals. Us heu fixat que, dins d'una mateixa categoria de productes, totes les marques utilitzen colors similars? Curiosament, a més, les marques secundàries solen copiar el líder. D'aquesta manera, les cerveses, la gran majoria, són vermelles, blanques i daurades. Les aigües són blaves, poc o molt, però blaves. Els suavitzants també. El mateix que les llets. No obstant això, els olis tenen color d'oli perquè tots els olis de gran consum es comercialitzen amb plàstic transparent. Els sabons de rentar els plats són verds i els llexius són grocs.

L'explicació d'aquest fenomen ni és esotèric ni té a veure amb *Cuarto Milenio*: respon a la voluntat de copiar el líder. En el cas de les cerveses, les marques líders de cadascuna de les regions espanyoles són vermelles, blanques i daurades. A Catalunya amb Estrella, a Madrid amb Mahou, a Andalusia amb Cruzcampo i a l'Aragó amb Ambar. A les aigües, el blau predomina perquè així ho van decidir els de Font Vella i els de Solán de Cabras. Els suavitzants són blaus gràcies al Mimosín, de la mateixa manera que les llets són blaves per culpa de Pascual. Carbonell és transparent i la categoria també ho és. Els detergents són verds per Fairy i les fades verdes, i el lleixiu és groc perquè Conejo ho és.

Dins d'aquest context tan monòton de la *dictadura dels colors*, que, per cert, qui practica amb més desvergonyiment són les marques blanques, precisament per tenir més voluntat que ningú de copiar les marques líders, hi ha marques que aposten per trencar el codi de colors de la categoria. Ho ha fet Moritz en el món de la cervesa (amb el groc i el blau), ho ha fet Perrier utilitzant el verd en un regne de blaus, ho ha fet Cillit Bang amb el rosa llampant i no ho fet ningú encara en el tradicional món de les llets i els olis. En els dos últims casos és espectacular comprovar el retard secular d'Espanya quan es compara amb Itàlia o amb els Estats Units. La *premiumització* d'aquestes dues categories, olis i llets, és un fenomen que encara no ha arribat a Espanya.

Per què alguns *outsiders* volen trencar la dictadura dels codis de color? Perquè es volen diferenciar. En el procés de diferenciació de Catalunya, que no és altre que el de la concreció de la seva estratègia de posicionament (recordeu que posicionar-se amb èxit és sinònim de diferenciar-se), hauria de trencar, també, amb el codi de colors típic de la seva categoria de referència.

Enteneu-me bé, no proposo canviar la senyera ni l'escut de Barcelona (això ja ho van fer els socialistes). Proposo que el *cromatisme* de Catalunya canviï. De fet, he volgut diferenciar la forma dels colors des d'una perspectiva del món del gran consum perquè se m'entengui. Aquí parlo molt més d'estil i de forma que no pas de fons. No tot el que té a veure amb els països ha de ser seriós i transcendent.

És per això que hem de canviar la música del nostre iPod. Els colors de Catalunya han de ser vibrants, desimbolts, reptadors. Hem de destacar al lineal! No se'ns pot confondre! No podem semblar el que no som. I sobretot no podem semblar el que no volem ser.

Ens quedem afònics per reclamar que no som una comunitat autònoma més i contràriament ens vestim com qualsevol de les que s'han inventat una bandera fa menys de trenta anys. Portem la mateixa roba, les mateixes formes i els mateixos colors. Tenim una Generalitat que no destaca per sobre de la Diputació General d'Aragó ni per sobre de la Junta d'Andalusia.

En matèria específica de colors, tenim el mateix discurs gris que la Rioja. De tant en tant, sobretot els diumenges al migdia, ens agrada posar-nos un barret i un polo acolorit. És quan fem les declaracions *de-després-del-*

xupito en les concentracions de costellada del partit polític de torn. Però dilluns tornem a portar el mateix vestit, la mateixa corbata i les mateixes Sebago de color avellana amb les borles que tan agraden al barri de Salamanca.

Si Catalunya vol vendre la seva proposta de valor haurà de canviar de *packaging* de manera radical. Haurà de vestir-se amb un nou embolcall per vendre en el seu mercat nacional i internacional. A Catalunya, a Espanya i als Estats Units.

És obvi que el *packaging* pot patir alguna modificació quan canvia el mercat en què el distribueixes. Quan parlem d'això, parlem sovint de l'etiquetatge. L'etiquetatge és també força rellevant en el territori de l'estratègia de producte.

Sempre m'ha semblat original la manera amb què els cosmètics acostumen a etiquetar els ingredients dels seus productes: us heu fixat que sempre és en llatí? Aquesta originalitat prové del fet que la indústria cosmètica està força internacionalitzada i sovint, des d'un mateix punt productiu, es distribueixen els seus productes a dotzenes de països. Les contraetiquetes d'aquests productes, on sempre han de figurar els ingredients, estan en anglès i en llatí, les dues llengües franques, del passat i del present, internacionals.

Però més enllà d'aquesta anècdota, els productes de consum solen etiquetar en els idiomes oficials dels països en què es distribueixen. Dic *solen* perquè també és comú que *solen* fer una excepció quan parlem de Catalunya. Aquest país és tan original que no multa els que no etiqueten, almenys, en l'idioma oficial del país.

Però no vull parlar-vos d'això. Vull que reflexionem en quin idioma ha d'etiquetar Catalunya quan ven el seu producte fora del seu territori. Ho ha de fer en castellà quan es ven a Espanya i Iberoamèrica? Ho ha de fer en anglès quan surt més enllà dels Pirineus? Les decisions sobre l'etiquetatge són estratègiques, ja que defineixen el teu ADN com a marca. Com penses i com respires. Les marques seran humanes o no seran. I com a humanes que són, pensen, parlen i actuen.

Aquesta és la gran aventura i també el gran perill de la gestió de marques. La meva visió és clara en aquest punt: Catalunya ha d'etiquetar en català a Espanya i en anglès a la resta del món. Espanya ha d'aprendre l'idioma dels catalans de la mateixa manera que nosaltres i els portuguesos coneixem el castellà. Si volen tenir relacions amb nosaltres han de fer un exercici de *quid pro quo* equilibrat.

A la resta del món, malauradament, encara no som França. Sempre m'ha semblat impactant que el president de la República Francesa, per molt anglès que sàpiga (que en sap), s'expressi sistemàticament en francès, ja estigui xerrant amb Obama, fent una intervenció a les Nacions Unides o participant en qualsevol cimera de la Unió Europea. És la manera, tan adequada al meu parer, que tenen els francesos de vendre un dels atributs principals de la seva proposta de valor: *grandeur*. Quan els espanyols fan el mateix, se'ls veu d'una hora lluny que no ho fan per *grandeur* sinó per simple incapacitat. Penós. Aconsegueixen l'efecte contrari que el dels gals: *petiteur*.

Catalunya encara no és França i, evidentment, no vol emular el cas d'Espanya. Catalunya haurà de comunicar-se (i etiquetar) en anglès a qualsevol país del món més enllà d'Espanya.

A l'inici d'aquest capítol hem parlat d'un tema tan rellevant com les agrupacions. Hem recordat també amb un punt de nostàlgia però també amb la ironia que destil·lava l'extraordinari humorista Eugenio les seves agrupacions de calçotets i els *packagings* cada vegada més minúsculs que podem trobar als nostres supermercats. En aquest sentit, com hauríem de vendre el producte Catalunya de cara al mercat intern? En lots de sis, en format de litre i mig o a granel? L'hem de vendre amb un format diferent quan el venem al súper que quan el venem a l'hostaleria? En llauna o en ampolla?

La teoria del màrqueting explica que les decisions sobre el format i sobre les agrupacions tenen a veure en veure amb el moment de consum i amb la motivació de compra. Els estudiosos en aquest àmbit saben que quan anem a comprar a l'híper, en lloc del súper, hi anem amb l'ànim de comprar el necessari per a tota la setmana, no només per al que soparem aquella nit. És per això que quan anem a l'híper, no comprem una llauna de refresc sola sinó que preferim un gran lot de sis, dotze o vint i quatre llaunes embolcallades en un *hi-cone*.

En un altre cas, quan parem en una gasolinera a omplir el dipòsit i ens ve de gust un refresc, preferim sempre l'ampolla de plàstic de mig litre amb tap de rosca a la llauna tradicional perquè es pot obrir i tancar tantes vegades com es vulgui. I això en un cotxe, mentre condueixes, és rellevant.

Podria seguir posant tants exemples com volguéssiu, però la pista fonamental ja la tenim davant nostre: quan venem la proposta de valor de Catalunya, hem de tenir en compte el moment de consum i la motivació de compra dels consumidors potencials. En funció de quins siguin, vendrem (i ens en compraran) un format de Catalunya o en vendrem (i ens en compraran) un altre.

Reflexionen prou bé els polítics catalans aquest punt? Venen el mateix «lot» de Catalunya quan volem comprar el país a l'híper o al súper? Quan volem comprar a l'híper és a l'engròs, en les eleccions principals. En aquell moment haurien de vendre Catalunya en tota la seva dimensió, amb el «lot» més gran. Haurien de vendre visió de país, proposta de país i estratègia de país. Quan volem anar al súper de sota de casa, en la nostra compra del dia a dia, necessitem comprar mesures concretes, polítiques concretes, decisions concretes. I això es fa al Parlament. Cada dia. Aleshores caldria que ens venguessin polítiques econòmiques, polítiques socials, polítiques fiscals.

Només cal sentir discursos dels polítics en cadascuna d'aquestes situacions per veure que aquesta norma del màrqueting no es compleix. Venem fets i no paraules quan, en aquell moment, el que toca és vendre garrafes de vuit litres d'il·lusió i de somni. Venem paraules i no fets quan toca vendre polítiques concretes que demostrin als consumidors que s'està fent la feina del dia a dia. Que s'està fent la feina per la qual paguem el sou als nostres polítics.

Al Parlament toca la compra del sopar del vespre: la llauna de torn per la llei de torn. Aquest és el format que toca en aquell moment. En la mateixa línia els polítics venen llaunes en lloc d'ampolles de plàstic de mig litre en tap de rosca quan ens proposen eficiència en moments que la gent vol comprar eficàcia. Ens venen el pacte fiscal quan la gent vol comprar sobirania, per posar només un exemple.

Acabo emfasitzant que les estratègies de producte són nétes de la definició de la nostra visió i missió i filles directes de la concreció dels nostres objectius estratègics i de la nostra proposta de posicionament. Ni la fórmula, ni els ingredients, ni el mètode, ni el *packaging*, ni els colors, ni les agrupacions poden escapar-se d'aquest esquema. Fixem-nos com ho fan, en aquest cas especialment, les empreses líder del sector del *gran consum*. Res queda a l'atzar i res s'analitza sense l'estricta supervisió del màrqueting. El màrqueting estratègic sempre sobrevola les decisions en aquest àmbit i les condiciona enormement.

Reflexionem amb visió de futur: hem de construir una nova proposta de valor i hem de *fabricar* un nou producte que volem que ens compri la majoria de la societat per assolir els objectius estratègics que ens hem proposat. Siguem fidels a aquest esquema. Ens anirà força millor.

El preu

Sembla incoherent. Els lectors que no estiguin gaire avesats a la literatura del món de la marca, no entendran per què el preu té un capítol específic dins el procés de construcció d'un pla estratègic de màrqueting. Per a aquests, permeteu-me una introducció aclaridora.

El preu és el reflex del valor de qualsevol cosa. Paguem un preu X per un producte o un servei que creiem que té un valor Y. Aquest preu X que cobra el venedor, pot canviar-lo per un altre producte que, precisament perquè també té el valor Y, pot bescanviar pel preu X. Aquesta simple equació de primer grau ens exposa que, si hi ha dues coses que tenen el mateix preu, és perquè tenen el mateix valor. Hi estem totalment d'acord?

Ara en faré una de més grossa: segons l'equació que acabo d'exposar, tindria el mateix valor un cotxe utilitari, per exemple, un Daewoo Basic, que una bossa de luxe, diguem una de Loewe. I el tindria senzillament perquè tenen el mateix preu. En aquest punt alguns us estirareu els cabells i em direu que de cap manera, que poden tenir el mateix preu però que ni de lluny tenen el mateix valor.

Aquest és un dels dilemes típics en màrqueting. la discussió entre preu i valor. Són la mateixa cosa? Doncs els que som de màrqueting no tenim altre remei que dir que sí, que normalment, si no hi ha interferències en el mercat, valor i preu són idèntics. El que passa és que les ments lògiques i racionals dels éssers humans només solen valorar una cosa del valor: el valor utilitari.

Si parlem de valor utilitari, és evident que el valor del cotxe Daewoo és infinitament més gran que el de la bossa de Loewe. Un cotxe permet desplaçar-te, anar a treballar, recollir els nens de l'escola, servir de transport dels pares quan es troben malament. En sentit contrari, la bossa de Loewe tan sols ens permet portar algun pintallavis, el paquet de tabac i... fer el fanfarró quan el logo és ben visible.

Segons això, al valor utilitari de la bossa de Loewe, per arribar al valor absolut del cotxe, li manca una cosa. Una cosa fonamental: el valor de marca. El valor de marca és el valor pel qual les empreses lluiten, investiguen, patenten, contracten gurus i, fins i tot, llancen opes hostils per comprar-ne quan no són capaces de desenvolupar-les. És la raó per la qual les empreses gasten fortunes en comunicació i publicitat. No perquè les coneguem, que en part és per això, no per forçar-ne la notorietat, que també, sinó per poder vendre més car. El marge brut (preu de venda minorat amb el cost de fabricació) de la bossa de Loewe és probable que sigui centenars de vegades més gran que el de Daewoo.

Com més valor de marca, més preu. Recordeu l'exemple del meu amic cavista? Per acabar de reblar el clau respecte a preu i valor i per entendre per què el preu és una eina de màrqueting tan important com poden ser-ho la publicitat o les xarxes socials, deixeu-me que us exposi un altre exemple. Deveu haver sentit un munt de vegades que l'Ibiza (del grup Seat-Volkswagen) és exactament igual que el Golf (del mateix grup). Tinc amics que treballen en el mercat de l'automoció, de fet són mànagers d'empreses que proveeixen els components necessaris perquè es fabriqui, que m'han confirmat que, efectivament, en línies generals, això és així.

M'han advertit també que tampoc cal que ens ho creguem al 100%. El motor és el mateix, els frens, les suspensions i el sistema d'embragatge també. Els pneumàtics i els tubs d'escapament tenen la mateixa mare (i el mateix proveïdor). En definitiva, que el que fa que un cotxe sigui un cotxe és idèntic en un model i l'altre. No obstant això, molts components, entre els quals la majoria dels que personalitzen i customitzen els models (accessoris, detalls de decoració, rellotges interiors), són millors (i més cars) en el Golf que no pas en l'Ibiza.

La realitat és que, escandallant ambdós models, en referència als costos de producció, el Golf que acaba sent un 10% més car que l'Ibiza.

Com pot ser doncs que, a efectes de PVP el segon sigui un 30% més barat que el primer? Perquè, senyors, hem topat amb la marca de nou. Però compte, aquí hi ha un truc addicional respecte al cas de Daewoo i de Loewe. Loewe deu gastar (de manera proporcional) més de vint vegades el pressupost en comunicació que es gasta Daewoo. Contràriament, a Espanya, l'Ibiza gasta molt més que no pas el Golf en publicitat. Aquest truc de màgia no és tal. Quan parlem de marca, no només parlem de *publicitat*, parlem de valors de marca que, en molts casos, es construeixen durant dècades sense cap mena d'inversió publicitària excepte el *buzz marketing* que genera un cotxe amb *storytelling* com el Golf.

Aquesta introducció respecte al preu ha fet una perillosa incursió dins el món de la marca i en conseqüència del màrqueting més popular. Crec que no em calen més arguments per demostrar que el preu és una eina de màrqueting de primer nivell.

Doncs bé, com ha d'utilitzar l'eina del preu Catalunya per a la seva estratègia? Primer caldria descobrir quin és el preu de Catalunya. I no em refereixo al valor d'aquest preu sinó a la naturalesa d'aquest preu. Si Catalunya es ven, quin és el preu que cal pagar?

Els catalans paguem un preu tècnic que s'anomenen impostos i un preu emocional que s'anomena sentit de pertinença. El preu tècnic valora exclusivament el producte. El preu emocional valora la marca. Si volem que Catalunya sigui un producte fàcilment comprable a l'interior, hem de maximitzar la suma dels dos preus. Els productes d'Apple són relativament tan cars perquè la suma dels dos preus és molt alta.

En concret, i per ser rigorosos, hem de maximitzar la relació qualitat-preu dels dos vectors de valor (marca i producte). Hi ha força experiències empresarials que han fracassat estrepitosament perquè han cregut que simplement apujant el preu, augmentaven el seu valor, amb la qual cosa el que feien era empitjorar la relació qualitat-preu. Quan això passa, estàs perdut.

Que ho preguntin a algunes marques de moda que van haver de rectificar *in extremis*. Us en recordeu, d'Antonio Miró? Avui és una marca més morta que no pas viva que sobreviu gràcies a *line extensions* de marca que, com diria aquell de l'*APM?*, són *de suspenso total*. A Custo Barcelona està a punt de passar-li una cosa similar. Engrescat per l'efecte moda, el dissenyador barceloní i els seus assessors no van ser capaços de veure que una samarreta mai pot costar cent euros. Avui ja només ven a Outlets. A vint euros la peça. Tous i els seus ossets en forma de joies *pijas* ja no és capaç de vendre ni una tercera part del que venia fa pocs anys.

Catalunya ha de vendre el seu producte al preu just: amb uns impostos justos i harmonitzats que equilibrin la relació qualitat-preu del servei que presten a la societat i amb un *premium price* que es valori amb l'estima de marca. Però per fer això caldrà construir aquesta marca aspiracional. Això és del que parlarem en el proper capítol.

Promoció i comunicació

És quan arribem a aquest capítol que ens trobem amb la necessitat de desplegar l'estratègia de comunicació de tot el que hem estat treballant, des d'un punt de vista de posicionament i de proposta de valor. Una comunicació amb majúscules que ha de contribuir capitalment a difondre i fer arribar els missatges que construiran la nova proposta catalana.

En la part més estratègica del llibre ja avisàvem de la necessitat d'identificar quins són els segments de la demanda i més concretament, quins són els consumidors *target* que finalment escollirem, amb la finalitat d'adreçar tota la bateria de missatges que ajudaran a construir la marca i la proposta de Catalunya en la seva ment.

Per dinamitzar el relat començaré amb l'apunt d'una sèrie d'idees força, i és per això que prefereixo rescatar (paraula no candidata a ser la més simpàtica de l'any) alguns apunts bàsics que poden guiar l'enfocament estratègic de la comunicació de Catalunya en lloc de fer un relat clàssic i excessivament teoritzador en la part més dinàmica de l'estratègia. Aquestes idees força que guiaran la promoció (comunicació) són:

- Per construir una marca creïble, s'ha de comunicar de manera creïble.
- És preferible comunicar el que fas que comunicar el que ets, sempre que el que fas t'identifiqui amb el que ets i, sobretot, amb el que vols ser.
- La comunicació ha de ser coherent i consistent a llarg termini. Adequada a l'estratègia i homogènia.
- El canal de comunicació, a vegades, fa el missatge.
- No s'han de confondre els mitjans amb els objectius.
- Venem una promesa de producte il·lusionador, no un quilo d'arròs.
- Venem una promesa de producte creïble, no focs d'encenalls.
- Els *targets* de comunicació no cal que coincideixin amb els *targets* de màrqueting general.

Començant pel darrer punt, per a mi fonamental, aconseguirem enfocar de manera precisa què vol dir comunicar de manera estratègica.

Vull emfasitzar que no sempre les empreses (i les seves marques) adrecen les campanyes publicitàries al segment majoritari de la seva demanda. Més concretament (i segurament més veraç) no sempre les empreses destinen la major part de la seva despesa publicitària a construir missatges per al *core target* de la seva proposta de valor. Això és així perquè sovint oblidem que el *target* de comunicació pot ser molt diferent del *target* de màrqueting. Ho exemplificaré perquè quedi més clar.

Quan Loewe va llançar l'any passat una massiva campanya digital d'una nova línia de bosses, molts es van quedar amb la boca oberta. Recordeu (podeu veure-la a *www.loewe.es*) que aquesta campanya, amb un estil absolutament modern, desenfadat i transgressor, presentava una nova línia de bosses amb les nanses de color fluor utilitzant actors molt joves, amb estil neogòtic i *pijo trash*, mentre debatien teatralment de temes tan naïfs com l'amor o l'amistat infinita.

Com era possible que una marca tan, diguem-ne, *del barrio de Salamanca*, tan aristòcrata, tan del Madrid Imperial, adrecés una campanya que xocava frontalment amb els valors que pot representar, per exemple, la dona de l'ambaixador de Colòmbia a Madrid? Pensem que aquesta és, claríssimament, el *core target* de l'estratègia de màrqueting general de l'empresa madrilenya... Precisament per això, perquè aquesta campanya no estava destinada al seu *target* natural, el de tota la vida, el que fa que Loewe sigui una empresa que guanya diners, sinó, contràriament, a aquells altres que potencialment podrien ser els seus nous consumidors. Gent jove, *fashion victims* de tota mena que avui vesteixen Dolce & Gabbanna i demà, potser, Loewe. Uns consumidors que, precisament, avui no compren aquesta marca perquè la consideren una marca carrinclona i desfasada (la marca que llueix la meva mare).

Loewe canviava la seva proposta de valor (bosses amb nanses fluor, res més lluny del seu estil tradicional) i, en conseqüència, canviava el seu missatge i els seus anuncis per captar un nou tipus de consumidor. La campanya de Loewe pot agradar-nos o no (a mi no em va agradar gens), però el que no podem fer és criticar-la sense entendre l'estratègia que hi ha al darrere.

Senzillament, molts han criticat la campanya de l'empresa madrilenya perquè no han entès que el *target* de màrqueting i el *target* de comunicació, en aquest cas, no tenen res a veure. No coincideixen deliberadament.

Ho veurem quan parlem directament de Catalunya. Tots sabem quin és el seu *target* natural de màrqueting, el que fa que Catalunya sigui Catalunya i no Castellà i Lleó. Però igual que a Loewe, a Catalunya li falta eixamplar el seu *target* general de màrqueting. Li falta quota de mercat. I potser per això, algun dia, en algun moment, haurà d'adreçar campanyes de comunicació que, independentment del seu mercat natural, s'hauran d'adreçar a uns altres de molt diferents. Quan això passi, i ho veurem, potser rebrem les mateixes crítiques que ha rebut Loewe. Probablement a la dona de l'ambaixador de Colòmbia a Madrid no li va agradar gens el nou espot *on-line*. Però tot això ho comprovarem després, ara encara ens falta algun exemple més que justifiqui el que diem.

Posem un nou exemple amb la campanya, massiva, de Turkish Airlines. Tot i que potser molts no se n'han adonat, Turkish Airlines és patrocinador oficial del Barça (almenys ho és mentre escric aquest llibre). Què carai fa una línia aèria turca, de bandera, no de *low cost*, patrocinant el Barça? Poca gent sap, però, que també és patrocinadora del Manchester United i de l'Eurolliga de bàsquet. Tampoc no sé si gaires de vosaltres heu tingut l'oportunitat de viatjar en un avió d'aquesta companyia. En qualsevol cas puc afirmar-vos que l'experiència és francament impressionant: avions moderns, bon càtering, seients de classe turista amb pell, puntuals i bilingües. Podria afegir-hi encara més adjectius qualificatius en positiu, però crec que no fa falta. S'entén el que vull dir.

Mitjançant aquesta campanya (molt costosa, patrocinar el millor equip del món té aquestes coses) Turkish Airlines es vol adreçar a un nou tipus de consumidor. Vol informar que la paraula *Turkish* és accidental. Feu la prova: escriviu Turkish Airlines a Google. La primera entrada diu *Best Airline in Europe*. Un cop entres al seu web corporatiu, la segona frase que et saluda és *Globally Yours*. Turquia no és una cosa que, a casa nostra, inspiri gaire confiança i, en un mercat tan sensible com l'aeri, la falta de confiança és realment un problema.

No comparteixo, personalment, la impressió generalitzada que Turquia és un país del Tercer Món. He de reconèixer que hi ha ajudat, i força, el fet que hagi passat uns dies de vacances a la ciutat d'Istanbul. Poca gent sap que aquesta capital històrica, relleu de l'antiga Constantinoble i hereva de l'encara més antiga Bizanci, té dinou milions d'habitants i és la quarta ciutat del món, després de Nova York, Londres i París, amb més milionaris censats. És una ciutat dinàmica, moderna i la gran porta de l'Àsia en molts sentits, entre els quals, la comercial. I capital d'un país amb més de seixanta milions d'habitants que fa dècades que truca a la porta de la Unió Europea. Però el que és ben cert és que encara, per a la majoria de la població catalana, Turquia és percebuda com un país tercermundista.

Turkish Airlines vol expandir les seves operacions al món. I per fer-ho engega una campanya de comunicació basada en la idea d'un *co-branding* íntim amb la marca Europa. Vol conquerir un nou tipus de consumidor que ja no és el seu tradicional, l'executiu local turc que vola d'Istanbul a Ankara, ni tampoc és el turista accidental que visita la Capadòcia quan ja no té res més a fer. El nou *target* de comunicació de Turkish Airlines està en sintonia amb la seva nova estratègia comercial. Amb la seva nova proposta de valor.

Si consulteu a la xarxa dades referents a aquesta empresa, en multitud d'articles d'enfocament econòmic, entre altres coses, hi trobareu dues dades significatives: d'una banda, descobrireu que Turkish Airlines ja és una empresa privada sense cap mena de participació estatal (Turquia és un país socialdemòcrata musulmà que encara rep la majúscula influència del seu gran refundador, Atatürk) i, de l'altra, també que, des del 2008, aquesta companyia turca ha estat l'empresa aeronàutica que ha engegat la campanya més gran dels últims temps de compra d'avions de tot el mercat internacional del ram.

Per a un executiu de Londres, Milà o Barcelona que ha de viatjar a Ginebra o a Munic, la paraula *Turquia* no ha de significar res més que excel·lència, el mateix que destil·len els dos equips que sistemàticament patrocina, el Barça i el Manchester United. Vet aquí l'explicació de la campanya. Un cop més trobem una empresa que diferencia els seus *targets* de màrqueting amb els de comunicació per llançar estratègies de creixement.

Quan debatem sobre la causa catalana (i haurem de reconèixer que sobre el tema hi ha veritables oceans de paraules) solem cometre un error capital: enfocar la comunicació cap al segment de consumidors que ja ens compren el producte. Estrictament cap al *core target* de la nostra estratègia de màrqueting.

Tenim infinitat d'exemples que demostren que el que us explico és cert. Que confonem els *targets* de màrqueting amb els *targets* de comunicació. Que ho fem molt pitjor que Loewe i que Turkish Airlines.

Errors

Us explicaré una anècdota significativa: fa cert temps vaig tenir una intensa i divertida discussió amb un company de feina respecte a un producte publicitari de què s'havia fet ressò durant els últims mesos a Internet. M'estic referint a l'espolímetre.

Aquest producte, entès com un producte publicitari (i de comunicació) en tota regla, pretén despertar consciències respecte a l'inacceptable sistema fiscal que està escanyant les capacitats financeres de Catalunya. No cal que m'esplaï gaire perquè el tema és prou conegut. El que és especialment interessant del cas és adonar-se que l'espolímetre incompleix la premissa que he donat en aquest capítol: que els *targets* de comunicació no cal que coincideixin amb els *targets* de màrqueting. I no només no cal que hi coincideixin, sinó que, si pensem estratègicament, no hi han de coincidir.

Queda cap català nacionalista, a Catalunya o a fora, que no sigui plenament conscient de l'espoli fiscal? Cal esmerçar esforços a comunicar aquesta realitat? Ja sabem que el *target* de màrqueting més important de Catalunya és precisament aquest. Però, per què no comencem a identificar nous *targets* de comunicació que ampliïn la base de la nostra clientela? I si quan definim l'estratègia de comunicació de la nova proposta de valor catalana ens adrecem als segments de la població que encara mai ens han comprat?

L'espolímetre no és altra cosa que una eina comunicativa, original i senzilla, que explica visualment i didàcticament aquesta realitat. On és, doncs, el problema? Des del meu punt de vista, gastar recursos a comunicar el que ja sabem és antieconòmic i ineficaç. I això encara és més greu quan, a més, som plenament conscients de la manca generalitzada de recursos que patirem per abastir tota l'estratègia comunicativa que en el futur haurà de disposar Catalunya.

No podem disparar amb pólvora de rei. Per què gastem diners a convèncer els que ja hem convençut? Hi haurà qui dirà que, precisament, l'espolímetre és un instrument que vol fer pedagogia entre els no convençuts (recordem-hi, els que encara no són compradors de la proposta catalana) que l'espoli és inacceptable. I és precisament aquí on discrepo profundament en la tàctica de l'espolímetre. Per tres raons:

- Els no convençuts dins del segment de *desafectats* no saben què significa la paraula *espoli.*
- Els no convençuts, catalanistes però porucs, els *catalans-de-tota-la-vida*, no es creuen tanta simplicitat.
- Els no convençuts i radicals defensors de tesis contràries a l'espoli (els *antitarget*) invaliden l'instrument per l'antiga tàctica de l'esmena a la totalitat.

Per donar carta de validesa a la primera afirmació, la que diu que els *desafectats*, els consumidors potencials no nacionalistes castellans allunyats de la proposta emocional de la marca Catalunya, mai entendran el producte ni la seva significació, vaig proposar al meu amic una juguesca que mai vam arribar a fer (no va caldre): anar, plegats, a qualsevol municipi proper a l'àrea metropolitana de Barcelona, per exemple l'Hospitalet, Badalona o Santa Coloma, i atansar-nos, a l'atzar, a les primeres deu persones que sortissin per la boca del metro. I preguntar-los, a boca de canó, què significa la paraula *espoli*. Anotar les respostes i analitzar el resultat. Potser vuit o nou de cada deu haurien estat incapaços d'estructurar una resposta mínimament pròxima al que realment significa la paraula *espoli*: robatori.

Si l'instrument va adreçat a comunicar *la bona nova* a aquesta tipologia de consumidors, per què no l'anomenaven *robòmetre*? No és cap broma el que dic. Moltes vegades no reflexionem prou què implica entendre què volem comunicar i a qui volem comunicar-ho. Un cop més, falta d'empatia. I falta de raonament estratègic.

És evident, també, que el defecte d'aquesta campanya no prové tan sols del nom. Els consumidors potencials *desafectats* necessiten missatges molt més persuasius que facin aflorar la injustícia del tracte fiscal que els catalans rebem del Govern central i que siguin conscients de com aquesta realitat els afecta directament. A la seva realitat quotidiana. A la seva butxaca.

Pensem que 16.000 milions anuals té la mateixa significació per a molts que 1.600 o 160.000. Estic fart de sentir errors d'1 a 10 quan es parla de dades econòmiques. Feu la prova, jo l'he feta: en conferències en què sovint he hagut d'intervenir he pogut dir (intencionadament o no, això ara no fa al cas), sense que ningú se n'hagi adonat, que Moritz factura 400 milions quan en factura 40 (que ja en són prou). I això en escenaris en què els assistents són economistes, periodistes i llicenciats de tota mena. Devem haver sentit en innumerables ocasions com periodistes espanyols confonen els bilions anglosaxons amb els bilions europeus. I no passa res.

Dir que Espanya es queda amb 16.000 milions que corresponen als catalans (entre els quals també hi ha els desafectats) és molt menys efectiu que explicar que, amb aquests diners, podríem construir un magnífic hospital de primera categoria cada dia de l'any! La xifra de 16.000 milions significa el mateix, per a molta gent, que explicar que el pressupost de defensa dels Estats Units puja a 525.000 milions de dòlars. Molt menys inefectiu que dir que és 75 vegades més gran que l'espanyol.

Encara impactaria més explicar que, amb aquest dèficit anual, podríem obrir 365 aeroports com el d'Alguaire en un any, sense haver d'esperar que, a sobre, hi aterrés o s'enlairés cap avió. Això és el que passa amb 16.000 milions que se'n van a Espanya cada exercici i mai tornen. Us imagineu un aeroport internacional a Camprodon i un altre a Setcases? Doncs això és el que podríem fer (estúpidament) els catalans si aquests recursos no s'evaporessin cada any.

Parlem del segon grup, els que són nacionalistes, s'estimen profundament Catalunya, però, alhora, són extremament conservadors, tant que no acaben de *comprar* la nova proposta catalana, la que necessita tirar endavant amb excel·lència sense la carregosa presència del seu competidor antagònic. Els coneixem prou bé: pot ser el nostre pare, el nostre avi o el tiet que veiem només per les festes de Nadal. Estarem d'acord, i ho hem destacat al capítol dels consumidors potencials, que aquest és un *target* que cal treballar de valent per sumar-lo a la causa de la nova proposta de valor.

Vaig fer la prova amb el meu pare. Vaig ensenyar-li l'espolímetre. Em va mirar, em va somriure. Va respondre'm: «Les coses no són tan fàcils, fill meu...». Al meu pare no li he de vendre l'espoli. Ell ja és prou conscient del que significa. El veu (i el viu) com una pesada càrrega que hem de pagar pel simple fet de ser catalans. A aquest tipus de consumidors potencials, la imatge retòrica del catòlic que assumeix la penitència d'una inacabable llista de pecats, propis i col·lectius, els escau com un vestit de sastre. El dèficit fiscal és la penitència per ser com som, de la mateixa manera que quasi justifiquen, sense voler-ho, la Guerra Civil. Hauríem de saber-ho nosaltres, els més joves, que Catalunya als anys trenta era una olla de grills plena d'arrauxats inconscients que gairebé porten el país a la ruïna més absoluta. En aquest punt acabo la conversa amb el meu pare.

A aquests consumidors no hem de vendre'ls la penitència sinó la redempció. I la redempció no és l'espoli, és la visió d'un futur brillant per als seus fills i néts.

Respecte al tercer grup, el que nega el pa i la sal de la catalanitat perquè creuen en Espanya com a cosa indivisible, l'espolímetre no és vàlid perquè no es creuen la premissa principal. No hi ha espoli. L'espoli és un invent dels nacionalistes. Punt final. No cal perdre-hi més el temps.

En definitiva, ens trobem davant d'un producte de comunicació que només és eficaç per als qui ja ho sabíem, de què anava això de l'espoli. Per totes aquestes males interpretacions es comenten moltes errades de manual que, en el millor dels casos, signifiquen llençar un munt de calés i hores a la paperera.

Fer una autòpsia de les errades de comunicació relacionades amb la *causa catalana* (malgrat que la causa de la qual ara parlem ja no és *una causa* en genèric sinó *una proposta de valor* concreta i nova) seria llarg i avorrit, però és il·lustratiu apuntar-ne algunes per no quedar-nos amb l'anècdota de l'espolímetre. Us ben asseguro que si ens posem a filar prim acabaríem estirant-nos els cabells. Per això només n'indico tres:

- De què serveixen les campanyes de foment de la llengua com *Dóna corda al català*, el de la dentadura ballarina, si bàsicament se centren en campanyes televisives que només s'emeten per TV3? Sabeu que un percentatge molt elevat de catalans no la veuen mai excepte quan juga el Barça?
- De què serveix fer assemblees independentistes a barris o pobles independentistes en les quals només van independentistes?
- Per què anem a vendre Catalunya on no volen comprar-nos? Repasseu les inversions en estands que s'ha gastat la Generalitat (de dretes i d'esquerres) en fires com Fitur, Madrid Fusión o Lo Mejor de la Gastronomía a Madrid i a la resta de les Espanyes.

Perquè es comenten aquestes errades? Al meu parer, per falta d'un model estandarditzat, atrevit i modern de màrqueting. És per això que ara convé posar en negre sobre blanc un model de *branding* que, per la seva senzillesa, em resulta especialment atractiu. M'hi he referit en algun altre punt, però és ara quan convé desplegar-la en tota la seva magnitud.

Un model excel·lent de branding

Aquest model, desenvolupat per l'amic i grandíssim expert en marques Ramon Ollé, ens il·lustra com evolucionen les marques o, més ben dit, com hem de fer-les evolucionar perquè es comportin estratègicament. Segons el model, hi ha quatre fases en qualsevol procés de construcció de marca, que són:

- La creació de l'espai mental
- El desenvolupament de tangibilitats
- La construcció de valors emocionals
- L'arquitectura de marques

El model ens explica que les grans marques evolucionen, fase a fase, seguint aquest esquema seqüencialment. Seqüencialment significa que cada etapa ha de ser cremada amb anterioritat abans d'endinsar-nos en la segona. És pos-

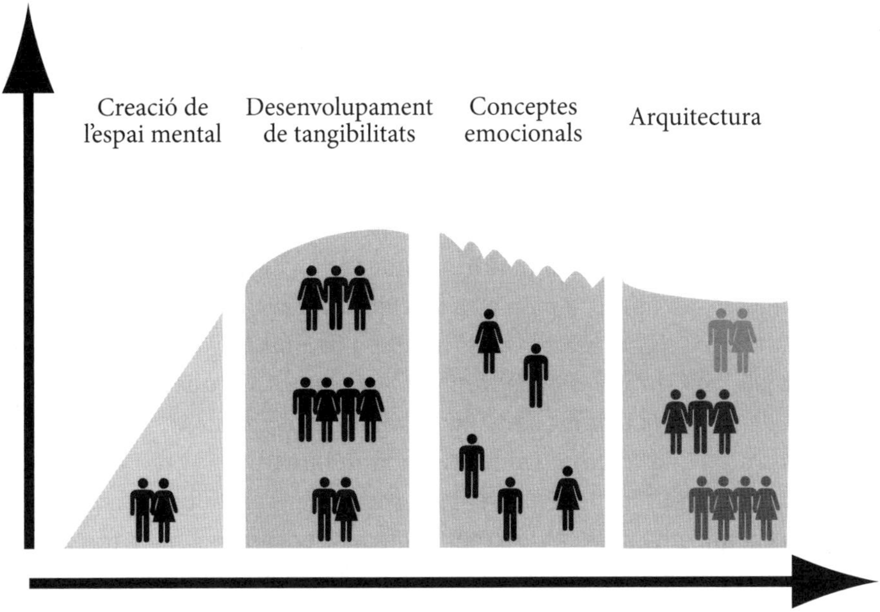

sible que la segona etapa se solapi, en part, amb la primera o que la quarta ho faci amb la tercera. Però seguir l'ordre és important. Qualsevol marca ha d'aconseguir, en primer lloc, que es posicioni com a tal (amb el seu nom, logo, colors i vinculació al producte que representa) per, en una segona fase, començar a desenvolupar arguments, tangibilitats racionals, que expliquin per què aquest producte marca és tan atractiu. Un cop completades aquestes dues primeres etapes bàsiques, és possible començar a construir valors emocionals al voltant de la marca, cosa que, com és fàcil d'imaginar, és un procés més complex i subtil que requereix molta credibilitat. Quan hem finalitzat totes i cadascuna de les fases anteriors, estem en disposició de començar a parlar d'arquitectura de marques, en el cas que en gestionem més d'una.

En quin estat d'aquest procés es troba Catalunya? Aquesta pregunta no té una única resposta, ja que depèn del *target* al qual ens dirigim i depèn, alhora, d'analitzar en quina d'aquestes quatre fases esmentades es troba cadascun dels *targets* als quals ens volem adreçar.

Efectivament, per a mi i per a molts com jo, és a dir, per a un *target* de comunicació avançat que valora i respecta la marca Catalunya des de fa moltes dècades, el producte marca Catalunya es troba a l'última fase d'aquest procés. Ens trobem en el moment en què hem de prendre decisions mentals respecte al paper que ha de jugar Catalunya vers Espanya, Barcelona o Europa. Des que vam néixer, la marca Catalunya ha ocupat un espai mental en el nostre hipotàlem, i des de fa més de dues dècades tenim prou informació sobre què és i què no és Catalunya. En coneixem els perfils físics i els substrats emocionals. Ens toca ara decidir quina jerarquia ocupa dins el mapa de marques competidores. Com construïm una arquitectura de marques harmònica que vertebri la proposta de posicionament de Catalunya?

Però el que és rellevant entendre és que, per a alguns dels *targets* que fa moltes pàgines hem descrit com a estratègics, uns *targets* (els desafectats, els anticonsumidors, els immigrants i els *catalans-de-tota-la-vida*) que són els que poden donar un tomb (el famós *sorpasso*) a l'atzucac en què som, amb prou feines han enllestit la primera fase, la segona o la tercera fase.

Segons aquest esquema, és molt difícil desenvolupar valors racionals i valors emocionals de cap mena, i encara menys fer cap tipus d'exercici d'arquitectura, amb una marca que, per a alguns, encara no ha ultrapassat la primera fase, la que parla de la creació de l'espai mental. Pot semblar exagerat el que dic, però tècnicament és així.

Hi ha un percentatge prou important de la població catalana (les enquestes i alguns estudis la xifren al voltant del 15%) que ni tan sols sintonitza als seus televisors TV3. No és que no la vegi, és que ni la sintonitza. De la mateixa manera que no em preocupo de buscar en el meu múltiplex digital la televisió d'Ucraïna, ells tampoc tenen aquesta preocupació respecte a la televisió nacional catalana.

Amb aquesta dada destacada es posa de manifest, al seu torn, la irrellevància de la marca Catalunya per a aquest *target*, que, a sobre, és absolutament cabdal. Ningú els ha ajudat ni tan sols a construir l'espai mental que qualsevol marca necessita.

Com podem fer propostes de valor, com podem comunicar res al voltant d'un producte que no es coneix? Aquesta desconeixença, per acció o per omissió, no té res a veure amb el que tècnicament és Catalunya. Tothom sap, fins i tot aquests grups de consumidors potencials, que Catalunya és una comunitat autònoma dins Espanya i tothom sap també que Catalunya té un club de futbol que es diu Futbol Club Barcelona.

Però es pot afirmar amb rotunditat que la proposta de valor de Catalunya, sigui quina sigui, no forma part de cap mena d'espai mental per a aquesta gent. Convindreu amb mi que, si el model és cert, qualsevol bon gestor de la marca Catalunya hauria de començar precisament per aquí, per la primera fase del model, perquè si no, tota la resta serà inútil.

El model aplicat a Moritz

He fet poques referències a Moritz, la marca que més estimo, dins d'aquest llibre. Ara toca fer-ho a fons. I toca perquè l'aplicació sistemàtica del model que us acabo de presentar és absolutament cabdal a l'hora d'entendre moltes de les decisions que he hagut de prendre com a director de Cerveses Moritz. La majoria, relacionades amb el posicionament de la marca i, en conseqüència, amb l'estratègia de comunicació.

De tota manera fer un paral·lelisme entre Moritz i Catalunya pot semblar tan vanitós com comparar-me amb John Maynard Keynes. Però crec que no sóc tan orgullós. Si ho faig és perquè, en l'àmbit del que vull parlar-vos, sobreel que dóna importància a la necessitat de fer despertar la proposta de valor al segment de la població que és absolutament indispensable per fer triomfar la nostra visió, el paral·lelisme amb la meva experiència a Moritz és força demolidora.

Quan l'any 2001 la família Moritz va contractar-me per tirar endavant el projecte de recuperar la marca i refundar una companyia que, aleshores, feia vint-i-sis anys que estava desapareguda, recordo amb especial vivacitat els moments previs en què, després d'una sèrie de reunions confidencials amb els propietaris, en unes reunions en les quals mai m'havien volgut desvelar quina era l'empresa que es volia rellançar, finalment va arribar l'hora de dir-m'ho. No van voler anunciar-m'ho abans, fins que la família estigués prou convençuda que jo m'hi implicaria decididament. Que no els fallaria, vaja. El projecte Moritz era, en aquell moment, absolutament confidencial. Les implicacions competitives del projecte així ho exigien i no podien permetre's el luxe d'engegar un procés de selecció estratègic i anar explicant el projecte Moritz al primer que arribés seleccionat pel *headhunter* de torn.

La sorpresa en desvelar-m'ho, per negativa, va ser monumental. Moritz? Què collons era Moritz? Jo aleshores tenia vint-i-vuit anys i en devia tenir poc més de quatre quan la marca va desaparèixer. Encara que sempre he estat molt avançat en tot el que significa *experimentar a la vida* no ho havia estat tant per haver tastat la cervesa Moritz quan encara anava al parvulari. La marca Moritz no significava res per a mi.

Després d'aquella desagradable sorpresa (no sé per què en les reunions prèvies m'havia imaginat que potser es tractava de rellançar la Mirinda o de reconstruir la marca Hispano-Suiza) vaig fer una trucada al meu pare per assegurar-me que el que m'explicaven aquells senyors, que la Moritz havia estat una marca molt reconeguda i amb molta quota de mercat a Catalunya, era veritat.

Si abans us explicava la meva sorpresa negativa en saber el nom de la marca que em proposaven rellançar, quan vaig parlar amb el meu pare em va passar exactament el contrari. Emocionat, em va dir que la Moritz era la marca que ell solia prendre sempre que sortia dels entrenaments quan era jove (el meu pare va ser porter semiprofessional de l'equip d'hoquei de l'Horta).

Era evident en aquell moment que la marca Moritz no ocupava cap espai mental en la meva ment, però sí en la del meu pare. Però no és d'això del que vull parlar-vos sinó de l'experiència de construir aquest espai mental de manera massiva a tota la societat catalana a partir del seu llançament l'any 2004.

Com ho faríem? Érem plenament conscients que el primer que calia, un segon després de sortir amb el primer camió carregat de la nostra cervesa, era aconseguir la identificació de la marca Moritz amb un producte tan popular com la cervesa. En aquells primers moment la cosa no anava de vendre fum, de parlar dels valors de no sé què ni d'explicar que utilitzàvem llúpol de Saaz. Anava de construir un primer espai mental. Moritz era una marca de cervesa. Moritz era el cognom d'una família que feia cervesa. Moritz era la cervesa que bevien els teus pares. Moritz no era, en aquells primers mesos, la cervesa de Barcelona. Ni de bon tros. Encara no tocava.

La veritat és que teníem tot el *roadmap* de marca perfectament definit (vaig entrar a l'empresa l'any 2001 i vaig tenir tres anys per trencar-me el cap mil vegades en aquest tema), però en aquell moment encara no tocava desplegar el full de ruta de la marca que ara ja molts de vosaltres coneixeu.

Com podíem vendre el valor emocional de *pertinença a Barcelona* si abans el consumidor, almenys una bona part dels consumidors, no sabia encara si Moritz era una cervesa o una estació d'esquí de Suïssa? Moritz era una cervesa. Moritz era una cervesa que era l'hereva d'aquella que bevien els teus avis. Tota la comunicació i, en conseqüència, totes les accions inicials del primer mig any de llançament van estar encaminades a construir aquell espai mental. No vull desgranar-vos amb detall tot el que vam fer (això ja ho faré en un altre llibre), però sí que vull explicar-vos el que fou rellevant per explicar l'evolució del model que abans us he presentat per al cas que a nosaltres ens afecta, Catalunya.

Per a la construcció de l'espai mental necessari per engegar la nostra estratègia de *branding* vam utilitzar un *target* molt específic: el que havia estat un ferm evangelista de la marca feia vint-i-sis anys. Tocant la fibra d'aquest consumidor prototipus, podríem començar a desenvolupar un procés de prescripció massiu que treballés per la nostra causa. De la mateixa manera que el meu pare, amb la seva informació, va contribuir al fet que jo em decidís a llançar-me a la piscina amb Moritz (aleshores treballava en una multinacional en què cobrava força bé i vivia encara millor), milers d'altres consumidors potencials van entrar a la nostra marca gràcies a pares i fills (i molts propietaris de bars de la vella escola) que van facilitar els ingredients màgics que aleshores necessitàvem: que sense publicitat convencional (no teníem ni un duro) i amb molt poc temps la gent, bona part de la gent, identifiqués Moritz amb cervesa. D'això se'n diu *buzz marketing*. O en català de tota la vida, boca-orella.

Un any més tard la Moritz *ja era* una nova marca de cervesa. No era una estació d'esquí. No era el nom d'un alemany que jugava als infantils del Barça i tampoc era un nou entrepà del McDonald's. Moritz havia començat a crear aquell espai mental tan necessari.

No ens equivoquem del tot, però. Tothom sabia al cap d'un any que Moritz era una marca de cervesa, però aquest *tothom* era aquell *tothom* que nosaltres vam voler identificar com a *target* prioritari de màrqueting: els *bobos* de Barcelona.

Però més enllà dels *bobos* encara avui, vuit anys més tard, hi ha força consumidors potencials (no *target*) que no tenen ni idea que Moritz és una cervesa. Encara no hem sabut (o potser no hem volgut) construir-los cap espai mental amb la nostra marca.

En aquell moment, un cop érem conscients que molta de la gent que aspiràvem a conquerir sabia que Moritz era una nova-vella cervesa, estàvem en disposició de començar una de les fases més interessants i apassionants del món del *branding*. La fase 2 del model de Ramon Ollé. Havíem de començar a construir tangibilitats.

D'acord, OK, Moritz és una cervesa. I? Què aportava això a la humanitat? Era la cervesa número *tropecientos* que hi havia al mercat. N'hi havia una que era (i és encara) hegemònica i n'hi havia dues-centes més. N'hi havia de rosses, de morenes, d'altes i de baixes. De simpàtiques i d'antipàtiques, de nacionals i d'estrangeres. Amb ulls blaus, verds i de color mel. Amb pitrera i sense. Totes tenien dues orelles, dos ulls i un nas i en totes érem capaços de trobar-hi alguna cosa atractiva. I algun defecte també, per què no dir-ho.

Ens havíem posicionat al mercat, per expressar-ho d'una manera gràfica, com un home, i no pas com una dona, això era vital. És a dir, érem una marca de cervesa, no una marca de desodorants. Però evidentment amb això no en teníem prou. De la mateixa manera que els homes i les dones es presenten a les xarxes de contactes (interessantíssima la de Meetic) amb la foto que els identifica, el gènere i alguna cosa més, calen molts més esforços si el que es vol és ser escollit i tocar cuixa a la discoteca. S'han de desenvolupar tangibilitats que et facin atractiu o, el que és el mateix, cal començar a explicar què és el que, des d'un punt de vista objectiu, et diferencia del que tens al costat.

En el cas de Moritz es tractava d'explicar que era una cervesa *pilsen*. No era una cervesa d'especialitat ni una *boutade* marquetiniana. Era una *pilsen* fresca i aromàtica equivalent a totes les *pilsen* del món. No era una cervesa negra (no vull perdre el temps aquí explicant-vos els esforços que vam haver de fer per evitar que ens cataloguessin amb aquesta característica), no era una cervesa de blat i tampoc era una cervesa d'aquestes que ara abunden tant, de tipus artesanal, unes cerveses boníssimes però que som incapaços de beure'n dues de seguides si no és que volem que l'aperitiu acabi fent innecessari el dinar.

Es tractava d'explicar que Moritz era l'única cervesa de l'Estat espanyol (i evidentment de Catalunya, que ha estat i seguirà sent el nostre mercat de referència) elaborada amb aigua de brollador (d'aigua Font d'Or, una marca del Grup Vichy Catalán que s'obté del massís del Montseny) i que Moritz etiquetava exclusivament en català. Es tractava d'explicar que utilitzàvem llúpol de Saaz i que elaboràvem la cervesa en tancs de baixa altura i pressió (uns tancs que milloren l'acció del llevat i bla, bla, bla...).

Es tractava també d'explicar que Moritz era la marca de cervesa propietària de la mateixa família que el 1856 va llançar la primera cervesa industrial d'Espanya. Era el moment en què tocava explicar que Moritz era la cervesa més antiga d'Espanya i que no era pas un experiment de marca. Era el moment, entre altres coses, d'explicar el llegat de Louis Moritz, l'alsacià fundador pioner de la família.

És molt interessant destacar just en aquest punt que la competència va ser ultraagressiva durant aquest procés de construcció de tangibilitats (i també en la posterior fase de construcció de valors de marca). No vull explicar amb detall en què va consistir i en què consisteix aquesta agressivitat perquè això tan sols podré fer-ho quan em retiri, sigui un iaio venerable i pugui escriure les meves memòries.

Però el que sí que puc dir-vos és que aquesta agressivitat no serà diferent de la que ha mostrat (i sobretot mostrarà en el futur si som prou consistents i coherents en la construcció de la nostra proposta de valor per als segments més estratègics de la demanda) el competidor natural de Catalunya, Espanya. Exactament de la mateixa manera que ho ha fet la competència contra Moritz, Espanya tractarà de contraprogramar totes les tangibilitats (s'entén que positives) que vulguem explicitar per a Catalunya.

Si tenim això present, una altra estratègia, molt important, haurà de treure el cap de manera decidida com en el seu moment vam fer amb Moritz: l'estratègia de relacions públiques i comunicació institucional. Quan es donen aquests casos d'atacs i difamacions, les empreses contracten agències especialitzades en relacions públiques corporatives perquè els dissenyin plans de comunicació que, entre altres ingredients, inclouen els següents: definir de manera meridiana quins són els *key messages* de l'empresa, concretar quins són els *plans de crisi* quan les campanyes a la contra es despleguin, trobar portaveus per a cadascuna de les àrees afectades, elaborar un disseny de plans 2.0 de contraatac (o defensa) quan les difamacions es propaguin intencionadament per la xarxa, etcètera.

Però no vull seguir per aquest camí, que és molt més reactiu que proactiu. Continuem amb el relat.

Va ser durant tot aquest període, aquest que hem definit com a *procés de desenvolupament de tangibilitats*, en què dues accions concretes, dues accions de comunicació molt ben definides, havien de començar a desplegar-se immediatament: el *sampling* i la recuperació de la memòria històrica. El *sampling* és un mot anglès que significa *mostreig*. Havíem de deixar tastar la Moritz. I així ho vam fer de manera massiva.

Vam patrocinar molts esdeveniments d'àmbit popular en què podies degustar la Moritz gratuïtament, vam participar en dotzenes (potser centenars) d'esdeveniments culturals on vam substituir el tradicional cava de celebració per una copa de cervesa Moritz, vam crear esdeveniments *ad hoc* en què no només l'experiència gustativa fos la protagonista sinó també la nostra història i el nostre compromís amb el món de la gastronomia, com van ser, de manera destacada, els *aperitius populars* davant de la nostra seu a la ronda de Sant Antoni. Un any vam arribar a repartir fins a vint mil racions de patates braves acabades de fregir. Vam fer un munt de coses (recordeu allò que les marques són el que fan i no el que diuen que són?)

I amb tot allò vam començar a socialitzar una de les tangibilitats més importants quan parlem d'un producte d'alimentació de gran consum: vam començar a socialitzar-ne el gust.

En paral·lel a totes aquestes accions vam engegar una campanya per explicar detalladament la nostra segona gran tangibilitat: la nostra història com a marca i la història d'una família francocatalana (*franco* ve de *francès*, que quedi clar). Vam llançar els Seat 600, les imatges històriques de l'elefant i el camell de Moritz. Vam obrir, a visites institucionals i privades, les obres del que avui és la Fàbrica Moritz Barcelona, aleshores pràcticament en runes però que mostrava, davant la mirada atònita de la gent, els vestigis d'una fabricació industrial que es remuntava al segle XIX. Vam fer tantes coses per tangibilitzar la marca que, com us deia, dóna per fer un altre llibre.

Però el que vam fer, sobretot, va ser tangibilitzar amb intenció de futur els valors racionals de la cervesa Moritz i, de passada, assentar les bases del que seria la feina més hercúlia amb què m'he hagut d'enfrontar mai: preparar la gent per construir la proposta de valor més important de Moritz, que no es altra que la dels seus valors emocionals. Ja ho he apuntat fa poc: quin sentit tenia parlar de Moritz com *la cervesa de Barcelona* abans que la gent sabés que Moritz era, en primer lloc, una cervesa i, en segon lloc, una bona cervesa amb segles de tradició cervesera?

La construcció dels valors emocionals de qualsevol marca és posterior al desenvolupament primari de les seves tangibilitats. Fer-ho abans és equivocat. De la mateixa manera que molta gent s'enduu una sorpresa desagradable quan té la primera cita al món real després d'haver-se conegut amb algú altre a través del món virtual (tornant a Meetic, quanta gent ha volgut que se l'engolís la Terra quan de debò ha conegut a fons la persona amb la qual abans tan sols xatejava?) és absurd pretendre-ho fer amb una marca.

En la construcció dels valors racionals amb intenció de futur, en el cas de Moritz, ja els havíem orientat amb la voluntat de tenir una base sòlida i, sobretot, creïble per desplegar els valors més emocionals. Dels valors organolèptics del producte (tangibilitat 1) en podíem derivar els valors *premium* de la marca (valor emocional 1). Dels valors històrics de la marca (tangibilitat 2), els seus valors de pertinença a Barcelona (valor emocional 2). I del seu etiquetatge en català (tangibilitat 3), el seu valor de marca, capital, de compromís sincer amb la realitat catalana (valor emocional 3). Aquests tres grans valors emocionals de Moritz (per a mi ho són): ser *pre-*

mium, ser catalana i ser de Barcelona, deriven, com veieu, d'una tangibilitat prèvia.

En aquell moment, crec recordar que era el 2006, Moritz estava preparada per començar a desplegar la seva definitiva proposta de valor: Moritz és la cervesa de Barcelona. Moritz és de Barcelona perquè creu en la capital de Catalunya i perquè actua diàriament en aquest teatre d'operacions. Moritz és una marca de clar posicionament català perquè comunica en català i pensa en català. I Moritz és una marca *premium*, una marca de la qual pots estar orgullós de tenir a la nevera quan vénen els teus amics a sopar perquè Moritz és prou bona i té prou ingredients per justificar-ho.

Avui en dia encara seguim a la fase de construcció de valors emocionals. I hi seguirem en els pròxims cent anys. Però ara ja hem entrat en una nova fase, l'última, de més maduresa, que se solapa amb la tercera. Efectivament, ara no només hem de gestionar la marca Moritz sinó també d'altres que estan a la seva òrbita: gestionem Moritz com a marca corporativa, Moritz com a cervesa *pilsen premium*, l'Aigua de Moritz com a cervesa sense alcohol, la marca Moritz Epidor com a marca de cervesa extra i forta i, a més, les marques satèl·lit de Fàbrica Moritz Barcelona i Velódromo. Totes les marques remen en la direcció corporativa que desitgem, però cadascuna té vida pròpia. Estem, doncs, de ple dins la fase d'arquitectura de marques.

Aquest exemple hauria de servir per fer una analogia amb com està gestionant Catalunya aquest model. Ho dèiem abans: com podem vendre valors emocionals a un *target* que encara no sap què és Catalunya? Com podem vendre'ls una proposta de valor evolucionada com la que hem definit anteriorment abans que no els hàgim explicat les tangibilitats de la marca Catalunya? Com podem fer arquitectura de marques si encara hi ha gent que no coneix els detalls de les marques que hem d'arquitecturitzar?

Òbviament aquests processos no són estancs. A Moritz seguim construint tangibilitats a alguns *targets* que estan més endarrerits. A Perpinyà i a la Catalunya del Nord, on ens encantaria tenir una bona distribució de Moritz, encara els hem de construir un espai mental que expliqui que Moritz és una cervesa. Fins i tot, dins d'un mateix mercat geogràfic, pots portar velocitats diferents: per al *target* dels *bobos* som a l'última fase i per als dels *pijos*, encara a la segona. A Santa Coloma som a la primera i a Gràcia a la quarta.

El model aplicat a Catalunya

Catalunya ha de gestionar el model seguint les quatre fases del model de Ramon Ollé i ho ha de fer de maneres i ritmes diferents segons quin sigui el *target* que identifiquem. I de la mateixa manera que Moritz no pot adormir-se entretenint-se només amb els seus consumidors més fidels, construint per a ells una proposta de valor exclusiva basada en els valors emocionals de marca, i ha de treballar el model en la fase 1 i 2 si vol eixamplar el seu mercat, Catalunya ha de fer el mateix. Aquí hi ha la clau.

I aquí també hi ha la gran crítica: no estem treballant exclusivament en la fase 3 i 4 per al *target* dels consumidors més fidels i ens estem oblidant dels altres? No és possible que per falta de raonament estratègic pretenguem vendre la nostra proposta de valor i intentem fer *branding* començant per la fase 3 a *targets* que amb prou feines han superat la fase 1? La pregunta no és retòrica perquè té una resposta definitiva per part meva: sí, ens estem equivocant.

I com a mínim ens estem equivocant en els dos grups de consumidors més importants per eixamplar definitivament la quota de mercat i fer-la inviolable: els dels desafectats i els dels *catalans-de-tota-la-vida*.

Els desafectats, ja ho he explicava abans, no tenen creat l'espai mental necessari. Per a molts, Catalunya no és res més que una part d'Espanya. Des d'aquest espai és impossible construir res. Tractar de vendre, perquè et comprin, que Catalunya és una nació, és inútil. El concepte *nació* té fortes connotacions emocionals que aquesta gent no sabrà valorar, encara. Aquest és el gran error, equiparable al fet que Moritz hagués volgut vendre la proposta emocional de *Moritz, la cervesa de Barcelona* abans d'haver explicat que Moritz era una cervesa. I abans d'haver explicat també que, a més, era una bona cervesa.

Seguint l'esquema del model, per començar a *crear l'espai mental* necessari, es tractaria en primer lloc de socialitzar Catalunya. De crear instruments que facin socialitzar Catalunya. Als anys cinquanta i seixanta, Franco ho va tenir molt clar. Malauradament a vegades sembla que els franquistes (i en general els unionistes) saben més de màrqueting que no pas nosaltres. Quan l'*establishment* franquista va afavorir la immigració massiva espanyola a Barcelona i la seva àrea metropolitana, de manera desarrelada, gens socialitzada i amb guetos que encara avui perviuen, buscaven aquest efecte. Encara avui, *entrar* en segons quines àrees de Barcelona i de la seva àrea metropolitana és *sortir* de Catalunya.

Porcioles i altres van crear una estructura *hard* perfecta per aconseguir aquest efecte. Van construir barris sencers completament desvinculats de la xarxa urbana barcelonina; van crear, artificialment i aprofitant una primera bombolla immobiliària, ciutats dormitori en antics pobles de gran tradició catalana. Molins de Rei, Ripollet, Montcada i Reixac, i tantes d'altres ciutats que avui formen el cinturó roig de Barcelona, es van desenvolupar sense el més petit interès d'integrar aquella nova immigració, d'altra banda absolutament necessària per fer front a la industrialització de Catalunya. No vull entrar en si això fou planificat i premeditat o no. Jo crec que ho va ser. Però, més enllà del que jo pugui creure, el que és indubtable és que l'efecte que va aconseguir és exactament el que descric: la creació d'una estructura *hard* que encara tardarem dècades a demolir per socialitzar Catalunya a la part més poblada del seu territori.

I la burgesia catalana més tronada, en paral·lel, va anar construint l'estructura *soft* ideal que també funcionava en aquesta direcció de dessocialització. Tractar el servei en castellà, de la mateixa manera que ho fan amb els cambrers i els seus empleats, forma part d'aquesta estructura *soft* perversa.

Per aconseguir que Catalunya se socialitzi, per aconseguir que Catalunya es visibilitzi per a aquest segment, per aconseguir treballar en la fase 1 del model que ja ha estat exposat en el cas de Moritz, caldrà primer trencar aquestes estructures *hard* i *soft*.

Algunes coses (algunes de molt bones) s'han fet en aquest sentit: des d'esponjar Ciutat Vella fins a obrir els barris més marginals de la ciutat, passant, per exemple, per la construcció del Trambaix. Però hem de reconèixer que hem treballat més en el *hard* que no pas en el *soft* (el *hard*, com tothom sap, genera comissions). I hem de reconèixer també que, com en tantes coses d'aquesta vida, entre les quals els ordinadors, són més crítiques i estratègiques les estructures *soft* que no pas les *hard*.

Quan els burgesos (com en tantes coses, són una figura aspiracional: per tant, n'hi ha molts més dels que sembla, els que realment ho són i els que els agradaria ser-ho) parlen en castellà a la serventa, treballen en la direcció contrària del que explico. També quan es dirigeixen en castellà als cambrers. Que parlin *castellano* en la intimitat m'importa (ens importa) un rave. Quan ho fan en públic per no socialitzar Catalunya fan un gran greuge al país.

Una part de l'oligarquia catalana (o que resideix a Catalunya) desitja l'statu quo. Li permet seguir vivint de renda. No són ni un *target* ni un *anti-target*. Són un *lobby*, per això no els he catalogat expressament com un segment de la demanda. Són gent (poca) que té molts interessos amb l'Espanya de l'Íbex-35 i amb l'Espanya més institucional. No representen, en percentatge, una gran quota econòmica però mouen molts capitals. No donen feina a gaire gent però tenen una influència infinita. Són empreses i persones que ho canviaran tot perquè res no canviï. Treballaran amb totes les forces per impedir que siguem capaços de construir aquest nou paradigma, aquest nou *mindset*, aquest nou espai mental imprescindible per començar a construir la nostra nova marca.

Com es desactiva aquesta estratègia? Com es desmunta aquest *lobby*? Per a aquests no hi ha cap estratègia de màrqueting possible que els pugui fer variar de posició. Només hi ha una manera. I és indirecta: relativitzant-ne i neutralitzant-ne el poder. Perquè el seu poder d'influència condiciona el pensament de molta gent, sobretot de la més *desafectada* políticament. I de molts dels *catalans-de-tota-la-vida*. Hi ha qui tremola quan segons qui obre la boca. Tocaria explicar, amb calma i sense por de les represàlies, què és el que realment aporten a la riquesa del nostre país. Convindria exposar sense embuts quina quota de mercat tenen i quina aportació fan a l'ocupació de Catalunya. Convindria explicitar quines són les relacions empresarials que condicionen les seves posicions aparentment tan preclares. No es tracta de cap caça de bruixes. No vull reeditar a Catalunya la Kristallnacht (la nit dels vidres trencats) ni ressuscitar el maccarthisme del cèlebre McCarthy a Hollywood. Però convé transparència, perquè tan sols amb transparència desemmascararíem molts interessos, com a mínim, massa interessats.

No hem d'oblidar-nos tampoc que, en democràcia, una persona és un vot. Val el mateix el vot de qualsevol banquer o industrial català que el meu o el del meu veí. Hem de desemmascarar els interessos de molts *lobbies* de Catalunya. Hem de desemmascarar-los en un únic sentit: realment és tan difícil fer entendre als desafectats que per l'únic que treballen molts d'aquests *lobbies* és estrictament pels seus propis interessos empresarials? Tenen tot el dret a defensar el que vulguin, però no tenen el dret de mentir a la gent. I com que dubto que mai canviïn de *modus operandi* l'única alternativa passa per crear *contrapoders*. Crear institucions i organismes que els facin front, amb honradesa, però amb absoluta decisió. Ja n'hi ha que ho fan, però ens caldria prestigiar-los encara molt més.

Quan he començat a parlar de la necessitat de socialitzar Catalunya, de crear un espai mental per a Catalunya, m'he referit inicialment a l'idioma.

Però hi ha molt més a fer des d'una òptica de comunicació. Socialitzar Catalunya per als desafectats, començar a crear-los aquest espai mental tan indispensable per a qualsevol marca, implica molta pedagogia i grans dosis d'empatia. Hem d'anar als seus barris i els hem d'interconnectar emocionalment. Hi ha multitud d'activitats que emanen directament de la societat civil compromesa amb Catalunya que ja ho estan fent. Es tracta ara que ho facin també els gestors de la marca. Es tracta que dissenyin campanyes i facin activitats que tinguin com a objectiu principal aconseguir aquest efecte. I, per ser conseqüents, que s'oblidin de fer mítings polítics en què només es venen idees i polítiques farisees. No es tracta d'això. Es tracta d'explicar, amb fets concrets, què és Catalunya.

Repeteixo: per vendre la proposta de valor (per comunicar-la) a aquest *target* tan estratègic de consumidors, cal seguir el ritme del model. La creació de l'espai mental de la marca Catalunya a la seva ment només podrà fer-se intencionadament. No passarà per casualitat. Tinguem en compte, a més, que la nostra competència es dedica a bombardejar, a través dels seus múltiples canals, la proposta de valor d'Espanya de dia i de nit. Però com podem fer-ho?

Em temo que una estratègia convencional de comunicació no funcionarà. Perquè m'entengueu, no funcionarà una campanya d'anuncis a l'estil tradicional. Aquesta gent no mira la nostra tele! Haurem d'utilitzar una estratègia molt més creativa que algú va qualificar, encertadament, de *comunicació de guerrilla*. Una estratègia de comunicació *de guerrilla* es fonamenta en la utilització de mitjans no convencionals, amb un to no convencional i amb uns missatges no convencionals del tot. El terme, com amb tants temes relacionats amb l'estratègia, prové un cop més del món militar. Un exèrcit de guerrilla és aquell que, per falta de mitjans, prefereix les emboscades als atacs frontals. Aquesta falta de mitjans els fa extremament vulnerables a camp obert perquè són menys i estan menys preparats. No crec que Catalunya estigui menys preparada, però, com les guerrilles del Salvador o els maquis de la Guerra Civil, som menys i tenim menys recursos que la nostra competència. Haurem d'aguditzar l'enginy per fer prevaldre la intel·ligència per sobre de la força.

Hi ha multitud d'exemples que expliquen què és una campanya de guerrilla. Altres prefereixen parlar d'estratègies de comunicació *below the line* en detriment d'accions de comunicació *above the line* (publicitat convencional). Jo utilitzo un altre terme, que tinc patentat: *màrqueting de kale borroka*. No cal que us doni gaire més informació sobre la seva procedència. Però no ens atemorim abans de temps: això no va de llançar còctels Molotov perquè, entre altres coses, sóc dels que penso que les úniques estratègies efectives a llarg termini són les que construeixen marca, no les que es fonamenten a destruir les del contrari. Tant de bo tothom pensés igual.

Tornant a Moritz, i per explicar què significa una acció de guerrilla, recordo amb simpatia les diferents accions que hem anat duent a terme per apropar-nos al Barça i, més concretament, al sentiment catalanista del barcelonisme. A causa de la impossibilitat de poder fer-ho de manera convencional perquè aquesta institució gaudeix del patrocini del nostre principal competidor, ens vam haver d'inventar una sèrie d'accions de màrqueting *kale borroka* que van ser prou impactants i útils.

Us convido a anar a Google i escriure algunes paraules clau: *Alcorón by Moritz, Moritz 5.0* i *Moritz Wembley.* Cadascuna d'aquestes accions van aconseguir identificar-nos, com a marca, propers al Barça. No tant en el vessant esportiu (que a l'estratègia de marca de Moritz li importa ben poc) sinó en el vessant emocional del concepte «*el Barça és més que un club*», del concepte catalanista del moviment barcelonista que encaixa perfectament amb els valors emocionals que volem construir per a la nostra marca.

Recentment vaig tenir l'oportunitat de descobrir una estratègia (o tàctica, no siguem pretensiosos) d'aquesta mena a *La Vanguardia* digital. Hi apareix un vídeo casolà penjat a YouTube en què una autèntica immigrada d'Extremadura envia a fregir espàrrecs el president de la comunitat autònoma de la seva regió de naixement. «*Que le den morcillas*», li diu textualment. La credibilitat i l'autenticitat que aquest missatge té per a un consumidor potencial d'aquests que anomenem *desafectats* és demolidora. Un dels seus els explica, de primera mà, com entén Catalunya. Com la sent i com la viu. Què li agrada i què no li agrada tant. Sento (de fet no ho sento) que aquest missatge sigui més efectiu que qualsevol conferència de Pujol.

Arribem a un punt que considero fonamental i que enllaço amb la història de Moritz. Quan us explicava que vam basar la nostra primera estratègia a aconseguir que els antics consumidors de la marca en fessin un exercici de prescripció gratuït, quan vam fer una gran feina de relacions públiques per apropar-nos a molts representants de la *Gauche Divine* de Barcelona, el que volíem era aconseguir que el missatge de Moritz arribés al nou públic de la manera més verídica de totes: la recomanació personal o prescripció directa. Crec que és possible i necessari fer aquest mateix exercici amb la marca Catalunya.

Som conscients de la importància que gent com Justo Molinero, Jordi Évole o els cantants d'Estopa facin proselitisme de la nostra causa? Desconec (i de fet m'importa poc) si aquests personatges formen part dels convençuts o no. Però del que sí que estic absolutament convençut és que hauríem d'utilitzar personatges d'aquesta mena per començar a construir aquest tan desitjable espai mental. Ells seran *uno de los nuestros* per al *target* dels desafectats. Els conversos evangelistes són els que explicaran, amb el seu llenguatge i amb els seus modismes, però sobretot amb molta credibilitat, la realitat catalana. Penseu, a més, que aquests personatges, en sentit contrari, seran els que la nostra competència utilitzarà per aconseguir l'efecte contrari. Fa molt més mal a la proposta de valor catalana que Jordi Évole es declari unionista que no que ho faci Isidre Fainé.

I aquí, permeteu-m'ho, m'agradaria retre un homenatge al que considero paradigmàtic del que us estic explicant: l'immortal Pepe Rubianes. Necessitem centenars i milers de Pepes Rubianes que voluntàriament, perquè s'ho creuen, perquè estimen el seu país d'adopció, ens ajudin a prescriure entre els desafectats la nova proposta de posicionament de la marca Catalunya.

A hortes d'ara, però, ja sabem que els Estopa i molt probablement Jordi Évole també (el seu programa amb Artur Mas feia aquesta sensació) votarien no en un referèndum per a l'autodeterminació de Catalunya. Això em referma en el que us explicava abans: la guerra de les adscripcions ja ha començat. És vital que Catalunya dissenyi una estratègia en aquest sentit.

Quan us explicava que la nostra competència va intentar atacar, per tots els mitjans possibles (legals però gens legítims), la consolidació de l'espai mental que Moritz necessitava, va utilitzar un únic argument. No és el que molts de vosaltres podeu estar suposant: el que té a veure amb l'emplaçament físic on fabriquem la nostra cervesa (aquest argument el van utilitzar, i el segueixen utilitzant deshonestament, quan ataquen els valors emocionals de la nostra marca, és a dir, durant la fase 3, no a la fase a la qual m'estic referint ara, la responsable de la creació de l'espai mental).

L'únic argument que van utilitzar era, deia, que Moritz no era una bona cervesa perquè era simplement un exercici de màrqueting. Una *boutade* més que no tenia res a dir en el mercat industrial de les marques que competeixen en la Champions League. I també van utilitzar prescriptors per fer-ho. En concret molts *baristes* de la seva corda. Us imagineu quin mal fa que, quan un nou consumidor de la nostra marca, un pioner que l'any 2005 demanava una Moritz en lloc d'una mitjana, rebés la resposta desagraïda d'un hostaler col·laboracionista de la nostra competència? Que li digués que no en tenia perquè ell només tenia cervesa bona, i que l'única cervesa de debò era una altra? Sort que, com en el cas de les estratègies espanyolistes quan utilitzen *personalities*, la força de marca acaba superant aquests jocs tan perversos.

Catalunya, els gestors de la marca Catalunya, han de fer el mateix. Han de desactivar les estratègies de comunicació deshonestes que ataquen agressivament la nostra proposta de valor. Durant els últims mesos hem tingut l'oportunitat de veure centenars de manifestacions públiques que estan perfectament orquestrades. Quan apareixen Montoro, Cospedal o Soraya Sáenz de Santamaría, coordinen els seus missatges seguint una estratègia de relacions públiques de manual. Tenen tots els altaveus a la seva disposició i tots els recursos tècnics inimaginables per poder fer percussor el seu missatge. Exactament igual que la nostra competència en el món de la cervesa. Però si hi ha un *key learning* directament aplicable des d'aquest paral·lelisme cerveser és que l'única resposta possible és la construcció de valor. És demostrar amb els fets que el que s'afirma no se sosté per enlloc. No és intel·ligent respondre amb la mateixa estratègia. Ells són més forts i tenen més poder. En un combat de boxa, el boxejador intel·ligent és el que, en un moment de debilitat, esquiva l'adversari fent *saltironets* al voltant del quadrilàter. En aquell moment, engrescar-se a cops de puny a la curta distància és garantia absoluta d'acabar noquejat a la lona. Hem d'esperar, igual que el nostre boxejador, a recuperar les forces per poder contraatacar. Però aquest contraatac, a causa de la musculosa potència del nostre adversari, ha de ser intel·ligent. Ha de buscar-li els punts febles. En boxa sol ser cert que a més potència, menys agilitat. És evident que contraatacar amb agilitat, amb rapidesa i amb intel·ligència és la nostra única oportunitat. Hi ha una frase cèlebre d'un dels més famosos boxejadors de la història: «*float like a butterfly, sting like a bee*», flota com una papallona però pica com una abella. Suposo que per això Muhammad Ali va ser el millor de la història.

S'ha de tenir l'empatia i la simpatia suficients per contrarestar amb missatges constructius i positius la bateria de descrèdits de tota mena que, per la seva pròpia definició, duen una càrrega de negativisme inherent a aquestes visions apocalíptiques. Quan, a Moritz, ens maltractaven indissimuladament menystenint la capacitat empresarial del nostre projecte, nosaltres contestàvem aconseguint un nou bar, muntant un nou esdeveniment i patrocinant una nova institució. Quan ens atacaven, i ens ataquen, posant en dubte davant dels nostres clients la nostra catalanitat, contestàvem i seguirem contestant donant suport a institucions i iniciatives meridianament vinculades al país. Quan ens atacaven, i encara ens ataquen, desmentint la nostra proposta de valor més vinculada al producte, més vinculada a l'excel·lència organolèptica del nostre producte, més el deixàvem tastar. I quan ens van bloquejar, i encara ho fan, la majoria de territoris de comunicació on la nostra marca s'havia fet forta (cultura, gastronomia), ens vam crear els nostres propis territoris, aquests sí, inviolables i impossibles de bloquejar perquè són nostres, el Velódromo i la Fàbrica Moritz.

Ens cal una estratègia de relacions públiques de primer nivell, ja ho he advertit. Però per aconseguir-la no hem d'anar al mercat a contractar cap agència especialista. El que hem de fer és definir aquesta estratègia. S'han de definir els missatges clau que cal contestar cada cop que ens ataquen. S'han de definir escenaris de crisi. S'han de trobar portaveus. S'han de planificar rodes, notes i dossiers de premsa. S'ha de constituir un gabinet de premsa a l'estil empresarial immediatament (en aquest aspecte, els partits polítics tenen força experiència, però s'han de treure de sobre els estigmes de la politiqueria de curt termini). S'ha de fer un pla nacional de relacions públiques i un altre d'internacional. I l'hem de dissenyar de manera vàlida perquè sigui implementada a través de tots els canals de comunicació possibles: a la televisió, a la ràdio, a la premsa... però sobretot a les xarxes socials.

Catalunya necessita un *community manager* urgentment (ara en diuen *social media manager*). Un gestor de la comunicació *on-line* que sàpiga comunicar-se amb la comunitat. Però que sobretot sàpiga *fer* comunitat. I això només s'aconsegueix amb empatia i simpatia, de nou. Crear valor a les xarxes és un dels tòpics marquetinians més *on fire* darrerament. Tothom parla a les xarxes, però molt pocs són escoltats. Amb Catalunya tenim la sort que hi ha molta gent amb ganes d'escoltar i de participar en els continguts *on-line* de la nostra empresa. Hi ha molta gent que, desinteressadament, ens ajudarà a contrarestar la intoxicació de la nostra competència. Gent, molta gent prescriptora, que alhora està connectada a molta més gent, gran part de la qual poden ser aquells desafectats que ens interessa mobilitzar. Fer una estratègia *on-line* que aconsegueixi aquests propòsits no em sembla difícil. Tenim tots els ingredients necessaris. Però de nou, sense recepta, sense estratègia, els ingredients no serveixen per a res.

Més enllà dels prescriptors i de les xarxes, una altra possible estratègia de guerrilla sol consistir en la utilització de mitjans no convencionals que arriben on altres no ho poden fer. Com us deia, fer una gran campanya que persegueixi crear l'espai mental necessari a aquest *target* a través de TV3 és tan absurd com pretendre que *Intereconomía* i *El gato al agua* ens expliquin amb equanimitat i justícia el balanç econòmic favorable de la independència.

Si aquest consumidor potencial prototípic no mira TV3 ja ens podem escarrassar a llançar missatges que escoltaran els que no fa falta que els escoltin. Si som conscients (no pot ser d'altra manera) que la resta de canals televisius estan en mans, directament o indirectament, de la nostra competència, ens haurem d'inventar un canal alternatiu de comunicació. Ja n'hem descrit un, el de les xarxes socials. Però n'hi ha més.

Heu vist mai cap espot de Moritz per televisió? No. No tenim prou diners per fer-lo. De fet, encara que tinguem els calés, no en tenim tants per fer-ho millor que la nostra competència. En el nostre cas, el territori o canal de comunicació ideal ha estat un altre. La ràdio? La premsa? La publicitat exterior? No, ha estat el carrer. I des de fa un any, la Fàbrica Moritz i el Velódromo.

Catalunya ho haurà de fer, també. Haurà de crear nous espais de comunicació que arribin a l'audiència que busquem. Aquest no és un llibre de receptes: és un llibre reflexiu. Hi ha prou ments lúcides entre els gestors de la nostra empresa per pensar en estratègies i tàctiques d'aquesta mena. Però un cop més no puc estar-me de proposar algunes idees.

De la mateixa manera que em sembla una bona idea disposar d'*ambaixades catalanes* a l'exterior, potser hauríem de començar a pensar en *ambaixades catalanes a l'interior*. I no parlo aquí de crear casals i penyes barcelonistes pertot arreu. D'això ja se n'ocupen la societat civil i en especial els militants evangelistes dels quals us he parlat més amunt. Hem de crear *ambaixades interiors* des d'iniciatives governamentals i institucionals. Quan Junqueras es converteix (quasi per art de màgia) en alcalde d'una població tan maltractada, tan poc socialitzada catalanament parlant, com Sant Vicenç dels Horts, estem creant una estructura d'aquest tipus. Com s'ho ha fet Junqueras és una cosa que hauríem de preguntar-li a ell, però el que és segur és que en podríem treure algun aprenentatge clau.

Crear iniciatives associatives que reuneixin a través d'un pont els dos marges que separen el riu de la societat catalana és absolutament necessari. Quan sento que s'ha fundat una penya castellera a Cerdanyola o quan descobreixo que s'ha creat una associació de restaurants del Prat que fomenten el consum de la carxofa o del pollastre de pota blava d'aquest extens municipi, sóc conscient que són accions que tenen més importància que qualsevol conferència del Cercle d'Economia o del Centre Català de Negocis. Però de nou parlem d'iniciatives privades. Què hem de fer des de les institucions del nostre país?

Això no va del Correllengua (que m'encanta). Això no va de jornades castelleres (que m'apassionen). Això no va d'aplecs sardanistes (que m'avorreixen força). Això va de dissenyar accions de *branded content* com la del Felix Baumgartner, canviant la marca Red Bull per Catalunya. I va de ferho intencionadament, amb una estratègia darrere i amb un objectiu fixat en el segment que volem atendre. El dia que siguem capaços de crear un Justin Bieber català, ho tindrem resolt. Sobretot si les seves melodies fan proselitisme de la causa. Quan va esclatar el *boom* del pop rock català, a principis dels noranta, els joves més desafectats del cinturó roig cantaven el «Boig per tu». Igual que molts dels afectes més afectes entonaven «La raja de tu falda».

N'hi ha algunes, poques però significatives. Iniciatives com la del Club Super3 de TV3 i la Festa dels Súpers són molt més transversals del que a primera vista semblen. Jo us ho puc certificar perquè he viscut les últimes tres festes a l'Estadi Olímpic (i crec que encara me'n quedaran cinc o sis més en els pròxims anys). En aquesta festa sents parlar els pares en català i en castellà quasi al 50%. És de les poques iniciatives de TV3 que realment transcendeixen el seu *target* natural. I ho aconsegueixen perquè els nanos, gràcies a la immersió lingüística, gaudeixen dels programes infantils en català amb perfecta normalitat. Els nanos de pares castellanoparlants de Ripollet, de Sant Vicenç dels Horts o del Papiol, a diferència dels seus pares, veuen amb normalitat la televisió catalana. I ho fan perquè els agrada el xai Shaun, les Tres Bessones i el Doraemon. Canvien de canal entre el Super3, el Boing i el Disney Channel amb una naturalitat que fa por (o ben mirat, alegria). I s'ho passen bomba el dia de la Festa dels Súpers.

No vull ser contradictori: ja m'he mullat massa quan he afirmat que utilitzar TV3 per socialitzar Catalunya és força inútil quan els segments als quals volem vendre determinats missatges no sintonitzen TV3. Però contràriament sí que sintonitzen el canal Super3 per fer feliços els seus fills. La proposta és evident: no seria possible fer un TV3.es, un TV3 en castellà? Sé que tan sols per aquesta idea hi haurà qui tirarà aquest llibre a les escombraries de manera fulminant. Però jo sóc dels que penso que ser un talibà no aporta res a la causa. I tampoc no vull ser contradictori quan torno a parlar de mitjans convencionals mentre m'estic referint, en aquest punt, a mitjans alternatius *below the line*. Però rescatar aquesta idea val la pena per la seva importància estratègica.

Vaig viure cinc anys a Bilbao. Allà tenen la televisió basca en castellà i la televisió basca en euskera. Jo no vaig tenir temps (ni gaires ganes, no vull enganyar-vos) d'aprendre bé el basc. Però el que sí que vaig fer és convertir-me en un fan de la televisió basca en castellà. I a través d'aquell canal (no només, és clar) vaig conèixer una societat que mai m'hauria mostrat la televisió espanyola, Antena 3 o Telecinco.

Ho deixo aquí, però caldria reflexionar-hi a fons: no és millor, encara que sigui en castellà, tenir un canal televisiu (igual que un de radiofònic) que vengui la nostra proposta de valor amb l'idioma en què més còmodes se senten molts desafectats? No podem crear programes en castellà que competeixin directament amb els programes tòxics (tòxics de forma i de fons) de Telecinco i Antena 3? Enteneu-me: no proposo programar burrades com les de *La partida de TV3*, que l'únic que aconsegueix és intentar reproduir, en català, els mateixos continguts escombraria de *Salvames* de tota mena. Es tractaria, més aviat, d'emetre en castellà el *30 Minuts*. O el *Karakia*. O el *Bestiari il·lustrat*.

Acabo de llegir-me d'una tirada el llibre *Victus* d'Albert Sánchez Piñol. En castellà. Ja sabeu quins motius va desgranar l'autor per justificar la seva decisió. No penso entrar a valorar-les. Però el que sí que vull valorar és que és una obra magnífica que injecta cultura catalana en vena. Un llibre crític, no apologètic, que parla de la nostra història i de la nostra singularitat. I ho fa amb excel·lència i rigor, sense deixar-se portar per cap mandat de cap Komintern. La llengua catalana és un tresor i és el vehicle pel qual circula la cosmovisió catalana, però com ja us he apuntat, la llengua catalana esdevindrà majoritària quan Catalunya assoleixi la seva sobirania, sense necessitat d'imposicions, de manera natural, igual que passa a Andorra, amb molts menys ressorts de poder dels que nosaltres ens dotarem. Els pobles parlen la llengua dels que manen.

En resum: treballar canals alternatius de comunicació, crear esdeveniments populars que socialitzin Catalunya als que se'n senten, involuntàriament, distants, i dissenyar estratègies de carrer que facin simbiosi entre les dues Catalunyes és absolutament vital.

Després de repassar insistentment possibles estratègies que percudeixin a fer atractiva la nova proposta de valor de la marca Catalunya dins del segment dels consumidors desafectats, hauríem de tornar a l'altre gran grup de consumidors estratègics sense els quals el *sorpasso* és impossible: els *catalans-de-tota-la-vida.*

Els *catalans-de-tota-la-vida* són els que estimen profundament Catalunya però que segueixen sense tenir el convenciment necessari per agafar el camí més directe a la felicitat. Entre els que dubten si casar-se amb la puta o la Ramoneta, serien els que sempre acaben al llit, ben tapadets, amb la Ramoneta, vaja.

Els catalanistes no convençuts, independentment que des d'un punt de vista sociològic (i gairebé psicològic) conformin un cas d'estudi de primer ordre (sembla impossible compatibilitzar estima pel país i inacció autodestructiva), han de ser tractats, des d'una perspectiva de màrqueting, de manera molt diferenciada de la que hem definit per als desafectats.

No és estrany veure molts casos de marques i empreses que defineixen una doble (i a vegades triple) estratègia per captar consumidors que són molt diferents entre si. I fent-ho, no són incoherents amb la seva proposta de valor principal.

El catalanista no convençut és una figura que tots coneixem. Té un marcat sentiment catalanista (i fins i tot nacionalista), parla català i estima Catalunya. Però malgrat tot aquest capital no vol (o no pot) desempallegar-se de la idea que Catalunya forma part d'Espanya. Malgrat que ja hem deixat clar en centenars d'ocasions que la proposta d'independència política i econòmica no és un objectiu en si mateix, sinó una eina per ser feliços per poder desplegar de manera inequívoca la proposta de valor catalana, en aquest *target* de consumidors la confusió és total. Creuen que l'eina és l'objectiu i a més el consideren un objectiu no desitjable perquè, lluny de creure que la independència o la sobirania hauria de servir per assolir una Catalunya rica i plena, la perceben com una amenaça a l'statu quo que tant els ha costat aconseguir. Comparteixen la missió, però no pas la visió. Aquí rau el problema capital.

Convindrem aleshores, si és veritat que aquesta percepció és al moll de l'os del seu pensament, que el primer que caldria és informar de manera clara que la independència no és cap objectiu i que en cap cas forma part de la missió, l'objectiu més estratègic i últim de la proposta catalana.

El cas del catalanista no convençut he volgut pintar-lo sovint com la persona que, tot i que li agrada viatjar, té pànic de volar. A una persona d'aquesta mena, no cal vendre-li la idea que Londres, Tòquio o Nova York són unes ciutats fantàstiques i que val la pena visitar. Prou que ho saben. El primer que els ve al cap quan algú els proposa alguna cosa similar és el maldecap del viatge. Encara que és possible anar amb tren a Londres, la possibilitat de viatjar amb vaixell a Nova York o a Tòquio és una possibilitat remota perquè ja no som rics bohemis que podem permetre'ns el luxe de tenir un any sabàtic per destinar-lo a un viatge.

La barrera mental, sovint infranquejable, del viatge enterboleix, si no l'esborra del tot, el plaer destí. No serveix de res explicar-los que en total són quatre, vuit o dotze hores de viatge que es compensen amb escreix amb els cinc, sis o set dies de feliç turisme cosmopolita. No serveix de res explicar-los, amb certa sornegueria, que l'avió és estadísticament molt més fiable que no pas el cotxe o el tren. No serveix de res intentar convèncer-los que una bona lectura farà més planer el viatge.

El que realment necessiten és un Trankimazin i un bon trago de *whisky* de malta que els deixi mig estabornits perquè es despertin, tan tranquils, quan l'avió ja toca amb les rodes la pista d'aterratge de la ciutat de destí.

La por del viatge és el que frena molts catalanistes no convençuts a decidir-se a viatjar. La competència, que ho sap perfectament, actua en conseqüència i es dedica, dia rere dia, a retransmetre en directe accidents aeris de tota mena i a anunciar greus turbulències que amenacen de fer caure l'avió. Es dediquen a mortificar els pobres turistes amb imatges angoixants de morts i mutilats en accidents horripilants.

Fixeu-vos que no dediquen ni un minut a vendre la imatge d'una Nova York, d'un Londres o d'un Tòquio com a escenaris horribles en els quals no val la pena passar-hi ni un minut. Saben, la competència ho sap, que això no és gens creïble. El consumidor *català-de-tota-la-vida* és un consumidor prou informat per saber que una difamació d'aquestes característiques no té cap mena de veracitat. Això s'ho reserven per als desafectats.

Fixeu-vos també, de nou, en la intel·ligència de la competència: aquests sí que saben com i quan triar el missatge en funció de la segmentació dels seus clients potencials. Als *white trash*, perdó, als desafectats, una miqueta de Vidal-Quadras amb unes gotetes d'Estopa. Als catalanistes no convençuts, una petita dosi d'Isidre Fainé i un rajolí de les últimes (no de les primeres) declaracions de Durão Barroso. Perquè, què són si no les imatges catastròfiques d'una Catalunya fora de l'euro i amb una incomunicació total internacional? Exactament el mateix que passar un reportatge sobre l'accident de Spanair a Barajas la nit abans que aquests agafin un avió. Els recepten, maliciosament, uns còctels perfectes per renunciar a la seva pròpia felicitat.

Com s'ha de tractar, des d'un punt de vista de comunicació, aquesta patologia, aquesta por de volar, aquesta por del procés de secessió i no d'un futur feliç al destí? Abans he avançat que potser una miqueta de Prozac amanit amb conyac francès Courvoisier d'aquest que tenen les hostesses de vol, podria servir. Però estarem d'acord que no és una mesura sana ni prolongable en el temps. En termes polítics (o econòmics, que és del que parlem en aquest llibre), això seria equivalent a proposar un referèndum unilateral amb traïdoria que se celebrés l'endemà de les eleccions del 25 de novembre. Amb un sí o un no inapel·lable i sense cap matís com a úniques opcions i sense haver tingut temps de meditar les bondats (o les maldats) del procés. Sense saber quina podria ser la previsible reacció de la resta de l'Estat o de la comunitat internacional. Això seria equivalent a fer pujar a l'avió a cops de puny i amb camisa de força tot el personal poruc. Res menys democràtic.

La solució definitiva, com en el cas de l'aviofòbia, seria la consulta psicològica o psiquiàtrica. Unes sessions que aconseguissin fer perdre pors no fonamentades. La psicologia i la psiquiatria són especialitats mèdiques que consisteixen a fer aflorar les pors per tal de fer-hi front. No es tracta d'ocultar-les ni de reduir-les. Es tracta de desmuntar-les de soca-rel. Si això es fa amb medicació, amb hipnosi o amb inacabables sessions introspectives ja depèn dels mètodes dels terapeutes, i ens allunyen del propòsit d'aquest escrit.

Fer aflorar les pors per enfrontar-nos-hi és la recepta. En aquest procés, el diàleg i la paciència són absolutament fonamentals. No es tracta d'explicar ni de recitar monòlegs respecte al que hauria de ser, sinó de descobrir reflexivament les arrels d'aquestes pors.

Aquestes pors poden ser econòmiques, polítiques o socials. Podem tenir por de les conseqüències econòmiques immediates del divorci, de les repercussions civils de fractures emocionals o de la rememoració (com en un *flashback*) d'antigues guerres. La competència, en un exercici sàdic de primera divisió, intentarà furgar en aquest esquema, enviant tancs fantasmes, dibuixant imatges de famílies trencades per la secessió o emfasitzant i exagerant les conseqüències econòmiques de decisions empresarials, com els que es vanten de deslocalitzar la seva empresa de Catalunya.

El psicòleg, o sigui, el bon marquetinià, o sigui, el Govern i els polítics, haurà de preguntar al seu pacient si creu realment que aquestes desgràcies són possibles. Contraposarà a les imatges horripilants i als escenaris dantescs que ens pinta la competència, les opinions reflexives de la premsa internacional, les reflexions dels diputats estrangers de la Unió Europea, i detallarà les decisions d'empresaris a favor del procés d'independència.

L'estratègia de comunicació que ha de tractar aquest tema és d'una importància capital. Catalunya no pot optar a ser hegemònica sense el concurs d'aquesta tipologia de consumidors. Són, juntament amb els desafectats, els que faran decantar la balança cap a la visió que expliquem. Com en el cas dels psiquiatres, el que necessitem és diàleg, tranquil·litat i reflexió. Aquí els mitjans audiovisuals de Catalunya tenen una importància transcendent i cabdal (a diferència de l'altre segment, del qual fins fa poc destacàvem el contrari).

Des dels mitjans afins a la proposta catalana s'ha d'afavorir un debat serè que expliqui, sense dramatismes, com serà el procés de ruptura o secessió. Un debat que expliqui les conseqüències positives i negatives d'aquest procés i no amagui informació, però que alhora desmenteixi, amb fonaments, les pràctiques difamadores de la competència.

Haurà de ser, a més, una programació que s'adapti al *target* socioeconòmic d'aquest segment. Si els estudis i les enquestes revelen que el percentatge majoritari de consumidors dins d'aquesta tipologia són homes de més de cinquanta-cinc anys (això és tan sols un supòsit), els missatges hauran d'adreçar-se amb el to i el llenguatge d'aquest segment. Podem tornar a caure en la temptació de comunicar als qui no cal comunicar res en aquest sentit.

Per aprofundir en les tàctiques que donen sentit a aquesta estratègia general, també és molt útil la que jo anomeno *tàctica del torero* o, si ho preferiu, la *del judoka*. De la mateixa manera que l'art del judo consisteix a aprofitar-se de la força del contrari per executar les maniobres que acaben amb el lluitador contrari a terra, i de la mateixa manera que l'art del toreig consisteix a aprofitar la força del toro per desgastar-lo i dessagnar-lo, una de les millors maneres d'argumentar des del seny, l'enteniment i la claredat és rebatre, punt per punt i amb arguments quasi científics, les barbaritats que s'emetran des del departament de comunicació de la competència. No hi ha argument més sòlid que el que contraposa la raó a l'estupidesa.

Últimament, fent referència a aquest escenari, s'ha argumentat capciosament des d'Espanya que Catalunya quedaria vetada del fons de pensions de l'Estat i que els pensionistes catalans (entre els quals n'hi ha molts que conformen el grup de *catalans-de-tota-la-vida*) no rebrien les prestacions que s'han acumulat durant les últimes dècades i que l'estimable Govern espanyol emmagatzema en no sabem quin banc de *reserves de pensions*.

Com que és molt fàcil desemmascarar aquesta mentida, desvelant simplement que el mecanisme del sistema pel qual a Espanya (i a Catalunya) es paguen les pensions no té res a veure amb el fet de guardar els diners en una caixa sinó a aconseguir que els que tenen la sort de cotitzar avui paguin als pensionistes d'avui (no és un sistema en què els que cotitzen avui pagaran als pensionistes de demà i que entre un moment i un altre l'Estat espanyol guarda els calerons en una guardiola), aconseguirem un doble propòsit: treure la por i fer notar les tàctiques il·legítimes del nostre competidor.

No creieu que en el món empresarial no s'utilitzen tàctiques similars. Tàctiques en què les mentides soterrades i mitges veritats acaben perjudicant el que les llança. Us en detallo dues de molt significatives.

Molts de nosaltres recordem la campanya que, crec que a partir del 2009, va engegar la multinacional Danone en què anunciava reiteradament que aquesta empresa no fabricava marca blanca (una anècdota: sabeu que l'inventor del Danone va ser un jueu barceloní anomenat Isaac Carasso? Sabeu que el nom bé de Danon, o sigui, l'apel·latiu familiar del seu fill Daniel? Quina llàstima que els catalans tradicionalment no hem sabut mantenir la propietat d'empreses que avui ens farien una mica més rics).

Tornant a la campanya de Danone, quan va començar amb aquest missatge tan pertorbador i tan agressiu (penseu que més del 50% dels fabricants de marca elaboren també marca blanca per a cadenes de supermercats) no va mesurar bé la seva força. En primer lloc perquè posava en escac moltes empreses multinacionals d'alimentació que sí que en fabriquen i, en segon lloc, perquè amenaçava directament els seus propis clients, que no són altres que les cadenes de supermercats i hipermercats que demanen la seva pròpia marca blanca als fabricants.

Això va ser el 2009, en un context socioeconòmic molt diferent del que estem vivint ara, quan una crisi de consum esfereïdora que ja fa més de quatre anys que dura ha empobrit la capacitat de compra de tots nosaltres. Fa quatre anys, la marca blanca suposava menys del 20% de la cistella de la compra d'un consumidor normal; avui, en certes categories, més del 50%. Què ha de fer ara Danone? Tornar a fabricar marca blanca per compensar les pèrdues que la seva política agressiva li ha fet perdre? De moment no em consta que Danone hagi tornat a fabricar marca blanca (però sí que em consta que n'ha fabricat en el passat). Però el que ja ha anunciat és que s'ha vist obligada a reduir molt significativament el preu dels seus productes. Perquè, en el fons, el que és una mentida soterrada és fer-nos creure que la marca blanca, les bones marques blanques, són de molta menys qualitat que les convencionals. Sabeu quina diferència, a més de la del preu, hi ha entre un iogurt blanc de Danone i un de, posem per cas, la marca Carrefour? Que la marca Danone ha d'escandallar el cost dels honoraris de la famosa de torn que surt als anuncis de la tele, sigui Susanna Griso o l'omnipresent actriu Carmen Machi.

Hi ha una segona derivada negativa d'una campanya enganyosa com aquesta: quan Danone anuncia que no fabrica per a altres marques no es posiciona, en el fons, com una empresa poc solidària que no té l'empatia suficient per entendre que els consumidors acabem triant els productes en funció d'un salari disponible cada cop més baix?

No vull anar contra les marques, res tindria menys sentit en el context d'aquest assaig. Però les marques només triomfen si innoven i si aporten valor a la categoria. Exactament igual que Catalunya. Si venem una Catalunya en forma de iogurt blanc de tota la vida, perdrem quota de mercat. Si ens inventem l'Actimel, l'Activia o el Danone amb extra de calci per a les dones menopàusiques amb problemes d'osteoporosi, aleshores triomfarem i no ens faran por els productes de baix valor.

Hi ha un últim corol·lari a l'exemple de Danone: abans de llançar una campanya agressiva contra la competència, has de mesurar molt bé els efectes bumerang. És una tàctica que, des del meu punt de vista, és tan errònia com la dels *think tanks* espanyols amb les pensions.

Un altre cas notori en què una empresa ha sabut utilitzar a favor una estratègia d'atac de la competència és el clàssic enfrontament entre Coca-Cola i Pepsi. La segona fa dècades que repta la primera. Ho fa seguint una filosofia (crec que equivocada a llarg termini) segons la qual el repte, pel simple fet de llançar-lo, et fa més gran: si jo t'amenaço és que estic en condicions de fer-ho, és que estic al teu nivell. Quan Pepsi repta Coca-Cola, fa el mateix. Intenta posar-se a la mateixa altura que el seu competidor hegemònic. Fixeu-vos que la resposta de Coca-Cola ha estat sempre la mateixa: la més completa displicència de ni dignar-se a contestar. Des del meu punt de vista, Coca-Cola, mitjançant la no-resposta, posa en evidència Pepsi, que dóna una imatge de rabieta de nen petit que no la beneficia en absolut. Tota la força de l'atac de Pepsi, Coca-Cola la recondueix a enaltir la seva condició de líder indiscutible. Com els judokes.

Efectivament, quan Múrcia repta Catalunya, o quan ho fa Extremadura, hi ha una intenció flagrant per part d'aquestes dues autonomies de posar-se al nivell de Catalunya. L'escenificació permanent del *cafè per a tothom*, amb conferències de presidents autonòmics en què els nostres no haurien d'anar mai, és el reflex de l'estratègia de Pepsi contra Coca-Cola. Si aquesta última no contesta, Catalunya hauria de fer el mateix: ni dignar-se a participar-hi.

El català no convençut, l'actitud del *català-de-tota-la-vida*, és com l'empresa catalana que, aparentment per prudència, rigor i aversió al risc, no pren les decisions adequades de finançament i mor irremissiblement per falta de competitivitat. O, el que és el mateix, opta perquè els altres decideixin per ell.

Ja he recalcat que el *català-de-tota-la-vida* té un problema greu quan confon l'eina amb l'objectiu. He explicat també que aconseguir que perdi la por cap a l'eina és fonamental. Però no vull deixar-ho aquí perquè m'equivocaria. Quan afirmava (aleshores em convenia) que a aquest tipus de consumidor no cal vendre-li el destí perquè ja es ven sol, quan afirmava que vendre'ls el paradís de Nova York o Tòquio no és necessari, em feia trampes al solitari. Evidentment que és necessari! Aconseguir que la por del viatge desaparegui és posterior a la venda del destí. Estem segurs que els nostres líders ens han venut prou bé el destí?

Sabem que Nova York és la ciutat dels gratacels, que els taxis es diuen *yellow cabs* i que els frankfurts, allà omnipresents al carrer, s'anomenen *hot dogs*. Però els hem explicat el que és més singular i atractiu de Nova York? Els hem venut que Nova York és *la meca* de la creativitat i del dinamisme comercial que és imprescindible conèixer abans de morir? Els hem detallat la placidesa del Central Park? Els hem explicat que a Nova York hi ha mercats de carrer que competirien amb el de la Boqueria? Que la vida és més barata que a Barcelona? Que si hi van uns quants dies tornaran amb la necessitat imperiosa d'apuntar-se a una acadèmia d'anglès? Que és una ciutat que mai dorm? En definitiva, els hem venut prou bé la ciutat real? Potser en el cas que ho fem la incomoditat i la por del viatge serà inferior a les ganes de visitar-la immediatament.

De la mateixa manera que aquest procés que acabo de descriure és absolutament plausible, en el cas de la proposta de valor de Catalunya el que cal és dibuixar la imatge precisa del que serà Catalunya perquè definitivament s'enamorin del destí. Ningú no compra un producte si no té clar que el farà feliç.

L'objectiu de la comunicació és vendre

Aquest dibuix, el dibuix de la nova proposta catalana, és el gran dibuix que necessita el *català-de-tota-la-vida.* El necessita especialment ell, però, en general, el necessitem tots nosaltres. Quan hem descrit la visió, la missió i la proposta de posicionament, fins i tot quan hem definit la molècula de marca, estàvem esbossant aquest gran quadre: li donàvem un marc, un estil, una composició. El que toca ara és omplir-lo de color, dibuixar-lo amb precisió matemàtica i amb una passió desbordant a parts iguals. És el quadre més important de la nostra vida. Un quadre que, com *El Sant Sopar*, de Leonardo da Vinci, malgrat que està farcit de càlculs matemàtics que sistematitzen la perspectiva, la composició i el moviment dels personatges que hi apareixen, està dibuixat amb una passió i una alegria desbordants. D'això va també la comunicació, de vendre un producte aspiracional i apassionant que no pots deixar perdre't.

Què hem de fer? Tornar al principi: repassar què som i com som. Repassar el que volem ser i com volem ser. I un cop ho tinguem clar, dissenyar una campanya publicitària que vengui el nostre producte. Però no ens perdem: ja hem repassat el producte (ingredients, receptes, mètodes d'elaboració, fórmules, preus), el que toca ara és començar a vendre'l. I vendre'l a tots i cadascun dels segments que hem anat identificant com a estratègics. Modificant els missatges quan convingui per adaptar-los a les audiències (segments) que toca en cada moment. Sabent sempre si per a cadascun d'ells som a la fase 1, 2, 3 o 4 del model.

Hem de ser conscients que els missatges estan moltes vegades condicionats pel canal, que la veritable comunicació, la que crea valor, és la que explica el que fas per sobre del que ets, que la credibilitat és vital.

Hem d'oblidar-nos del passat, hem d'abstreure'ns de la politització, hem de concentrar-nos en el futur. Hem de fer creure, perquè és veritat, que el futur és nostre i que el construirem entre tots. Hem d'integrar una estratègia de comunicació que no s'oblidi de ningú, que sigui *mainstream* però alhora customitzada a cadascun dels nostres *targets.*

No podem mentir, no podem entretenir-nos a discutir sobre els mitjans, hem de centrar-nos en el destí. Hem d'explicar per què aquesta nova Catalunya mereix ser comprada. Amb arguments carregats de positivitat i menystenint l'enfrontament inútil amb la competència. Apple no parla mai de Samsung!

Hem de llistar tots els nous atributs de la proposta catalana i carregar-los d'estratègies concretes que els faran assolibles. Si el públic no percep una proposta com una cosa factible no la comprarà. Els desafectats no ens compraran una Catalunya Estat que, en el millor dels casos, els semblarà un succedani de l'Espanya que coneixen de tota la vida. Els catalans *de-tota-la-vida* no compraran una Catalunya Estat desarticulada d'Europa. Els immigrants no ens compraran una Catalunya Estat de la qual desconeixen la política d'immigració. Els botiflers no compraran una Catalunya Estat que es defineix a la contra de la seva nació natural.

Tots ells ens compraran una Catalunya que resolgui els seus problemes, que són molt diversos. Compraran una Catalunya que excel·leixi per sobre dela seva rival en tots els aspectes que puguin ser comparats. Catalunya s'ha de percebre com a més competitiva, més atractiva socialment i més honesta.

Respecte al darrer punt, la nova Catalunya s'ha de vendre polida, verge, immaculada. Sense màcules de corrupció. Per què creieu que exploten darrerament un rere l'altre casos de presumptes corrupcions? Lloret, Sant Hilari, Santa Coloma, Sabadell... La llista és llarga i encara ho serà més. És una llista merescuda però, desenganyem-nos, intencionada. La competència sap perfectament el que es fa. Desacreditar la política catalana és desacreditar la proposta de valor de Catalunya en general. Si Catalunya, els seus gestors i les seves institucions no fan un gest inequívoc de canvi, el llast de tots aquests casos serà massa pesat perquè ningú s'atreveixi a canviar de marca. I un gest inequívoc de canvi exigeix molts sacrificis. Estan (estem) disposats a fer-los?

Quan una empresa que cotitza a borsa ha de fer un gir estratègic radical que eviti l'enfonsament de la seva cotització ha de fer coses creïbles i tangibles. En cas contrari, les seves accions se seguiran enfonsant fins a desaparèixer del parquet. Quan les empreses s'enfronten a problemes majúsculs d'aquest tipus no s'hi val a fer cimeres, ni convocar els mitjans, ni engegar comissions d'estudi. Solen dimitir els directius responsables, es reorganitzen completament les organitzacions i, si cal, es funden de nou. Repeteixo: estan (els polítics) / estem (els catalans en general) disposats a passar per això? O volem fer gestos de cara a la galeria que la societat 2.0 ja no es creu? Si no ho fem estem perduts. Mirem com s'ho han fet les grans corporacions. Aprenem de les empreses d'èxit que han hagut de virar radicalment i avui, gràcies a aquells canvis, es vanten de tenir posicions competitives sòlides.

Llegiu, si teniu temps, el llibre que narra la història de Starbucks. El seu fundador ha escrit un llibre que val molt la pena perquè explica, amb tots els detalls del món, què va haver de fer per sortir d'una crisi que hauria acabat enfonsant una megacompanyia d'èxit internacional. El llibre s'anomena *El desafío Starbucks*, de Howard Schultz. Només llegint el sumari de la contracoberta en tindrem prou: «L'any 2007 Starbucks, per primera vegada en la seva història, era vulnerable. Durant els últims anys havia seguit una política focalitzada en el creixement i havia abandonat els seus valors fundacionals —la seva connexió amb els *partners* i amb els clients, l'alta qualitat dels seus productes, l'experiència Starbucks, en definitiva—, a més es va veure amenaçada per una sèrie de transformacions externes —enfonsament del mercat immobiliari, desocupació, canvis en els hàbits de consum, recessió mundial—, que, unides a la revolució digital, en posaven en perill el futur immediat. Es feia necessari un canvi de rumb. Per aquesta raó l'aleshores president de Starbucks, Howard Schulz, va reassumir l'any 2008 el càrrec de conseller delegat. Havia arribat el moment de superar el que sense cap mena de dubte havia de ser el gran desafiament de l'empresa: lluitar per la seva vida sense perdre la seva ànima».

Aquest llibre no oculta la voluntat de fer proselitisme de la seva marca, però tampoc la quantitat de canvis radicals que aquest empresari va haver d'afrontar per reconduir una empresa que, per molt gran que fos el 2007, estava a punt de fer fallida. Exactament igual que la Catalunya del 2013.

Hem dit que hem d'excel·lir també socialment. Hem de vendre la promesa que Catalunya serà un país on l'esforç i la justícia s'equiparen. L'esforç, la tenacitat i la creativitat són bàsiques per ser competitius. Però a Catalunya ha de prevaldre la justícia social. Hem de comunicar que els nostres nous estatuts estan blindats en bonhomia social i que, com hem dit a la definició de la proposta de valor, representen els valors de l'Europa socialdemòcrata per damunt de les visions ideològiques pròximes al neoliberalisme. I tot això ho hem de fer en un moment d'enormes retallades. Com podem prometre aquesta visió quan ens dediquem a retallar fins a l'extrem les prestacions més bàsiques que qualsevol societat del benestar necessita? Siguem valents. Retallem el que és retallable i que no afecta la justícia social excepte quan sigui obligatori fer-ho. Repassem, com faria qualsevol empresa, quines són les despeses del nostre compte d'explotació. Analitzem quines són retallables i quines no. No fem com els mals gestors, aquells que el que primer proposen per arreglar els problemes d'una empresa és fer un ERO massiu. Com hem dit, quan fa molt fred a l'hivern i necessitem estalviar, no s'ha de tancar la calefacció, el que s'ha de fer és tancar les finestres. Som conscients de quantes despeses ordinàries podrien ser fàcilment reduïbles si enfoquéssim el problema de Catalunya com una empresa competitiva?

I com he dit, també hem de vendre la idea que la nova Catalunya serà un país competitiu. Un país receptor de talent i no un país emissor de talent. Tenim la sort, el privilegi, d'habitar un tros del món on val la pena viure, ho hem destacat en els punts forts del principi. Catalunya ha de fer propostes concretes per atraure el millor talent del món. Hem de crear les infraestructures físiques i mentals perquè això sigui possible. La idea de la competitivitat és molt atractiva però també molt poc concreta. Hem de ser competitius sí, però en què? Quan ho tinguem clar, dediquem-nos a comunicar estrictament aquest vector de la competitivitat. No és creïble, quan ens dediquem a vendre Catalunya, afirmar que som líders en innovació, en biotecnologia, en disseny, en creativitat, en qualitat de vida, en serveis turístics, en automoció, en indústria, en serveis, en agricultura... No ho som, almenys no ho som en tot. Voler no és poder. Starbucks és excel·lent fent cafès, no en gastronomia.

Però no podem vendre sense marca

Us acabo de parlar que l'objectiu de tot plegat, que l'objectiu últim de la comunicació, és vendre. Però ara arribo al punt cabdal del llibre: és molt difícil vendre sense marca i és impossible comunicar sense marca. La marca és el compendi de tot plegat.

Quan diem que vendre la proposta de valor de la nova Catalunya no és el mateix que vendre un quilo d'arròs volem expressar que la proposta en qüestió és massa polièdrica per valorar-se exclusivament des d'un punt de vista racional. Més amunt hem explicat que quan un producte recorre a aquests arguments tan pragmàtics és perquè aquests valors objectius i tangibles són tan demolidors (o tan escassos) que no cal fer res més. Si tinc la sort d'inventar un teletransportador de persones instantani per tres mil euros de PVP en vendré tants com en fabriqui. La proposta és, objectivament, imbatible. No caldrà ni que li posi marca. El mateix que fa De Beers.

Ho explico més bé amb un exemple: molta gent sap que el gran productor i *dealer* de diamants és una empresa d'origen sud-africà que es diu De Beers. Sabem que la marca que hi ha al darrere és De Beers malgrat que ningú no llueix un diamant d'aquesta casa amb aquesta marca. Un diamant és tan perfecte, tan únic i tan escàs que posseir-lo és suficient.

Pensem-hi, perquè aquest cas dels diamants que a De Beers no els cal ni posar marca no és gens comú en el món de l'empresa. Fixeu-vos que això no passa ni amb productes tan extraordinaris (gairebé tant com els diamants) com un Ferrari, una ampolla de Dom Perignon o amb un litre de Chanel nº 5. En els tres casos ens trobem davant de productes objectivament extraordinaris, però no tan únics per poder prescindir de la marca.

No podem fer el fanfarró quan diem que conduïm un cotxe *state of the art* amb cinc-cents cavalls de potència sense identificar la marca. No podem fer-ho si no volem córrer el risc que algú pensi que portem un Mustang tronat com aquells que circulen per Amèrica del Nord amb rodes que surten del xassís. Tampoc no podem argumentar que ens hem begut un xampany boníssim així, a seques, perquè n'hi ha tants i tantes marques que fins i tot un mestre d'escola podria permetre's el luxe de ventilar-se una ampolla de Moët Chandon de tan en tant. Estarem d'acord que el Moët Chandon és un xampany normalet que superen grans caves del nostre país i que es troba a anys llum del Dom Perignon. I tampoc no podem explicar, sense caure en l'equívoc, que portem un perfum únic sense donar cap nom darrere. Encara n'hi ha que argumenten que el Varon Dandy és la millor colònia que s'ha dissenyat mai.

No obstant això, no passa el mateix, com deia, amb els diamants, amb el caviar i amb l'ivori. Tots aquests productes són objectivament tan valuosos que la marca es converteix en irrellevant. Fins i tot Ferrari, Chanel i Dom Perignon han d'emprar el recurs estratègic de la marca per poder competir en el mercat. Això és d'aquesta manera perquè Ferrari competeix en un mercat, l'automobilístic, amb dotzenes de marques que lluiten per ser el pròxim Ferrari. I hi ha tantes cases de xampany que lluiten per destronar Dom Perignon com perfumeres existeixen que volen fer el mateix amb Chanel.

Desenganyem-nos, Catalunya necessita comunicar, a més de producte, una bona marca. I les marques, com en els casos de Ferrari, de Dom Perignon i de Chanel, venen moltes més coses que un cotxe, un xampany i un perfum. Venen una proposta de valor que es concreta amb una promesa (més o menys real i assolible) de felicitat. En la forma que es vulgui, però de felicitat. Ningú no prendria Dom Perignon per esmorzar (excepte els alcohòlics) en la soledat de la cuina al matí. Ningú no circularia amb un Ferrari a tres-cents quilòmetres per hora ni en faria patinar les rodes en una illa deserta. I tampoc ningú es perfumaria amb Chanel per anar a pujar, en solitari, el Puigmal. Totes aquestes són marques socials i d'estatus que necessiten ser compartides en societat per ser gaudides al màxim.

Si reconeixem que ser capaços de crear per a Catalunya una marca tan aspiracional com Ferrari ja és agosarat, aspirar a convertir Catalunya en el caviar, l'ivori o el diamant en brut de les nacions és, senzillament, impossible. No, ningú no ens regalarà res pel simple fet de ser catalans. Tant sí com no, hem de construir una marca de valor.

Si passem pel sedàs d'aquestes asseveracions les estratègies i tàctiques d'alguns, veurem que no s'aguanten per enlloc; uns quants intenten vendre Catalunya com si fos una simple mercaderia, com si fos, de nou, un quilo d'arròs. Tots els que diuen que el tema de Catalunya va de treballar pel que realment interessa a la gent i deixar-se d'altres idees estan fent, implícitament, això. Tots els que argumenten que ens hem de deixar de romanços i treballar per sortir de la crisi, fan també el mateix. I en sentit contrari, tots els que venen la independència de Catalunya com una mena de caviar iranià de tipus beluga sense invertir ni un sol cèntim a *vestir* la proposta amb l'atractiu de la marca, també.

I cal fer una advertència addicional: vendre una promesa no és vendre fum. O la promesa és creïble, o la proposta de valor se't desgasta. Vendre fum consisteix a vendre una il·lusió en forma de promesa irrealitzable. Pensem en els repetitius anuncis, estiu rere estiu, d'una coneguda marca de cerveses. Aquests són especialistes a vendre paradisos de fireta. Paradisos on surten actors (recordem que en publicitat l'actor és l'àlter ego del consumidor) de metre vuitanta (com a mínim) i exactament setanta quilos de pes, que estan més fibrats que Usain Bolt en plena pista. A més de guapos, joves i atlètics, tenen més pasta que Amancio Ortega. No pot ser d'una altra manera quan es poden permetre gaudir tranquil·lament i amb companys tan o més guapos que ells d'unes vacances de més de quinze dies en velers d'època mentre naveguen per cales mediterrànies que semblen tractades amb el Photoshop. I no només són amics perfectes en escenaris perfectes sinó que, per si no n'hi havia prou, passen les vacances en companyia de noies de vint anys i no més de cinquanta-cinc quilos. Amb la dentadura perfecta i uns pits ni massa grans ni massa petits. Amb somriures també perfectes i fantàstics i, per acabar-ho d'adobar, amb l'aparença de ser filles d'importants industrials residents a la Bonanova.

I tot això passa, com no podria ser d'una altra manera, *mediterràniament* a Formentera, Menorca o a la Serra de Tramuntana. Beure aquesta cervesa et transporta a gaudir d'un estiu immillorable. D'un estiu perfectament perfecte. Són estius que es passen *perfectament* més que no pas *mediterràniament.* Us heu fixat en la credibilitat d'aquest missatge? No en té cap, tot i que segueix la norma que és millor vendre una promesa i una il·lusió que un litre de cervesa calenta.

Catalunya no pot prometre paradisos terrenals que ni els més impressionables poden percebre com a reals. Quan el famós escriptor i filòsof Francesc Pujols va dir allò de «Perquè seran catalans, totes les seves despeses, on vagin, els seran pagades [...] i els oferiran l'hotel, el més preuat regal que se li pugui fer a un català quan viatja. Al cap i a la fi, i pensant-hi bé, valdrà més ser català que milionari», es recrea un clixé irreal més perniciós que els que ens ofereixen, estiu rere estiu, els anuncis d'aquesta coneguda casa cervesera.

Crear una marca per a Catalunya que sintetitzi el millor de la seva proposta de valor és un exercici complex. Però és absolutament necessari per enfocar bé la comunicació. La marca és un *portafoli* de significats, amb arguments racionals i emocionals a parts iguals. És un exercici complex perquè és impossible tenir una marca d'èxit si no hi ha al darrere tota la teoria que hem desgranat fins ara. És impossible consensuar una marca que no sigui conseqüència de la visió, de la missió, dels objectius i del producte servei que hem planificat prèviament. Per dir-ho d'una manera gràfica, la marca no és la causa sinó la conseqüència. La marca és la teulada d'una casa, no els fonaments.

Com més gran és la distància (el *gap*, en diuen els més tècnics) entre el que comunica la marca i la realitat del producte, pitjor funcionen les marques. Són marques que ens expliquen històries increïbles en forma, normalment, de publicitat. La publicitat convencional està en crisi precisament per això, perquè es dedica a vendre fum, a vendre realitats que estan molt allunyades del producte que representa. Perquè moltes empreses, i també molts països, s'han dedicat a construir relats falsos de realitats inexistents.

Quan Catalunya enfoqui definitivament la seva estratègia de posicionament estarà en disposició d'excel·lir en *branding*, la disciplina que es dedica a la gestió integral de les marques, mai abans.

La publicitat venedora de fum ja no ven ni el fum. Els productes que utilitzen aquestes tàctiques (estratègies de comunicació, en diuen ells) segueixen venent milions de litres del que sigui, però ni un 5% es deuen a la publicitat. En molts casos, les inèrcies històriques són les veritables responsables del seu èxit comercial. Però, com totes les inèrcies, el rodament acaba frenant la velocitat. Fins que arriba un punt que t'atures i caus de la bici.

Catalunya no hauria d'emprar aquestes tàctiques comunicatives. Quan parlem de crear marca i quan afirmem que Catalunya no pot vendre's com un quilo d'arròs no ens referim a fer passar bou per bèstia grossa. Estem segurs que no fem exactament això quan Catalunya, alguns polítics de Catalunya, ens venien el projecte d'Adelson? O ara, quan ho fa amb Barcelona World? Recordo que des dels mitjans afins es va arribar a afirmar que aquests projectes crearien dos-cents mil llocs de treball. Que amb l'amic texà podíem retallar, de la nit al dia, un 33% de la taxa d'atur a Catalunya. Tan irreal i fantàstic com creure'm que per beure'm una cervesa seré capaç d'arribar a Formentera amb veler modernista.

Crear marca és molt més complicat. La disciplina del *branding* n'estudia les raons, però més enllà del model de Ramon Ollé que hem presentat més amunt, el que cal destacar ara és que l'equilibri entre una venda d'una promesa factible i l'objectivitat dels seus beneficis funcionals n'és la garantia d'èxit. Ni vendre un paradís, ni vendre una *commoditie*. Tangibilitat i aspiracionalitat al 50%, aquesta és la idea.

Els que sou més ràpids podeu treure'n una conclusió: la proporció entre tangibilitat i aspiracionalitat pot dosificar-se de manera diferent en funció de quins siguin el públic i els consumidors que vulguem captar. Tocarà una recepta més carregada de tangibilitat per als que demanen precisament això, i més aspiracionalitat, identitat i espiritualitat per als que tinguin com a característica distintiva les variables culturals i nacionals. Aquesta és, al meu parer, la recepta de l'èxit.

Com a corol·lari de tot plegat, un últim exemple dins el capítol de marca: BMW. Quan us he explicat que la marca bavaresa ens anima a conduir per sobre de qualsevol altra consideració com una metàfora de la felicitat de saber-te un triomfador, he ocultat que no sempre fa el mateix. Els seus models BMW M3 o M5 són productes tecnològics en els quals el que toca és vendre cavalls, vàlvules, cilindres i adrenalina pura. Ni t'agrada conduir ni hòsties: velocitat i fatxenderia en estat pur és el que ven. Us imagineu un rus d'aquests dels petrodòlars emocionat pel plaer de conduir? No, a aquest el que el motiva és una bèstia capaç de circular per l'autopista de Tarragona a més de dos-cents cinquanta quilòmetres per hora. Quan BMW reenfoca la comunicació per adaptar-la als seus models i als consumidors potencials d'aquesta gamma el que realment fa és canviar el «T'agrada conduir?» per un altre: «T'agrada fer el fatxenda?». Si recuperem la piràmide de Maslow, els productes d'alta gamma esportiva de BMW treballen sobre la tercera escala, mentre que els més familiars ho fan sobre la quarta. No és el mateix buscar el reconeixement que l'autoreconeixement.

I quan BMW fa això, ni és incoherent ni és inconsistent amb la seva proposta de valor principal. El que fa BMW, i el que en general fan les grans empreses que tracten el màrqueting com una disciplina estratègica, és dissenyar una sòlida molècula de marca que, amb tres o quatre ingredients principals, els permeti dosificar-los per dissenyar les receptes òptimes en funció de quin sigui el producte o la categoria en què volen competir. O més ben dit, en funció de quin sigui el segment de clients que volen atacar amb la seva proposta de valor.

Quan he definit una possible molècula de marca per a Catalunya, el que volia tenir era aquesta eina que us he descrit amb BMW. Us recordo també que els ingredients principals de l'ADN de la marca Catalunya els configuraven la tradició i modernitat, la voluntat social i la valentia, i el risc. Hem de saber quin d'aquests ingredients és prioritari (i hem de veure de quina manera el verbalitzem) a l'hora de definir un missatge que sigui efectiu en cada moment, en cada mercat i en cada segment. Que no se'ns acudeixi vendre agressivitat i risc a un pare de família i una proposta del tipus *el plaer de conduir* a un rus milionari tronat.

No qualsevol comunicació és possible

L'últim mantra que he destacat a l'inici del capítol de comunicació era allò de *som el que fem i no pas el que diem*. Que calia comunicar el que fas per sobre del que ets, perquè només el que fas és el que determinarà el que seràs. Ja ho dèiem, les propostes de valor de marca parlen del futur. I les marques de país encara més. Adonar-te que edificar el futur es fonamenta en la construcció del present és clau en qualsevol àmbit de la vida. Comuniquem el que fem per ser el que volem ser. No comuniquem el que som. Aquesta és una perspectiva fonamentada en el passat, perquè, seguint el raonament, som el que hem fet en el passat.

Comunicar que Catalunya és una nació és comunicar el que som pel que hem fet en el passat, bo o dolent. Comunicar que treballem en matèria de biotecnologia és comunicar el que té valor del que fem avui per ser com volem ser en el futur. La diferència entre un enfocament de present i un de futur és la clau de la comunicació efectiva de Catalunya. I és subtil però clau.

Analitzem la comunicació catalana de les últimes dècades. Analitzem específicament les campanyes més institucionals de la Generalitat dels darrers trenta anys. A més de comunicar missatges equivocats a consumidors equivocats, ens hem passat la vida comunicant el que som per sobre del que estem fent per ser d'una altra manera. En part, el famós «fets i no paraules» de Montilla podria semblar a primera vista una comunicació encertada i innovadora des d'aquesta òptica. Però, estem segurs que aquella campanya s'engegava amb la intenció que jo recomano? Evidentment, no. Els fets de Montilla per sobre de les paraules de Mas significaven vendre quilos d'arròs en lloc de quilos d'il·lusió. Significaven «deixem-nos de romanços i aconseguim que Catalunya sigui una comunitat autònoma que treballi per Espanya». Encertava l'eslògan si no fos perquè aquell eslògan significava una altra cosa.

També des d'aquesta perspectiva, la famosa campanya del Govern de Pujol que afirmava: «Som 6 milions», què nassos perseguia? Ampliar la consciència que el poble català era molt divers i que tots havíem de remar en la mateixa direcció? Analitzem-lo per comparació. Una campanya institucional espanyola que afirmés «Somos 45 millones» ens faria por perquè la uniformitat que destil·laria l'eslògan despendria l'olor del perfum més jacobí de l'Espanya més profunda. És com aquell eslògan que *m'agrada* tant d'Intereconomía que diu: «Orgullosos de ser españoles». Voleu dir que *som 6 milions* no genera el mateix efecte dins de Catalunya per a alguns dels seus consumidors *targets* estratègics? Voleu dir que no és una frase que genera anticossos?

Analitzada també aquesta campanya des de la perspectiva del *branding* modern, afirmar que som sis milions és el mateix que afirmar que Moritz és una cervesa. Aporta informació molt relativa. I bastant inútil, sobretot a partir dels resultats que va obtenir. Si la campanya de Pujol hagués consistit a afirmar: «Treballem per ser 9 milions», hauría estat una campanya de l'estil de les que jo reivindico. El problema és que aquest eslògan, a més de polèmic, hauria estat increïble, en el sentit més literal: gens creïble. Si no és que responia a una campanya de fertilitat a l'estil de les que arengava Mao Zedong.

Perquè, contràriament, parlar ara de Països Catalans és una errada monumental. Els Països Catalans es federaran potser algun dia. Però sempre després (no abans ni al mateix temps) que Catalunya faci el pas que hauria de fer. No siguem somiatruites, si us plau!

Una altra campanya, la de la feina ben feta, ens remet, de nou, a actuacions passades que justifiquen on som. Serveix tan sols per comunicar el que no hauria de ser gens extraordinari. «La feina ben feta no té fronteres» ens parla, subliminalment, de treballar per ser més competitiu, internacionalment, en el futur. El problema és que no explica com.

Si enllacem totes aquestes reflexions al voltant de campanyes històriques de comunicació de Catalunya, hem de fer un nexe indissoluble amb la visió i la missió que hem consensuat durant el procés d'anàlisi estratègica. Quan descrivíem que la missió respon al què i la visió al com, semblava que estàvem parlant del sexe dels àngels. Ara, amb els exemples que ens serveixen per començar la campanya de comunicació institucional de la marca Catalunya, ens adonem que no: Som 6 milions, La feina ben feta no té fronteres, la Casa Gran del Catalanisme i tantes altres expressions que ha utilitzat Catalunya per comunicar la seva proposta de valor principal, responen estrictament a la missió i la visió que tenim encomanades? Jo crec que no. I principalment ho penso perquè aquestes no han estat mai redactades. Però prefereixo deixar aquest punt cabdal per al proper capítol. En aquell moment ho acabarem d'entendre.

Ja sabem que el joc polític sol reproduir-se amb èxit en el camp de la indefinició i de les mitges paraules. Mitges veritats i mitges mentides que permeten als polítics ocupar aquella cosa tan terrible de *l'espai central de la societat*. Si Winston Churchill hagués optat per *l'espai central* potser avui Anglaterra parlaria en alemany. I nosaltres també, encara que ens costessin els idiomes. Recordeu allò que no posicionar-se és resignar-se a no existir?

Tornem a l'inici: cal vendre promeses de futur, no mediocritats del present. Cal tenir clara la visió per poder-les comunicar. I cal comunicar el que fas per sobre del que ets. Senzillament perquè és molt més creïble. Quan el Barça signa les seves campanyes amb el famós «Més que un club», sona a campanya creïble perquè el Barça (més ben dit, els jugadors, la gent que treballa per al club, els socis i els aficionats que fan el Barça) treballada cada dia i fa accions que certifiquen l'eslògan. Si el Barça no tingués més de cent mil socis, més de trenta seccions esportives, milers de penyes repartides per tot el territori i bona part del món, l'eslògan «Més que un club» seria un eslògan fals.

Ningú es creuria el mateix de l'Espanyol, amb tots els respectes. L'Espanyol pot ser un gran club, un excel·lent club, un club estratosfèric. Però no és més que un club en el sentit que ho és el Barça. Ja sabem que hi ha molts pericos que són grans defensors del país. De la mateixa manera que al Barça deu haver-hi unionistes de primera divisió. Però ni els uns ni els altres identifiquen les accions i, en conseqüència, l'essència del club. El Barça, s'ha dit, és l'exèrcit pacífic de Catalunya. Deu ser per alguna cosa.

La comunicació definitiva

Hem vist que no podem vendre sense una visualització concreta i precisa de les promeses de rendiment de producte. Hem vist que tampoc podem vendre sense les promeses de felicitat de la marca. Hem parlat també de comunicació parcial, segmentada en funció de quin sigui el missatge que volem transmetre i quin sigui el segment al qual ens volem adreçar. Hem parlat de *targets* de comunicació contraposats a *targets* de màrqueting. Hem parlat de models de *branding*. Hem parlat de gairebé tot el que es pot parlar en termes de comunicació.

Però l'últim que hem vist, el més cabdal, és que pràcticament totes les campanyes institucionals de Catalunya han comès errades i han estat inefectives. I no us he proposat res en concret.

D'acord. I ara què? Quina és la solució? Quina és la recepta final?

Doncs, tot i que no m'he cansat de repetir que aquest no és un llibre de receptes sinó un creador d'un nou *frame mental*, m'he reservat l'única recepta clara per al final del llibre. He deixat per al final una petita sorpresa com aquelles que els bons cineastes ens reserven per crear el que s'anomena *clímax cinematogràfic*. Com sol passar en molts epílegs, a alguns els agradarà i altres en quedaran decebuts. La clau final del llibre no pot ser altra que el *key learning final*, el que ajuda a entendre el missatge global i el que, en certa mesura, hauria de ser l'estàrter de tot plegat.

L'aspecte comunicatiu clau, a partir del qual es derivarà tota la resta, és la comunicació immediata i irrenunciable de la nostra missió i de la nostra visió. La comunicació del què i el com que ha de marcar-nos el full de ruta.

Qualsevol llibret de màrqueting, i no precisament dels més nous i revolucionaris, ja ens adverteix reiteradament que la definició d'aquests dos punts és crucial a l'hora de plantejar qualsevol pla de negoci. Quan jo estudiava econòmiques, crec que m'ho van explicar a partir del segon semestre del primer any de carrera. Per què no s'ha fet aquest exercici a Catalunya? En part perquè en general això no s'ha fet mai amb les marques país convencionals. No els cal. La missió dels estats històrics (em refereixo als estats creats abans del segle XIX) és innecessària perquè ells mateixos, els estats, ja configuren en si mateixos *la Missió*. Els estats van fundar-se per tirar endavant una missió. Són estats en què la missió forma part indissoluble de la seva fundació. La missió forma part solidària de les seves constitucions, inclosa la Constitució espanyola. En cert sentit, l'Estatut d'Autonomia de Catalunya, des del de Sau fins al de Miravet, ha tingut la intenció de transmetre la missió del nostre país. El problema és que l'instrument utilitzat, uns estatuts de fireta terriblement condicionats per falta d'autonomia real, ha esbiaixat una missió que tan sols es pot comprendre, amb molt voluntarisme, entre línies.

Si assumim que les constitucions són el reflex de les missions dels països, hauríem de replantejar-nos si l'Estatut de Catalunya reflecteix la missió que necessitem amb vista al futur dels nostres fills. És evident, després de tot el que hem parlat, que no. Refer la nostra missió és refer el nostre Estatut. I refer el nostre Estatut per fer-hi cabre la nostra nova missió implica, inexorablement, redactar la primera Constitució de Catalunya.

Si l'analogia que us plantejo és vàlida pot afirmar-se que els deures només s'han fet en part. I part dels que s'han fet s'han fet amb els peus. El nostre Estatut actual és massa estret per encabir la nostra nova missió. I s'han fet malament perquè el procés de redacció de qualsevol missió ha d'anar acompanyat al mateix temps de la visió. No és possible construir una nova missió sense explicar com la portarem a terme. Quan el nostre Estatut actual és tombat dia rere dia, amb lleis, amb impugnacions, amb recursos de tota mena que provenen de l'Estat espanyol, és degut al fet que és un Estatut que reflecteix una missió impossible d'assolir. Impossible d'assolir perquè li manca l'energia que imposa la visió. En el cas de Catalunya, la missió implícita del seu Estatut s'assimila a una visió voluntarista i escapçada. És un Estatut de mínims perquè confon (o barreja) visió i missió. Per què creieu que des de les institucions espanyoles van tombar-nos que ens definíssim com a nació fins i tot en el pròleg? Perquè voler ser una nació reconeguda forma part de la visió. La missió i la visió són indissolubles. No funciona l'una sense l'altra.

La crítica més severa, doncs, és la que té a veure amb la visió. Perquè mai se n'ha volgut parlar obertament, sense complexos. S'ha insinuat i se n'ha evitat la certificació definitiva. La visió implica explicar el full de ruta de les pròximes generacions d'acord amb la missió que tenim encomanada. I exigeix que sigui compartida, en el sentit que tots els ciutadans (o la gran majoria) la desitgem i la respectem.

Juguem a la taula d'escacs de la política, no ho oblidem. I la nostra política juga, en el millor dels casos, amb horitzons de quatre anys, tants com els que dura una legislatura. Cap partit dels que ha liderat Catalunya en els darrers trenta anys no ha tingut la valentia (o la intel·ligència) de proposar una visió concreta per al futur de Catalunya. La visió compromet massa. T'obliga massa. T'exigeix massa. Compromís, obligació i exigència no són, precisament, virtuts del nostre sistema polític. Ja ho hem dit: la indefinició, les mitges tintes i el curt termini són característiques inherents a la manera d'actuar dels nostres líders. I per sobre de tot, la visió obliga que la majoria del nostre poble, representat políticament al Parlament de Catalunya, la comparteixi.

Només ens cal analitzar les discussions dels partits catalans al voltant del dret a decidir per adonar-nos de la distància que encara ens separa. El dret a decidir forma part de la visió, però no és *la visió*. Probablement per això no es consensua. La visió ha de definir-te el com, no el què. El dret a decidir té a veure amb el com però es queda massa curt. Queda curt per als desafectats, per als *catalans-de-tota-la-vida* i per als *antitarget*. En aquest últim cas de manera òbvia. Passa el mateix quan parlem d'autonomia: quina és la visió? Volem ser independents, sobirans, interdependents, un estat lliure associat, membres d'una federació? Cada partit polític (és absolutament legítim) pot defensar la visió que consideri oportuna. Però l'ha de definir de manera clara, tan clara, com he dit abans, perquè la pugui entendre la meva àvia. De moment l'única visió clara la tenen els partits unionistes. I això, creieu-me, és molt perillós. La gent no s'embarca en naus en què hi hagi sospites que el capità no té clar el destí. L'oceà és massa gran i massa procel·lós per arriscar-se a sortir de port sense la ruta clara.

Imaginem-nos, de nou, el Cruyff dels anys vuitanta. Cruyff tenia una missió, i no va definir-la ell. El Barça havia de guanyar títols. Portàvem massa anys sense aconseguir-ne cap. El Barça no havia guanyat mai una Copa d'Europa (ni cap Champions, aquesta en va ser l'hereva). La missió, coordinadament amb la massa social, la va imposar el president del club. De fet, va imposar-la Gamper quan va fundar el Barça. Els equips de futbol es creen per competir i se suposa que per guanyar. Almenys quan parlem de futbol professional. La missió primigènia del Barça (que es perllonga fins a l'actualitat) és ser un club social que competeix internacionalment per ser líder.

El que va fer Cruyff va ser canviar radicalment la visió de l'estil de futbol del Barça. I no ho va fer limitant-se a comunicar una declaració d'intencions. Cruyff va capgirar la visió de l'estil de joc del Barça fitxant una sèrie de jugadors amb un nou talent (tècnica en lloc de força) i revolucionant el 4-4-2 habitual dels equips *amarrateguis* i dels equips amants del *catenaccio* que triomfaven aleshores. Va posar tres defenses i tres atacants i va poblar extraordinàriament el centre del camp. Va proposar un 3-4-3 que a tothom (a qui ens agrada el futbol) ens va semblar revolucionari. Va estar a punt, també cal dir-ho, de passar a la història com un il·luminat en lloc de com un visionari.

Perquè, cal advertir-ho, les noves visions sobre missions preestablertes, aquests tipus de visió que impliquen canvis de paradigmes, tenen els seus riscos. El canvi implica incertesa. I la incertesa només es venç amb convenciment. Si no estem convençuts val més no moure's de lloc. Però el que és ben cert és que, des d'aleshores, la gran majoria del barcelonisme comparteix la visió que acompanya la missió del club. Els barcelonistes des de l'era Cruyff no tan sols volem guanyar sinó que volem guanyar jugant bé i amb un estil atacant i preciosista que ens destaca de tota la resta d'equips del món. Una visió fonamentada, a més, en l'explotació permanent del planter de La Masia. Per això, per intentar trencar aquesta visió ja irrenunciable, Van Gaal va sortir en coet d'aquest club. Tot i que en va guanyar, de títols.

Les analogies futbolístiques són extraordinàriament explicatives en matèria política perquè, en el fons, no disten gaire l'una de l'altra: l'esport és un succedani de les guerres, conseqüència directa de la política. Ens matem a la gespa per no fer-ho al carrer. Però la gran analogia d'aquest llibre ha de remetre'ns de nou al món empresarial.

Així doncs, la gran campanya comunicativa institucional de Catalunya, la gran campanya de la qual dependrà jeràrquicament tota la resta, consisteix, senzillament, a comunicar la missió acompanyada d'una visió clara de futur. Us recordeu de la missió i de la visió que us he tret del web d'Apple? Us les refresco:

Missió d'Apple:

> Ser un grup líder de solucions integrals d'informàtica a nivell internacional, que proporciona als nostres clients serveis de gran valor, innovadors i de classe mundial, a través del desenvolupament humà, i de l'aplicació i administració de tecnologia punta.

Visió d'Apple:

> Consolidar el lideratge d'Apple Inc. expandint la seva penetració en als mercats on opera per ser una de les empreses de més ràpid i millor creixement a nivell mundial.

Posem-nos a la pell d'un possible inversor, a la pell d'un nou comprador de l'empresa Apple el 2013. Quina de les dues frases, la visió o la missió, ens motivaria més a l'hora de comprar? La primera afirmació, la que concreta la missió, és una cosa que probablement el nostre inversor figurat ja coneix des de fa temps, per això se sent atret per aquesta empresa. La segona, la que concreta la visió, li dóna una informació addicional: Apple vol seguir creixent. Vol seguir creixent més i millor. Això és el que realment motiva un possible inversor. Créixer sol ser sinònim de rendiment, exactament el que busca un nou inversor.

Tornem ara a les propostes de la visió i missió de Catalunya:

Missió de Catalunya:

> Aconseguir la felicitat de la gran majoria de catalans a través del desenvolupament d'eines i iniciatives polítiques i econòmiques que garantiran la satisfacció de les seves necessitats bàsiques i de seguretat econòmica, de treball, de salut i de propietat com a preludi indispensable per a l'assoliment de les fites necessàries que s'aconseguiran col·legiadament (país i societat) i que ens faran sentir plens en termes d'afiliació mútua i germanor nacional, reconeixement internacional i autorealització personal i col·lectiva.

Visió de Catalunya:

> Catalunya serà un país de feliç i competitiu que, respectant escrupolosament les regles democràtiques i des de la plena sobirania, contribuirà amb èxit al desenvolupament occidental, mantenint la seva singularitat històrica i idiosincràtica i exportant els valors culturals i socials que la caracteritzen.

Exactament igual que en el cas d'Apple, els nous consumidors-inversors de la marca Catalunya es veuran atrets per la nova marca si els publicitem la missió i expliquem la visió que l'acompanya. Perquè la visió, un cop comprès el què, ens explica el com. I el com és el que les marques treballen cada dia a fons en l'àmbit comunicatiu per fer-se atractives a la nova clientela. El com ens explica, subordinadament al què, un *roadmap* de futur: ens indica els passos que hem de seguir per assolir els nostres objectius. Són els objectius els que ens inciten a moure'ns. I és la visió, per això moltes vegades parlem de la tasca fonamental del visionari, la que ens guia de quina manera els aconseguirem, de quina manera ens hem de moure.

La visió de futur és clau per a un país, sobretot si s'acompanya d'un pla creïble que el farà possible. Si avui el futur ens ha atropellat, si avui el futur se'ns ha abraonat, i ens impedeix que siguem capaços de trobar una sortida a la crisi, és, en gran part, perquè no havíem definit cap missió ni havíem previst cap visió. En el millor dels casos vam confondre la visió amb una al·lucinació: creure que el creixement, en termes absoluts de PIB i en termes relatius de renda per capita, era una cosa que es generava espontàniament, sense esforç. O pensar que la relació de *conllevancia* orteguiana amb Espanya era una situació prolongable indefinidament en el temps. O creure que la nostra missió ja havia estat acomplida. Si no volem que mai més el futur ens avanci per la dreta, haurem de definir una missió i una visió immediatament.

El problema és que, com ja s'ha vist, aquest procés requereix molta anàlisi i una gran dosi d'intel·ligència, una dosi d'intel·ligència tal que tan sols és assolible si les ments més preclares d'aquest país es coordinen amb voluntat de redactar aquest gran manifest que dibuixi de manera clara i precisa la missió i la visió de Catalunya.

Per això no han funcionat mai les campanyes institucionals de Catalunya, perquè no ens han explicat cap missió coordinada amb cap visió disruptiva. Han venut el mateix de sempre formulat de mil i una maneres diferents sense aportar res engrescador a la nostra societat. I quan ho han intentat, ho han fet d'una manera tan abstracta que la població era incapaç d'entendre-la. Reflexionem sobre el concepte, del qual s'ha parlat tant, de la Casa Gran del Catalanisme que ha volgut blindar Convergència. Configura una missió i una visió amb les virtuts que hem volgut destacar com a estratègiques? Sincerament, crec que no. Massa abstracte, massa ambigu, massa naïf. Res que motivés un inversor de Wall Street a llançar cap opa sobre aquesta empresa.

Tornem al repàs de les campanyes i els grans missatges que des de la política catalana s'han anat construint al llarg de les últimes dècades i passem-les pel mateix sedàs. *Som 6 milions* no ens parla de res. Només constata un fet. *La feina ben feta no té fronteres* ens parlava del què, però no del com. *Fets i no paraules* ens parlava del com però no del què. Ens parlaven d'un què o d'un com que en cap cas estaven coordinats. Moltes altres campanyes, repeteixo, institucionals, es referien a un pla d'acció estratègic determinat d'una estratègia que no s'havia explicat i que es desplegava per aconseguir uns objectius que desconeixíem. En cap cas, de nou, es remetien a cap missió ni a cap visió. I parlar d'un pla que no saps d'on ve és una mica absurd, no creieu?

Per això quan veig aquell anunci de la tele on apareix Cesc sota l'eslògan de «No és el què, és el com», em faig un fart de riure: a la vida el que importa és el què i és el com. A la vegada. Què vull ser i com vull ser. Què faré per ser-ho i com treballaré per aconseguir-ho. Parlar només del què és anar massa de cara a barraca. Té un punt neoliberal, com qui afirma que l'objectiu justifica els mitjans. Parlar només del com és un exercici narcisista i frívol. Precisament frivolitat és el que em transmet aquest anunci.

A Moritz ens encanta parlar del què i del com. Juntets, a la vegada. Ens agrada la gastronomia, però la més lúdica, la més divertida, la menys intel·lectual. Ens agrada la cultura, però la més jove, la més urbana, la més popular. Ens agrada Barcelona, però la més cosmopolita, la més innovadora, la més radical. I ens agrada Catalunya, la més compromesa, la més integradora, la més vital.

Si contràriament a tot això us expliquéssim, des de la nostra marca, que som joves, urbans, cosmopolites, innovadors, radicals, compromesos i vitals, podríem perfectament ser una cervesa sueca, australiana o holandesa. Contràriament, si només us expliquéssim que som de Barcelona i de Catalunya, podríem semblar uns aprofitats que volem xuclar l'essència de dues marques que no ens pertanyen.

La gran virtut (la gran oportunitat) de Moritz, si és que en té cap, és que ha estat una marca refundada. La refundació és l'oportunitat ideal per redefinir una missió i una visió. Quin no entengui que Catalunya ha de ser refundada és que viu en un altre planeta. I qui no entengui que aquest procés de refundació no és una amenaça sinó que és una oportunitat com una casa de pagès, o és cec o és tan pessimista que val més no comptar-hi.

Si Apple dissenyés una nova campanya de comunicació institucional (que no en fa gaires perquè no li cal), ens parlaria de la visió que té encomanada per als propers deu anys. No ens explicaria que són líders en tecnologia.

Això ja ho sabem tots. Ens vendria la idea d'una empresa que serà encara més líder, encara més compromesa amb el disseny i la innovació i encara més grossa en capitalització borsària. Això és el que posa com una moto un futur accionista de qualsevol empresa. Perquè la visió parla del futur, no del present.

Fem un darrer exercici: intentem fer un eslògan publicitari basat en la missió que hem descrit per a Catalunya i fem després el mateix amb la visió. Intentem reduir al màxim. Destil·lem els missatges a l'extrem:

- Eslògan de la missió: «Aconseguirem ser feliços»
- Eslògan de la visió: «Liderant Europa»

Quina creieu que ven més? Quina és més creïble? Una no és creïble sense l'altra. Ser feliç és estupend. A tothom li agrada. Però ja no som tan crèduls per empassar-nos, a l'estil de Jean-Jacques Rousseau, que l'home és bo per naturalesa. Per ser feliços, haurem de ser rics, encara que només ho siguem emocionalment, i per ser rics, sigui d'esperit o de butxaca, haurem de ser competitius. I per ser competitius haurem de fer alguna cosa, no tan sols anunciar-ho. Haurem d'assegurar-nos la llibertat necessària per capgirar les estructures que llasten el nostre país. I això ho dictamina la visió.

Just en el moment en què hàgim definit una missió i just després que la visió ens hagi pogut concretar un pla d'acció, podrem comunicar en majúscules. La missió és massa abstracta per ser comprada. Des d'aquesta òptica, des de l'òptica de la visió, tot és més fàcil.

Tot és més fàcil, però segueix sent molt difícil. No teniu aquesta sensació després d'arribar fins aquí? Ja us he advertit que la definició de la missió i de la visió és cabdal.

En aquest punt pot aparèixer una crítica decisiva i demolidora: si la clau de tot l'entrellat eren la missió i la visió, per què ens hem passat tantes pàgines discutint al voltant dels objectius, de la proposta de posicionament, de la molècula de marca i del pla d'acció, dins del qual, recordem-ho, hi havia el capítol clau de la comunicació? Perquè la missió i la visió formen part de l'estratègia, són part inherent de l'estratègia. Ningú ens comprarà una nova missió i una nova visió si no l'acompanyem de tota la resta. Si no expliquem el perquè d'aquest nou enfocament. Si no expliquem com farem possible aquesta nova visió. Si no redactem uns objectius. Si no proposem un pla d'acció. Si no convencem els no convençuts que aquestes missions i visions són possibles. En definitiva, si no som capaços d'engrescar els accionistes a invertir en la nostra empresa.

Molts projectes empresarials moren en PowerPoints que ningú compra. Molts d'aquests protoempresaris culpen a la falta de recursos econòmics, la falta de finançament, el fet de no haver pogut tirar endavant els seus projectes. La majoria dels que diuen això s'equivoquen. El mercat és ple de gent i institucions amb molts diners que tenen la necessitat d'invertir. Si no aconsegueixen els calés és perquè els *business plan* que presenten són poc atractius. En alguns casos perquè la missió i la visió que defineixen no estan clares o no les saben explicar bé. En altres casos perquè, malgrat que les idees (les visions) siguin bones, el *business model* no s'acaba de veure clar. No s'explica prou clarament quina és la proposta de valor, no s'explica com s'aconseguiran els recursos bàsics per tirar-los endavant, no s'aclareix quin és l'equip que ha de liderar el projecte, no s'especifica clarament quin és el producte, quin és el preu, com es farà la distribució o com s'aconseguirà comunicar el nou projecte.

Recordeu la crisi de les empreses tecnològiques de principis del 2000? Recordeu que els inversors, embogits per l'onada imparable de les *.com*, no es llegien els plans de negoci d'empreses que ni tan sols explicaven d'on provindrien els ingressos? Com va acabar tot allò? Amb la punxada d'una bombolla tecnològica en què accions, com les de Terra, que van arribar a cotitzar a dos-cents euros, una setmana més tard no valien res.

Catalunya no pot fer el mateix. Ha de presentar un *business plan* impecable, amb una definició exquisida de la missió i la visió i amb un pla de negoci absolutament robust. Mentre això no es faci, ens faltaran inversors i ens faltaran clients. Cal fer-ho ara mateix.

Estratègia de distribució

Hem parlat del producte, hem parlat del seu preu, hem parlat de promoció (comunicació) i, per acabar amb les 4 P, que marquen el pla estratègic de la nova proposta catalana, ens queda parlar del punt de venda, de la distribució. Fixeu-vos en una anècdota: els anglosaxons són tan conscients de la importància de les marques i dels conceptes blindats i memorables (és a dir, que es puguin retenir a la memòria fàcilment) que modifiquen a consciència alguns elements perquè encaixin en un model estratègic *venedor*. Oi que és millor parlar de les 4 P que de les 2 P + 1 C + 1 D? Per això, en el seu moment, van anomenar *promoció* al que tothom entén com a *comunicació* i *punt de venda* al que tothom es refereix com a *distribució*. Per tant, no perdem el focus, som a l'última P, a la P de *point of sale*, però, en definitiva, a la P que ens parla de l'estratègia de distribució del nostre producte.

L'estratègia de distribució és clau perquè és la que defineix quan i de quina manera arriba el producte a casa nostra. Quan el nostre producte és una mercaderia tan preuada com Catalunya, la distribució l'hem de cuidar de manera extraordinària.

Ja hem parlat de la televisió com un dels vehicles a través del qual circulen la nostra missió i la nostra visió. Hem parlat també de les *boutiques* europees i espanyoles que s'han d'encarregar de fer una venda directa de la nostra proposta de valor. Hem parlat d'ambaixades internes i externes.

Però la reflexió final que conclourà aquest llibre és una consideració lateral del model de distribució que, alhora, és, conceptualment parlant, absolutament central: la capacitat venedora i *transportadora* de la ciutat de Barcelona. Perquè Barcelona, a més de ser una submarca de Catalunya amb la qual hem de *dur a terme* accions de *co-branding* igual que Nestlé ho fa amb Nespresso, és, per sobre de tot, la gran plataforma de distribució de la nova proposta catalana.

Recordo una anècdota personal que em va impactar per venir de qui va venir i que guarda una íntima relació amb el que us estic explicant en aquest punt final. Fa tres o quatre anys em van convidar a un dinar exclusiu, de pocs empresaris del món de l'alimentació gurmet, juntament amb el que, aleshores, era el conseller de la Generalitat encarregat, entre altres coses, de la promoció de la marca Catalunya.

En aquell dinar es tractava que els empresaris convidats —en total érem uns deu— i el mateix conseller donéssim la nostra opinió sobre reflexions conjuntes per plantejar un possible rellançament internacional de la marca Catalunya en aquell específic sector de l'alimentació gurmet. La veritat és que jo era la persona menys adequada per poder donar cap opinió. No perquè creiés que no tenia res a dir sobre la marca Catalunya (és evident que sí, sense falsa modèstia), sinó perquè ni jo era empresari ni la meva marca, Moritz, era una marca d'alimentació gurmet. Però deixant de banda això, que tan sols posa de manifest la lectura errònia que molts polítics tenen del màrqueting de debò, el que vull explicar-vos és l'anècdota, molt significativa, que va tenir lloc durant la conversa.

Quan el conseller em va preguntar directament, just al final del torn d'intervencions, la meva opinió sobre l'estratègia que havia de seguir Catalunya per fer-se un forat internacional en el segment de productes dels quals ja us he parlat, la meva resposta va ser rotunda: cap. No hi havia cap possibilitat que, de la nit al dia, la marca Catalunya es convertís en una marca prestigiosa dins de l'alimentació gurmet internacional.

Davant d'aquesta rotunditat vaig haver, òbviament, de justificar per què ho veia tan negre. La meva afirmació se sostenia en un argument de pes: érem, tots plegats, conseller inclòs, prou conscients dels milions de GRP que qualsevol marca hauria d'invertir per posicionar-se en el mercat de marques internacionals quan partia pràcticament de zero? (s'anomena GRP o Gross Rating Points en planificació publicitària de mitjans i audiència, en anglès, a la unitat de mesura utilitzada per comptabilitzar el nombre d'impactes d'una pauta publicitària —en qualsevol suport— per cada cent persones de la població considerada públic objectiu).

L'altre argument, el que va desencadenar la polèmica, i que dóna sentit a aquesta anècdota, va ser la tesi, absolutament meridiana segons el meu punt de vista, que em semblava una estupidesa fer una inversió tan desproporcionada (i segurament inútil) quan, a sobre, ja hi havia una altra marca creada des de temps immemorials que requeria una inversió molt més baixa; una marca que tots coneixíem i que s'anomenava Barcelona. Una marca reconeguda, prestigiosa i internacional que no calia inventar de nou sinó, simplement, pujar-hi al carro.

Vaig argumentar (mentre ho feia, les celles del conseller s'anaven arrufant cada cop més) que la indústria dels perfums francesa havia utilitzat la marca París amb total desimboltura de la mateixa manera que ho havia fet Genève per a la indústria rellotgera Suïssa o Milà per a la indústria de la moda italiana. I que no només no havia passat res sinó que, en els tres casos, es tractava d'històries d'èxit.

La resposta furibunda del conseller a les meves apreciacions no em va sorprendre gaire, però sí que em va indignar molt. Allò era centralisme. Allò era incoherent perquè l'alimentació ve de la terra i la terra és Catalunya, no Barcelona. Que les meves idees estaven intoxicades d'un cosmopolitisme mal entès, que els de Barcelona creiem que som el centre del món.

No vaig tenir gaires opcions de rebatre'l detingudament, però la veritat és que tampoc en tenia gaires ganes: no hi ha més cec que el que no vol veure-hi. Malgrat tot, vaig voler introduir un corol·lari final a la meva argumentació: «Catalonia, the land of Barcelona» podia ser un magnífic eslògan per treballar campanyes de comunicació d'aquest tipus. Després del corol·lari va haver-hi algunes severes apreciacions addicionals del conseller que crec que no aportarien gaire a l'anècdota.

El que sí que aporta, i molt, és que uns quants mesos més tard, a l'exposició internacional de Xangai, l'estand de Catalunya, un estand que es va encarregar de muntar el mateix conseller (era competència de la seva conselleria), va dur, exactament, l'eslògan de «Catalonia, the land of Barcelona». Val a dir que no vaig demanar *royalties* ni drets de *copyright*. No ho vaig fer perquè aquesta sentència, la de «Catalonia, the land of Barcelona», és tan evident que estic absolutament convençut que se li podria haver ocorregut a qualsevol persona, que n'hi ha moltes, que hagués reflexionat mínimament sobre les estratègies de marca.

No seré jo el que reivindiqui Barcelona com un simple *hub* centralitzador i com una eina de descatalanització, encara que n'hi ha hagut molts que han volgut precisament això.

Barcelona, ja ho he repetit alguna vegada, és l'essència de Catalunya. N'és la capital. Barcelona no s'entén sense Catalunya de la mateixa manera que Apple no s'entén sense Steve Jobs. Catalunya pot tenir, amb Barcelona, una esplèndida sòcia i no pas una rival.

L'estratègia de *co-branding* entre la marca Barcelona i la de Catalunya ha de ser l'eix del pla de distribució de la proposta catalana i un dels elements de màrqueting més destacats d'aquesta nova proposta. Sé que ja s'estan fent accions en aquest sentit, però crec que no són suficients ni es fan amb la força i la convicció necessàries. Fins que no perdem la por de fer el ridícul, els catalans i els barcelonins no deixarem de fer el ridícul.

Una estratègia de *co-branding* d'aquest tipus és equivalent al que han assajat moltes marques i moltes empreses en casos d'èxit de manual. Parlar-vos tan sols de la que hem fet nosaltres, els de Moritz, amb Munich, és extremament reduccionista. Penseu en Intel i IBM. Penseu en Nike i Apple. Penseu en els Jocs Olímpics de Londres i Anglaterra. Per segona vegada, i de manera molt diferent del que va passar amb Barcelona'92 i Espanya, uns Jocs Olímpics van servir per aprofundir en la construcció de la imatge de marca d'un país tan potent com Anglaterra. Parlo de segona vegada perquè va passar el mateix amb els Jocs Olímpics de Pequín i la Xina.

Qui va tenir l'oportunitat d'analitzar la càrrega de fons dels esdeveniments d'obertura i clausura dels Jocs Olímpics de Londres, és plenament conscient del que explico.

Sé també que costa entendre que una ciutat com Barcelona pugui ser entesa com un canal de distribució. Tots ens imaginem botigues, camions i repartidors quan parlem de distribució. Però si entenem la distribució com el vehicle o el territori a través del qual es desplega la proposta de valor de qualsevol marca, aleshores no ens quedarà cap dubte que una ciutat, de la mateixa manera que un esdeveniment com uns Jocs Olímpics, pot ser identificada i analitzada com un vehicle de distribució de primera categoria.

Quan he explicat que tenir Barcelona dins del *portafoli* de marques de Catalunya és com tenir una exposició internacional de Catalunya cada dia de l'any a cost zero, no és cap exageració. I no ho és tan sols perquè vuit milions de turistes visiten Barcelona cada any, sinó perquè Barcelona és *top of mind* internacional cada dos per tres.

Barcelona és una marca aspiracional que té la sort (o la recompensa) d'haver fet bé la seva feina. Una marca que no tan sols és coneguda sinó que és reconeguda. La diferència entre les dues apreciacions és tan important com la que hi ha entre tenir simplement notorietat de marca i la de tenir una marca aspiracional plena de valors, atributs i significats positius.

Barcelona ha estat, sense voler-ho, la plaça on tota l'energia dels catalans s'ha concentrat durant molts segles. Puc fer un paral·lelisme populista (i final) d'aquesta tesi: com és possible que el Futbol Club Barcelona sigui, indubtablement, el millor club de futbol de la història? Les dimensions demogràfiques de Barcelona no donen per a tant. De la mateixa manera que la ciutat de Buenos Aires no és prou potent, per si sola, per engendrar dos clubs històrics com el River i el Boca Juniors. El que ha passat, a Barcelona i a Buenos Aires, per motius completament diferents, és que els de Buenos Aires i els barcelonins hem dipositat totes les nostres energies vitals en un succedani com el futbol.

El Barça és l'amalgama de l'esperit vital d'un poble que no ha tingut altres mitjans per expressar-se. El dia que Catalunya triomfi al món, el Barça no serà, segurament, més bo que l'Olympique de Lió, el Manchester City o el Bayern de Munic. Però el que segur que no serà mai més, quan Catalunya sigui el que pretén ser, és allò del *Més que un club*.

L'única raó que explica per què el Barça és més que un club és que el nostre país ha estat sempre menys que un país.

Part d'això és el que ha passat també amb la ciutat de Barcelona. Davant de la impossibilitat de donar visibilitat al nostre país, els catalans (no només els barcelonins) hem bolcat en Barcelona, a la ciutat de Barcelona, totes les nostres energies. Toca ara deixar descansar Barcelona. Catalunya ha d'agafar el relleu. Però, un cop més, de bracet de la seva capital.

És per tot plegat que espero que ningú no em qualifiqui de *barcelocèntric*. Ja he afirmat que Barcelona és filla de Catalunya i no al revés. Però convé no fer l'imbècil. Aprofitem-nos de tot plegat.

Barcelona ha de convertir-se en la locomotora del tren de Catalunya. Ha de tirar el carro per distribuir la nova proposta de valor, en aquest cas, en l'àmbit internacional. Ja som prou conscients que sense reconeixement internacional els estats no existeixen i si ho fan, ho fan virtualment. Avui Kosovo és un estat. Però en part és un estat virtual perquè encara hi ha països (curiosament Espanya n'és un) que no l'han reconegut. Necessitem reconeixement internacional per fer triomfar la nostra proposta de valor. I per ferho necessitem que Barcelona s'impliqui com a plataforma de distribució dels valors que acompanyen aquesta proposta. La manifestació de la Diada va tenir molta repercussió internacional perquè va aglutinar més d'un milió de persones. Però perquè, a més, es va fer al centre de Barcelona. No hauria tingut la mateixa repercussió global si s'hagués celebrat a Girona.

Quan tothom en l'àmbit internacional sigui conscient que qui apadrina la nova aposta catalana és Barcelona, ens prendran seriosament. Barcelona és una ciutat que s'ha guanyat el respecte internacional per la seva *performance* en moltes àrees. És exemple i cas d'estudi en molts llocs del món. Té visibilitat i reconeixement. No tenim plataforma de distribució més bona ni xarxa de comercialització més potent que la que ens pot servir Barcelona, si els barcelonins volen. Ho hauran de voler, però això depèn de si la proposta catalana els és atractiva, que ho serà. Però sobretot ho han de voler els catalans no barcelonins, encara que sigui per egoisme. El provincianisme en aquest punt és un verí que pot fer-nos molt mal. Ja se n'ocuparà la competència (sempre ho ha fet), d'advertir a la Catalunya catalana que el centralisme barceloní serà pitjor que el madrileny. No fem el pallús i no ens creguem aquest tipus de bajanades.

Feu la prova (l'última) i torneu a Google: escriviu *Barcelona*. A l'apartat d'eines de recerca filtreu els resultats perquè el buscador us torni tan sols les pàgines en anglès que inclouen el mot *Barcelona*. El resultat és que surten 766 milions de pàgines. Feu el mateix amb *Catalonia*: 60 milions.

Conclusió

Com a conclusió hem d'acabar com havíem començat: si Catalunya fos un producte o una empresa faria coses molt semblants a les que hem descrit fins ara. Faria tots els deures que hem explicitat: el DAFO, l'anàlisi de l'entorn, l'anàlisi de l'oferta, l'anàlisi de la demanda, descriuria la visió i la missió, concretaria una proposta de posicionament i dissenyaria un pla estratègic. Registraria també, òbviament, una marca. I començaria a comunicar per vendre i aconseguir clients a punta pala.

Però hi ha infinitat d'empreses que fan tot això i, malgrat tot, fracassen. De fet, fracassen el 95% de les empreses que ho intenten. I fracassen estrepitosament, deixant deutes i impagaments de tota mena. Però per què fracassen? En molts casos perquè defineixen visions equivocades sobre missions legítimes. En altres perquè encomanen missions que no s'ajusten a les visions més brillants. En ocasions perquè la proposta de posicionament és molt lluny de servir els propòsits que els dos punts anteriors marquen. I en altres perquè els manca la capacitat de saber mobilitzar els recursos necessaris per executar un pla perfecte.

Però en la majoria de casos, i aquí hi ha la darrera clau del llibre, les empreses fracassen malgrat que tots els elements que hem esmentat estiguin perfectament definits. Perquè seguir tot aquest extens esquema no serveix de res sense quatre ingredients bàsics: passió, intel·ligència, treball en equip i perseverança.

Sense passió definirem una visió conservadora i una missió descafeïnada. Ja hem advertit que la definició de la visió i la missió són centrals en qualsevol negoci. No és el mateix proposar-se reinventar un model de negoci que plantejar-se un *me too* qualsevol. El què i el com que ens proposem requereixen una extraordinària dosi de valentia que només exercida des de l'apassionament més genuí es podrà afrontar. En la missió i en la visió no hi ha mitges tintes. Definir què vols ser i com ho vols fer implica descartar moltíssimes coses, tantes com totes les que no s'ajusten estrictament a aquestes que defineixen la visió i la missió un cop estan perfectament concretades.

La política, que és qui maneja el consell d'administració de la nostra empresa, ha de ser prou apassionada per saber transmetre, sense fissures, aquest nou camí. Voler, amb total independència, liderar Europa i desenganxar-se del vagó de cua del nostre actual Estat que dictamina una estratègia tòxica per al futur del nostre país, exigeix tenir el vigor i la passió necessaris perquè aquesta visió sigui compartida. Des de la tradicional indefinició política que ens ha caracteritzat les últimes dècades no podrem fer res del que ens estem proposant. Ens ha faltat passió i ens ha sobrat càlcul. Només calculant, només especulant, només fent Excels i comptes d'explotació provisionals no es munten empreses. Les empreses es munten perquè el que té la idea de fundar-la està tan apassionat amb el que vol fer que és capaç de vèncer totes les resistències que se li presenten. No fa cas de les advertències de la família, dels amics i dels bancs. Tira endavant la idea perquè el mouen la passió i el convenciment que l'encertarà. Per això molts grans emprenedors de la història han estat, abans que res, uns visionaris. Han sabut transmetre una visió i una missió amb una passió tan arrauxada que els ha permès sobreposar-se als mals auguris que la gent covarda i conservadora sempre pronostica.

Sense intel·ligència definirem una proposta de posicionament que no es posicionarà en absolut. La intel·ligència, la capacitat d'anàlisi i la creativitat són imprescindibles. Definir un objectiu sense concretar una proposta de valor sòlida per assolir-lo és un brindis al sol. Moltes empreses fracassen en aquest punt: són capaces de definir una visió i una missió però són incapaces de formular una proposta de posicionament i una proposta de valor que les concreti. Prefereixen la indefinició i, com ja us he explicat, no posicionar-se és no existir. Si no expliquem als nostres ciutadans quina és aquesta proposta que concretarà la nostra visió, no ens compraran el producte. No s'ho creuran. I, creieu-me, per vendre un producte, els consumidors han de voler comprar-lo. I perquè ho facin, aquest producte ha de maximitzar la relació cost-benefici. Si el benefici és emocional, crematístic o utilitarista és una cosa que depèn de cadascú. La proposta de posicionament que hem d'elaborar s'ha de fer tan intel·ligentment que permeti la seva modulació en funció dels tres quocients que us acabo d'esmentar. No dic que sigui fàcil, però sí que afirmo que és indispensable.

Els escocesos ja han definit una visió i una missió. El problema el tenen ara perquè la seva proposta de posicionament sembla difícil de competir exitosament respecte a la que els estan oferint, a la contra, els anglesos, el Govern anglès. No ho dubteu: quan arribem a aquest punt, la nostra competència forçarà la seva intel·ligència per proposar-nos alternatives. Nosaltres sabem, almenys jo n'estic convençut, que les propostes que vindran de ponent seran falses. Però hem d'anar amb compte amb les propostes falses perquè poden semblar més atractives que altres fetes amb total honradesa. Per concloure aquest punt: hem de fer una proposta tan intel·ligent que fregui l'honradesa (no volem vendre fum) però que maximitzi l'aspiracionalitat.

Sense formar un equip serem incapaços de portar a terme el pla estratègic que ens haurem proposat. Creure que en definir una visió, una missió i una proposta de posicionament tenim garantia suficient per executar un pla perfecte és un miratge. O s'incorporen a l'equip directiu les persones més valuoses del mercat o no serem capaços d'executar-lo de manera brillant. Les grans empreses tenen líders, és cert. Les grans empreses tenen al darrere grans emprenedors, també és cert. Però més cert és encara que disposen dels millors equips. Construir aquests grans equips sol ser una de les habilitats més destacades dels grans líders empresarials. Líders que no són tan inconscients per creure que la feina es fa sola. Guardiola és un gran líder: va acceptar una missió (la de Gamper), va redefinir una visió (la de Cruyff) i va crear una proposta de posicionament (la del futbol exquisit). Però Guardiola no hauria aconseguit triomfar com ho va fer sense Messi, Xavi, Iniesta o Busquets. Guardiola tenia el millor equip, i el seu principal mèrit va ser saber-lo explotar al màxim i amb la màxima intensitat. Com veieu, sense equip (líders, directius clau i massa social) no s'aconsegueixen triomfs empresarials.

I sense perseverança anirem a cegues canviant de rumb cada cop que canvia la direcció del vent. I la perseverança, la coherència i la consistència que tota empresa ha de mostrar per no desviar-se del seu full de ruta agafa una importància capital quan es refereixen a un dels punts que hem definit com a bàsics: si ho recordem, hem descrit que l'activitat bàsica del model de negoci que ens proposem és la consecució de la màxima autonomia imprescindible per al bon govern de la nova estratègia. El grau d'autonomia necessari, directament o molt pròxim a la sobirania absoluta dins el marc competitiu i social amb el qual Catalunya vol conviure, el marc europeu, exigirà per part de ciutadans i polítics una perseverança que encara sembla lluny de ser l'òptima. Sense aquesta, com deia, serem inconsistents i incoherents amb tot el que ens hem anat plantejant i tota la resta del model de negoci se'ns desfarà entre les mans.

La pregunta, doncs, és clara: tenim a Catalunya prou passió i intel·ligència, som prou solidaris i estem prou compromesos entre nosaltres, i estem segurs de ser prou perseverants per fer arribar el vaixell a port?

Jo, que sóc optimista de mena, considero que sí. Catalunya té (pot tenir) tots aquests ingredients si hi ha gent que tira el carro. Ja he parlat de lideratge. No vull acarnissar-me en aquest punt. Però cap empresa triomfa sense la figura d'un emprenedor. D'un o de més d'un. Podem repassar la majoria de casos d'èxit empresarial i sempre hi trobarem alguns noms clau al darrere. Són els noms dels fundadors, dels socis, dels amics, dels cooperativistes o dels inversionistes que un dia de la seva vida van decidir iniciar una nova aventura.

Aquesta empresa és un país. Un país és un projecte molt més complex que el de l'empresa més sofisticada. No n'hi haurà prou amb un Steve Jobs, un Howard Schultz o un Amancio Ortega. Aquesta empresa necessita que uns quants centenars de persones es posin a treballar liderant una visió compartida. I aconseguir que la resta de la societat els segueixi. Centenars de persones de tots els àmbits possibles: del món de la política, del de l'empresa, del de l'art, del de la ciència, del de l'entreteniment.

Però per posar en marxa el procés necessitem un estímul. El mateix estímul que reben els grans emprenedors de la història en forma d'oportunitats o necessitats insatisfetes. Un estímul que els empeny a complicar-se la vida descartant la seguretat d'un salari magre o d'un futur incert. Com quan Henry Ford va tenir clar que el cotxe substituiria els carruatges. O com quan Cerdà va dissenyar l'Eixample en previsió d'un gran increment del trànsit.

No hem rebut prou estímuls ja de la nostra societat? No ens ha indicat ja cap on vol anar? No ens ha mostrat prou necessitats insatisfetes? No hem descobert ja prou oportunitats de negoci? Què esperem?

Steve Jobs estaria, ara mateix, registrant la marca.

Barcelona, 29 d'abril del 2013

Vocabulari específic

Below the line: jerga anglosaxona que identifica la publicitat no convencional, és a dir, aquella que no està relacionada amb la televisió, la ràdio, la premsa i la publicitat exterior. Es defineix en contraposició a la comunicació «above the line» que és la que acabem d'identificar.

Benchmark: referència. Terme molt emprat en màrqueting que consisteix en analitzar referencies externes per aplicar-les a la teva pròpia empresa. Analitza casos d'èxit per extreure'n conclusions.

Board: Consell d'adminstració.

Brand awareness: notorietat de marca, grau de reconeixement, espontani o suggerit de qualsevol marca en el mercat.

Brand management: gestió de marques. Disciplina que estudia els mecanismes per gestionar les marques de manera moderna.

Branded content: continguts de marca. Nova tendència marquetiniana consistent en abandonar la publicitat convencional en favor de dotar de discursos intel·ligibles a les marques.

Branding/co-branding: branding és la disciplina que estudia les marques i construeix propostes de valor al seu darrera. Co-branding és la tàctica de fer publicitat conjunta de dues o mes marques que comparteixen valors entre sí. Poden ser marques del mateix sector o no.

Buzz marketing: màrqueting de boca orella. Estratègia que consisteix en la no utilització de publicitat i fomentar que la notorietat de la marca es construeixi a partir de la recomanació de la gent, començant per aquells que son els seus primers consumidors.

Ceteris paribus: si res no canvia, del llatí (jo el posaria directament al text)

Crowdfunding: finançament col.lectiu.

Empowerment: donar poder a la gent, als treballadors, dotar-los de les eines i els coneixements necessaris per enqiquir la seva aportació a la societat o a la empresa.

Facing: cares exposades d'un producte en el lineal d'un supermercat. Generalment el numero de facings està relacionat amb la quota de mercat d'aquest producte. A més quota, més presencia en el lineal. És a dir: més facings.

Flagship Store: Botiga estandard. S'entén una flagship Store com la botiga més gran i més especial de qualsevol marca.

Frame mental: estructura mental, tècnica que consisteix en crear un marc conceptual, un paradigma, que fa més entenedor un concepte.

Gap: diferència entre una cosa i una altra. Un gap és traduïble al catlà per mancança.

GRP: Gross Rating Points (està explicat en el text).

Headhunter: caça talents. Consultors especialitzats en la recerca d'alts directius per a ser fitxats per les empreses que els contraten. Indiferentment un headhunter pot ser un consultor individual o una empresa especialitzada.

Hi-cone: anelles de plàstic que enllacen les llaunes de refresc o de cervesa i permeten la seva compra conjunta o separada.

Insight: En màrqueting, comprensió profunda de les necessitats dels consumidors. Podem descobrir aquests insights per la intuïció o per l'elaboració de complexos estudis de mercat qualitatius.

Jingle: tornada d'una canço.

Key learnings: aprenentatges clau.

Line extension: extensió de línia d'una marca. Quan una marca-producte ha tingut èxit i es reprodueix amb d'altres productes utilitzant la mateixa marca.

Mainstream: corrent general. En màrqueting, les marques mainstream solen ser les marques més demandades i més consumides.

Market share: quota de mercat, participació en percentatge que qualsevol marca o producte té sobre el total del mercat on hi participa.

Melting pot: de l'anglès, pot de mescla. Traduïble al català per «aiguabarreig».

Mindset: estat mental, percepció generalitzada a la societat.

Navalla d'Occam: teoria que explica, entre d'altres coses que allò que és més probable és el més senzill. Aboga pel principi de la simplicitat. Esdevé del món científic.

Product manager: persona responsable de gestionar una marca – producte. Responsable del disseny de l'adaptació dels logos, de la forma del packaging i de la comunicació d'aquesta marca.

Producte nínxol: producte amb molt poca quota de mercat que es dirigeix a un grup de consumidors molt reduït i amb unes necessitats molt específiques.

Retail: mercat de venda al detall. Les botigues i els centres comercials son punts de retail.

Sampling: mostreig. Habitualment les estratègies de sampling consisteixen en l'entrega gratuïta de mostres d'un producte perquè siguin coneguts pels consumidors sense necessitat de comprar-los. Es una tècnica que s'empra en el moment del llançament dels productes.

Stakeholder: juntament amb els accionistes, els clients i els competidors, un dels grups que afecten i condicionen les decisions d'una empresa. Els stakeholders poden ser polítics, sindicats, grups de pressió, lobbies i, en general, gent de fora de l'empresa que, malgrat tot, està molt interessada en l'evolució d'aquesta.

Storytelling: literalment, explicar històries. Molt relacionat amb el concepte de «Branded content», el storytelling és allò rellevant que ens expliquen les marques més enllà de la simple publicitat i/o propaganda.

Target / Core Target: els clients objectiu de qualsevol empresa. Quan s'hi inclou el «core» ens estem referint, encara més a aquells clients que formen part del pinyol, els més evangelistes i més admiradors de la nostra marca o producte.

Trendsetter: buscador de tendències. Figura cada cop més rellevant en el màrqueting que viatja per tot el món per captar les noves tendències en modes, hàbits socials, etc,...

Walled garden: literalment, jardí encerclat. Es refereix, en terminologia marquetiniana a aquelles propostes tecnològiques que no son accessibles pels usuaris, que no poden ser modificades per aquestes.

Referència de les il·lustracions

Pag 85: http://www.reply-mc.com/2008/11/29/a-conflict-isnt-always-a-bad- thing-part-2/

Pag 90: http://blog.vistage.com/business-strategy-and-management/searching-for-blue-oceans-go-exploring-2/attachment/blue-ocean-strategy/

Pag 102: http://queaprendemoshoy.com/que-es-la-matriz-boston-consulting-group/

Pag 141: Elaboració pròpia

Pag 147: Elaboració pròpia

Pag 186: http://www.businessmodelgeneration.com/

Pag 218: Elaboració pròpia

Pag 245: Ramon Ollé